·光明文丛系列·
Guangming Wencong series

新时代民族地区社会治理现代化研究

王国勇 刘玉连 罗贤贵 ◎主编

光明日报出版社

图书在版编目（CIP）数据

新时代民族地区社会治理现代化研究 / 王国勇，刘玉连，罗贤贵主编. -- 北京：光明日报出版社，2024.4
ISBN 978-7-5194-7815-5

Ⅰ. ①新… Ⅱ. ①王… ②刘… ③罗… Ⅲ. ①民族地区－社会管理－现代化建设－研究－中国 Ⅳ. ①D633

中国国家版本馆 CIP 数据核字(2024)第 048711 号

新时代民族地区社会治理现代化研究

XINSHIDAI MINZU DIQU SHEHUI ZHILI XIANDAIHUA YANJIU

主　　编：王国勇　刘玉连　罗贤贵	
责任编辑：王　娟	责任校对：许　怡　黄大双
封面设计：李　阳	责任印制：曹　净

出版发行：光明日报出版社
地　　址：北京市西城区永安路 106 号，100050
电　　话：010-63169890（咨询），010-63161930（邮购）
传　　真：010-63161930
网　　址：http://book.gmw.cn
E - mail：gmrbcbs@163.com
法律顾问：北京兰台律师事务所龚柳方律师

印　　刷：北京科普瑞印刷有限责任公司
装　　订：北京科普瑞印刷有限责任公司
本书如有破损、缺页、装订错误，请与本社联系调换，电话：010-63161930

开　　本：170mm×240mm　　　印　张：15.5
字　　数：300 千字
版　　次：2024 年 4 月第 1 版
印　　次：2024 年 4 月第 1 次印刷
书　　号：ISBN 978-7-5194-7815-5
定　　价：78.00 元

版权所有　翻印必究

主要编撰者简介

王国勇，男，布依族，贵州省长顺县人，三级教授，博士，博士生导师，贵州民族大学贵州民族科学研究院院长，贵州省高校人文社会科学研究基地"民族文化与民族地区社会管理创新研究中心"主任。是贵州省人民政府学位委员会学科评议组（法学）成员，贵州省哲学社会科学学术带头人，贵州省社会学区域一流学科负责人，贵州省社会学一流专业、社会学国家级一流专业负责人，贵州省社会学重点学科负责人。兼任国家社会科学基金通讯评审和结题鉴定专家、中国社会学会理事、中国政治学会理事、中共贵州省委政策研究室决策咨询专家、贵州省社会学学会副会长等学术职务。

自1990年起在《民族研究》《社会科学研究》《探索》《农村经济》《领导科学》等学术期刊上公开发表学术论文90余篇；在社会科学文献出版社、民族出版社、光明日报出版社等独著、合著、联合主编10余部学术著作和论文集；主持国家民委、民政部、贵州省社科规划办等省部级及其他各类项目20余项。结题鉴定国家社科基金项目30项，12次被全国哲学社会科学规划办公室评为"认真负责鉴定专家"。8项研究成果分别获国家民委、民政部、贵州省人民政府等省部级优秀成果二、三等奖。

主要研究方向：社会治理与社会政策、政治社会学、政治学理论、农村社会学。

刘玉连，女，1978年2月生，汉族，福建武平人，贵州民族大学社会学院教授，硕士生导师；研究方向为城市社会学、经济社会学；近5年来，独立主持国家社科基金课题1项、省哲学社科规划课题3项，联合主持国家级、省（部）级课题4项，作为核心成员参与完成国家级、省部级课题10余项；公开发表论文10余篇（多篇发表于全国中文核心期刊、CSSCI来源期刊）；副主编、参编著作6部；科研成果荣获贵州省哲学社会科学优秀成果报告类"二等奖"（第一作者），荣获国家民委社会科学研究成果奖调研报告类"三等奖"（第一作者）；荣获中国社会学会优秀论文"二等奖"（联名）。

罗贤贵，女，副教授，硕士生导师，现执教于贵州民族大学社会学院。主要研究方向：人口变迁与流动、社区治理、民族社会工作。近5年，公开发表学术论文10余篇，其中与该研究相关C刊4篇、与研究相关省部级课题1项、与研究相关省领导批示1项。

目录

城乡社区治理体系与能力现代化研究

农村合作社在村庄治理中的作用
　　——以贵州黔东南苗族侗族有牛复古合作社为例 彭奇艳/3
多元互嵌：牧区基层治理中多元主体协同共治机制研究
　　——以内蒙古锡盟东乌旗N嘎查为例 王云龙/19
法治、自治、德治相结合下凉山彝族自发移民乡村治理体系研究
　　——以西昌市月华乡为例 ....崔　玲/30
微自治：村民自治基本单元的重构研究
　　——以台江县"十户一体"为例 ....黄　田/44
乡村治理能力现代化视域下民族地区基层政府建设
　　——以贵州省F县为例 沈雪莉/56
民族地区农村村民自治的可行性研究
　　——兼论凤冈县"四直为民"机制 杨雪峰/63

乡村振兴与农村社会治理创新研究

宁夏农民富民增收的影响因素及对策研究 李文庆/77
乡村振兴背景下民族地区农村社会保障政策实施效果问题探析 韩贞妮/85
乡村振兴战略与农村社会治理创新研究
　　——以贵州省罗甸县D村为例 余月正/98
乡村振兴战略背景下白兴瑶寨枫脂染技艺创新思路研究 ....刘郁　聂尧/109

民族地区社区治理理论与实践

民族地区法治社会建设公众参与机制研究
　　——以湘西土家族苗族自治州为例 .... 周　帅　宋佳骏/121
成都市多民族社区治理研究 吴碧君/130
生态移民社区治理文献综述 .... 杨　竹/137
贵州民族地区公共安全治理问题研究 邹先菊/144

新型城镇化发展与治理现代化

新型城镇化进程中城市民族关系问题研究
　　——以安顺市为例 陆元元/153
SWOT 视角下新型城镇化发展现状分析
　　——以贵州省毕节市为例 .... 周　素/168
民族地区新型城镇化研究
　　——以贵州省为例 .... 朱绍豪　肖志鹏/181

生态文明建设与治理现代化

基于生态文明建设视域下的宁夏转型发展问题研究 王红艳/193
探析贵州发展健康旅游之森林健康旅游吧 .... 杨娟娟　卯　会/202

社会工作参与社会治理的理论与实践

社会工作介入农村敬老院的服务型治理探析
　　——以道真县三区计划为例 .... 王　敏/215
社会工作介入留守儿童生命意识教育提升的探讨 ...... 赵　列　杨慧勤/226

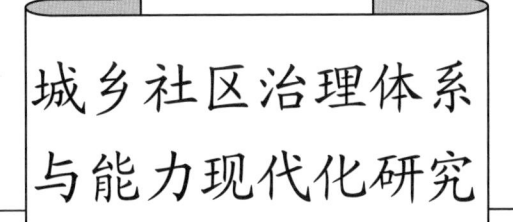

城乡社区治理体系与能力现代化研究

农村合作社在村庄治理中的作用

——以贵州黔东南苗族侗族有牛复古合作社为例

彭奇艳[1]

一、引言

自2007年《中华人民共和国农民专业合作社法》(以下简称"合作社法")实施以来，在政府主导多方参与的情况下，我国农民专业合作社取得迅速的发展。截至2017年5月底，全国依法登记的农民专业合作社达190.8万家，实有入社农户突破1亿，约占全国农户总数的46.6%，国家示范社近8000家，县级以上各级示范社超过18万家。农民专业合作社的行为主体是农民，以农村社区作为活动载体，具备"熟人社会"固有的"人情""面子"等特质；同时农民专业合作社又是一种企业主体，作为经济组织，必然遵循"经济人"利益最大化的基本原则。因此，农民专业合作社与其活动载体——村庄，理论上存在内在价值取向的相互矛盾。实际上村庄为合作社提供了包括土地流转、资金支持、信息交换、劳动力供给在内的资源性支持以及合作意识、社会网络、文化传统等非物质性支撑。农民专业合作社也正由单一要素合作向劳动、技术、资金、土地等多要素合作方向转变，在推进农业现代化、促进农民增收和农村社区建设中发挥着越来越大的作用。[2]那么在农民专业合作社与村庄互动的过程中，双方扮演着什么样的角色，处于什么样的关系之中？本文从理论分析着手，对实际案例进行分析，探讨农村合作社与村庄的关系，将有助于更好地认识农民专业合作社的运行规律及其发展特性，推进合作社与农村社区的协同发展，促进新农村的发展建设。

---

[1] 彭奇艳，中国社会科学院大学，2016级硕士研究生。
[2] 王卫民.农民专业合作社：异化与政策诱变[J].安徽商贸职业技术学院学报(社会科学版)，2017(4)：1-5.

二、问题的提出

当前的农村合作社以及村庄不论是内部环境还是外部环境都有了明显的变化，而这些变化不断地冲击着村庄中各方面的关系，这各方面的关系中自然包括了合作社与村庄的关系。因此，在这样的现实情况下，对合作社与村庄关系的探讨不能再拘泥于以前的一些定论，而是应当立足变化了的现实情况做出新的讨论。从同一层面的关注点来说，当前有机农业的崛起、农业形态功能的变化、城市环境的变化；从不同层次上的关注点来说，国家政策的变化，城市人思想的变化以及农村人思想的变化。

有机农业的崛起必然以具有环境优势、土地优势的农村作为前沿阵地。现在的农村已经形成了工业化的惯性思维，合作社要想在村庄把有机农业的思想种子根植下去，必然需要与村庄进行一番拉锯战。这样一来，合作社与村庄的关系在前期的意识形态方面无疑是处于对立的状态，在经过不断的磨合之后，合作社的思想不断被村庄所接受或者不断被排斥，进而形成不一样的关系，趋于一致抑或矛盾激化。农业功能形态的变化，包括粮食功能的变化，粮食功能进行安全松绑，对农产品的需求从吃饱到吃好的转变，农业功能的拓展对休闲、生态、宁静、文化的需求，农业在一二三产业中融合形成的新形态，这种种的变化都使得合作社存在不同形式的农业生产选择。合作社对农业生产形式的不同选择，需要村庄提供不同形式的资源支持，在这个过程中自然也就会与村庄形成不一样的关系。城市自然环境的恶化直接与农村良好的空气环境形成鲜明的对比，随着旅游业的不断发展，良好的空气环境、山水环境已经成为农村的一大优势，不论是发展有机农业还是发展旅游业都具有先天的优势；经过多年经济的飞速发展，城市的投资环境形成了巨大的竞争力，几乎趋于饱和，但是农村发展一直趋于滞后状态，在投资这一块基本上是属于空白区域，加上当前农村社区基础设施的不断完善，投资环境的不断优化，合作社引入外来投资的能力加强。合作社无形中就占据了村庄经济的强势地位，可想而知，必然对其与村庄的关系发展有较大的影响。

国家政策的变化向来是对事件的走向有着决定性的作用，"绿水青山，就是金山银山"口号的背后带来了诸多的政策倾斜，国家在环境这一块的重视就给了农村发展一个很好的契机；2017年12月28日至29日在北京召开的中央农村工作会议对乡村振兴的具体实践提出八点具体的要求：一是坚持加强和改善党对农村工作的领导，为"三农"发展提供坚强政治保障；二是坚持重中之重战略地位，切实把农业农村优先发展落到实处；三是坚持把推进农业供给侧结构性改革作为主线,加快推进农业农村现代化;四是坚持立足国内保障自给的方针,牢牢把握国家粮食安全主动权;五是坚持不断深化农村改革,激发农村发展新活力;六是坚持绿色生态导向,推动农业农村可持续发展;七是坚持保障和改善民生,让广大农民有更多的获得感;八是坚持遵循乡村发展规律,扎实推进美丽宜居乡村建设。不同的政策导向在上行下效的过程中形成不同的效果,国家政策作为一个总的风向标必然对合作社与村庄的关系有着决定性的影响。保罗·康纳顿在《社会如何记忆》一书中这样讨论"有关过去的知识"与"现在的体验"之间的关系:我们对现在的体验很大程度上取决于我们有关过去的知识。我们在一个与过去的事物和事件有因果联系的脉络中体验现在的世界,从而,当我们体验现在的时候,会参照我们未曾体验的事件和事物。相应于我们能够加以追溯的不同的过去,我们对现在有不同的体验。于是,从今我推演故我就有困难:这不仅仅是因为现在的因素可能会影响——有人说是歪曲——我们对过去的记忆,也因为过去的因素可能会影响或歪曲我们对现在的体验。也就是说,当前社会下城市人口对优良环境的需求致使回归乡村的需求不断加大、农村人看到乡村存在发展的前景对进城的热情逐渐消退这种种思想上的变化将极大地影响合作社与村庄的关系。

在种种的变化之下,农村合作社以及村庄的关系是否依旧遵循着之前的规律在持续运行,还是在这个过程中发生了一些变化或者是对原来关系的完全颠覆,这都需要在实际案例中通过全面系统的分析才能够以更加客观的话语阐释清楚当前合作社与村庄的关系。

三、文献综述

崔宝玉等提出了农村合作社四重嵌入的观点。首先,农民专业合作社深刻嵌入于政府供给的制度结构之中;其次,农民专业合作社深刻嵌入于政府供给的资源结构之中;再次,农民专业合作社深刻嵌入于急剧变化的农产品市场结构之中;最后,农民专业合作社深刻嵌入于农村社会的文化结构之中。这里主要强调的是农业专业合作社对制度环境、市场环境、文化环境等多方面的嵌入,并没有将农村专业合作社与农村社区的关系以嵌入的角度进行具体的分析。高强等指出,现有的研究指出合作社与社区之间存在互动关系,但是分析不够细致,且缺少具体案例支撑。在如何促进合作社发展的框架下,大多数学者集中对合作社的影响因素展开研究,而农村社区只是作为众多影响因素之一。关于合作社对农村社区影响的研究,又往往容易将目光只投向带动经济发展方面,忽视其促进乡村治理、提供公共服务等方面的功能。在这些研究思想的指导下，合作社与社区之间"千丝万缕"的联系变得简单化、模型化，容易忽视二者之间相互制约、相互依赖的互动关系。[1]他认为合作社的成立、运行及发展根植于所处农村社区，合作社必然与农村社区发生天然的联系。农村社区中既存在合作社的支持因素，也存在制约因素。对合作社来说，应运用自身资源与社会关系，充分发挥积极因素，将社区资源化为合作社发展的动力。同时，合作社的成功也将推动农业与农村社区的发展。合作社对农村社区来说，既不是补充关系，也不是替代关系，而应是有机结合。双方不断相互影响、相互作用，是在动态中协同演进的关系。[2]当前研究将两者之间的互动关系解释为彼此之间可以借助的资源，合作社对农村社区的发展起到促进作用，并通过已形成的农村合作社的发展结果来探讨彼此互动过程中关系的缘由，但是没有能够清楚地说明农业专业合作社与农村社区互动关系的具体形式，且没有能够阐释两者相互链接的具体过程。我们可以看到，现有的在对合作社的研究主要集中在合作社与政府之间的关系、合作社与制度之间的关系、合作社与社员之间的关系、合作社与村两委之间的关系，抑或是从合作社本身出发探究内部存在的问题提出意见建议，较少的文献对合作社与村庄关系进行探讨。合作社以村庄作为一个承载体，合作社与村庄的关系在某种意义上就决定了合作社的存续与村庄的再发展及其秩序的稳定。本文以嵌入还是互嵌的视角切入，探究合作社与村庄的关系，不仅是对合作社与农村社区关系探讨方面的一个新的角度，同时通过对两者"嵌入还是互嵌"关系的探讨，通过描述合作社与农村社区互动关系的具体过程、具体形式，了解两者之间更为本质、更为深层次的关系。通过对其关系的深入分析，进而对农村合作社在村庄治理中的作用进行讨论。

四、概念界定

（一）农村合作社

合作社是人们自愿联合，通过财产共有和民主管理，来满足共同的经济和社会需求的自治组织，最早产生于西欧，是一种处于市场竞争弱势地位的劳动群众自救的途径。1844年，在英国曼彻斯特罗虚代尔镇的一家纺织厂，28位纺织工人首先创立了第一家具有现代合作社特征的合作制企业，即"罗虚代尔公平先锋

---

[1] 高强,孔祥智.农民专业合作社与村庄社区间依附逻辑与互动关系研究[J].农业经济与管理，2015(05)：7-14.
[2] 同[1]。

社",揭开了现代合作社运动的序幕。1995年国际合作社联盟第31次社员大会对合作社做出了一个权威的最新定义:合作社是人们为满足自身共同的经济、社会及文化方面的需要和愿望,而通过一个共同拥有、民主管理的企业,自愿联合组成的自治社团。由此可见,合作社是由成员共同所有和民主控制的一种特殊的企业组织形式,具有纯粹的"民办"性质,承认其社员家庭仍然是一个独立的经营主体,并承认社员的资产所有权及一定的参与分配的权利。[1]一般来说,合作社是农村经济合作组织中最主要和最普遍的一种。在我国,一般将农村经济合作组织等同于农村合作社。[2]市场经济条件下的农村合作社可分为两类,一类是专业合作社,一类是综合合作社。专业合作社以功能或销售的商品为对象组建;综合合作社则涉及生产、销售、物资供应等,范围更为广泛。国内外对市场经济条件下的合作社的概念和内涵的看法并不完全一致,但基本点相同,大多是把合作社看成是农民进行社会劳动的特定组织形式。[3]根据社员参与合作社的方式,可以将其组织形式分为以下五类:资金入股型合作社、劳动力入股型合作社、土地入股型合作社、订单农业式合作社、"土地流转+反租倒包"型合作社。前三类分别表示社员以资金、劳动力或土地入股加入合作社;订单农业式合作社是指社员通过订单协议加入合作社,按合作社的订单要求进行生产,并由合作社以议定价格收购社员的农产品;最后一类合作社从农户手中流转土地,进行整合后再返租给当地农户,这些农户成为合作社社员,按合作社要求进行生产。[4]熊万胜将合作社的组织形式分为"公司加农户类""土地规模经营类""农民的合作社类""专业经济协会类""企业合作与农民合作混合类"五种形态。[5]不同形式、不同形态的合作社在不同的国家适应了其本土文化,得到不同程度的发展。随着我国农业生产的衰退、农村合作制度的瓦解和农村"空心化"的形成,传统农业生产模式的弊端逐渐暴露出来。[6]在这样的现实情况之下,合作社被我国政府和学者作为解决"三农"问题的有效途径引入农村社区。针对农业方面生产效率降低、土地保障

---

[1] 秦朝钧,王军.国外农村合作社的发展与我国当前农村合作社建设[J].现代农业科技,2005(1):13-15.
[2] 关于海外农村合作组织的相关情况,可参见张青《农村公共产品供给的国际经验借鉴——以韩国新村运动为例》、靳利华《论台湾农村组织的运行及其对大陆的借鉴意义》、程又中《我国农村公共服务组织体系及其建设的国际参照和本土机遇》。
[3] 胡宗山.农村合作社:理论、现状与问题[J].江汉论坛,2007(4):16-20.
[4] 陈义媛.大户主导型合作社是合作社发展的初级形态吗[J].南京农业大学学报(社会科学版),2017(2):30-41.
[5] 熊万胜.合作社:作为制度化进程的意外后果[J].社会学研究,2009(5):83-109.
[6] 蒋颖.合作社规范、制度创新与合作机制评价[J].农村经济,2013(5):112-116.

功能的不断弱化、农村内部精英劳动力的大量流失等种种的中国国情,合作社的相关法律与制度以一个好的初衷被制定出来,并以很大的力度自上而下地大面积推行。然而,任何制度的生存与发展都需要适宜的外部环境[①],合作社毕竟是起源于西方社会的外生性制度,生存环境与我国农村社会环境有明显差别。而中国正处于快速发展的时期,其农村的状况不仅没有固定的形式,并且是时时刻刻在不断变化着的,因而合作社相关法律与制度在具体实施的过程中,状况层出不穷,合作社功能异化的现象在中国的农村成为一种常态。任大鹏等(2014)认为我国农民专业合作社快速发展是各级政府"特殊关爱"和"长期坚持"所致。虽然数量激增但徒具形式,农户经营组织化程度没有出现由松散到紧密、从初级到高级的实质性变革,合作社质的规定性(自我服务和民主控制)正在发生漂移(黄祖辉等,2009),合作社中广泛存在着"名实分离"(熊万胜,2009),有很大比例"合作社"出于追求"政策性收益"目标而成立,农民对合作社表现出茫然和漠然、许多合作社没有开展活动、大股东控股普遍而普通社员受益不多等。[②]这样看来,尽管当前我国农民合作社取得了一定的成绩,有效增加了农业收入,对现代化农业的发展具有重要意义,但是合作社在发展期间同时也面临了诸多困境,主要包括以下方面:内部运营机制不完善、规模较小、服务层次偏低等。[③]这类困境迟迟没有一个好的解决方案,就致使利益分配矛盾、组织机构不完善、资产规模不足、用户少、农产业缺乏附加值和产业链难以延伸等各类问题的出现。

(二) 村庄

村庄研究主要分为两种范式:一种是以日本满铁调查为代表的村落共同体方法,将村庄看成一个"共同体";一种是以燕京学派为核心的结构功能论的社区研究路径,把村庄视为"社区"。结构功能论和共同体理论模式都把村落视作一个自足的运转系统。"共同体"一词在一开始就被赋予"主观意义"。马克思和恩格斯在《德意志意识形态》第一章,德国社会学家滕尼斯在《共同体与社会》一书中都不把它视为一个"实体",而是强调其"主观性""价值观念一致性""虚

---

① 李婵娟,左停."嵌入性"视角下合作社制度生存空间的塑造——以宁夏盐池农民种养殖合作社为例[J].农业经济问题,2013(6):30-36.
② 徐晓鹏.合作社对农村公共空间的开拓与嵌入——基于河南省郑州市876份社员问卷数据[J].江苏农业科学,2017(10):288-291.
③ 田芳.我国农民合作社发展现状与发展趋势探析[J].热点透视,2017(8):143-144.

幻性的"或"想象性的"的意义。①认为中国农村存在着"乡土共同体",认为包括中国在内的亚洲村落以农村共同体为基础,以家族邻保的连带互助形式实施的水稻农业要求以乡土为生活基础,以生命的协同、整体的亲和作为乡土生活的原理;主张村落在农村生活中的农耕、治安防卫、祭祀信仰、娱乐、婚葬,以及农民的意识道德中的共同规范等方面具有共同体意义。②而就结构功能论而言,它把村落视作一个社区。整个村落系统是由若干子系统构成的,子系统与子系统之间相互关联,每一部分对整体承担着各自的功能。如果系统的部分受损,其他部分会联合加以修补以维持系统的稳定性。而吴文藻的观点则不同,他认为,社区即指一地人民的实际生活而言,至少包括三个要素:一、人民;二、人民所居处的地域;三、人民的生活方式或文化。③从这两种范式来看,结构功能论的社区研究路径更加切合于农村合作社与村庄关系的研究。

(三) 嵌入

"嵌入"(embedment)概念源自卡尔·波兰尼的《大转型：我们时代的政治、经济起源》(下称"大转型")一书,该书5次提及"嵌入",大意是指"市场经济是附属在社会体系之中的"④。在另外一篇名为《作为制度过程的经济》之论文中,波兰尼又指出："人类经济嵌入在经济与非经济的制度之中。"⑤基于该观点,后来的许多学者围绕经济与社会的关系,频繁地引用波兰尼的"嵌入"理论。弗雷德·布洛克认为："'嵌入'是卡尔·波兰尼'在社会思想上最重要的贡献'。"⑥黄志辉认为,经济与社会之间的关系固然是"嵌入"理论的重要方面,但波兰尼赋予这一概念的内涵远远超出了经济与社会的关系。"嵌入"概念内涵有五个方面：空间、社会实体、经济、政治和历史,每个方面都由人类学家或历史学者进行了深度阐释。其中,空间、实体和历史三个方面不仅具有认识论的意义,而且具有方法论的意

---

① 杜靖."宗族社区"与"村落共同体"源流辨：对林济教授的一个回应[N].中国社会科学报,2010-9-9.
② 王铭铭.社会人类学与中国研究[M].北京：生活·读书·新知三联书店,1997：56-58.
③ 王同惠,费孝通.花篮瑶社会组织[M].南京：江苏人民出版社,1988：5.
④ 波兰尼.大转型：我们时代的政治、经济起源[M].冯钢,等,译.杭州：浙江人民出版社,2007：50-232.
⑤ Karl Polany. "The Economy as Instituted Process", in K. Polanyi and Harry Pearson (eds.), Trade and Market in the Early Empires:Eco-nomics in History and Theory[M].Chicago:Henry Regnery Company, 1957:139-174.
⑥ 波兰尼.大转型：我们时代的政治、经济起源[M].黄树民,译.北京：社会科学文献出版社,2013：25.

义，尤其是对发展的路径、方向、策略提供了启示。而政治与经济两个重要面向，则是"嵌入"在三个方面向中的两种实践——不论是政治实践还是经济实践，都应将其发展图式铺设在社会文化的实体之中。[①]在探究农村合作社与村庄关系的过程中，不论是空间、社会实体还是经济政治以及历史都有着息息相关的联系，以这五个面向为基点去寻找了相应的论点论据，形成有效的分析。

五、研究方法

想要对合作社与村庄的关系有一个深层次的探讨，必须了解目前合作社存在的问题；想要追本溯源了解合作社产生问题的原因，必须了解在合作社运行过程中导致当前问题的内部环境和外部环境。基于对黔东南洋洞调研活动的开展，本文选用了参与观察法、文献阅读法以及访谈法三种研究方法。以下是对这三种方法的具体阐释。

第一，参与观察法，笔者在调研过程中主要采用的是公开性的参与观察法，以便于能够更好地收集资料，以黔东南洋洞有牛复古合作社的运行状况以及洋洞村民的日常现实生活为基础，对农村合作社与村庄的关系进行分析并得出相关结论。笔者有幸于2017年7月5日至8月8日，参与导师的项目，在导师与项目合作人的支持下，到贵州黔东南洋洞进行了为期一个月的暑期实践调研，整个调研过程首先以对洋洞有牛复古农业合作社的起源、形成、目前发展状况的了解作为切入点，由熟人带入洋洞，开始进入调研角色，在为期一个月的时间里主要跟随四个核心人物，通过观察、体验、参与劳动、访问、摄录、查阅等方式收集资料，并与当地人一起共同生活以记录洋洞村民的动态生活，了解合作社以及洋洞村庄的具体状况。

第二，文献阅读法，通过对相关书籍、相关文献的阅读，了解了当前的合作社发展的现状，当前农村的现实变化，同时对现有研究中农村合作社与村庄的关系有一个全面的了解。在阅读中，笔者选择了多种书籍，从多个角度进行了全面的分析，以求找到一个最合适的研究角度和研究理论。笔者在阅读的过程中将不同学科对合作社以及农村研究的观点相融合，以达到全面分析和重点把握的相结合。

第三，访谈法，以上的两种方法都是从主观出发，以笔者的认知与感受为主，为了让本研究有理有据，更加真实，并更加具有可读性，在调研过程中笔者对部分村民进行半结构式的入户访谈，通过与他们的谈话，对有牛复古合作社以及洋

[①] 黄志辉.嵌入的多重面向——发展主义的危机与回应[J].思想战线，2016(1)：96-104.

洞村有了一个全面的认识，对合作社与村庄的关系也能够有一个更加深入的理解。

六、农村合作社与村庄关系的个案分析

（一）洋洞的基本情况

洋洞村位于黎平县尚重镇南15千米，距黎平县城108千米，距离榕江县城70千米。总面积24.87平方千米，耕地面积4000亩，其中稻田面积3200亩，旱地面积1500亩。地处贵州万重山腹地，海拔在412～1184米，年均气温为15.8℃，无霜期285天。有上洋、中洋、下洋、岑勒、岩团、岑埂、归七、岑所、新寨、高州10个自然寨组成，这是黎平县人口最多的一个行政村，也是贫困户数和贫困人口最多的村。有侗、苗、汉、水、壮等六个民族，主要使用语言为侗语。

侗寨人民主要居住在侗寨木楼，主食以大米为主。其家庭组合与汉族无异，一夫一妻的父系小家庭。逢年过节或者是婚丧喜事，便会一整个家族十几二十口人聚在一起，与当前乡村的普遍现象一样。成年男子是一家之主，男耕女织的传统生活节奏已经被市场经济冲散，村里边大多是些留守妇女、留守儿童以及一些上了年纪的老人，青壮年大多是在外读书、工作，只有在过年的时候得以回到家乡。因此，过年与其说是庆祝活动，还不如说是家族亲戚之间的一场盛大的社交活动。芦笙和琵琶是侗族人民的传统乐器，鼓楼和花桥是侗寨的形象代表。侗乡被誉为"百节之乡"，侗族几乎每月都有节日，只是有些地方过，有些地方不过，或部分姓氏过，例如，赶社、开秧门、吃新节、甲戌节、牯藏节等。众多频繁的社交活动使洋洞人都十分热情好客，对外来的事物也有一定的宽容度，但是其独特的语言使得新的思想、新的事物在进入村庄的过程中需要本地人作为媒介才能够顺利完成。

在交通上，虽然省道穿过整个村庄，但是由于距离行政所属的尚重镇需要一小时的车程，距离黎平县城需要三小时的车程，而距离榕江县也需要两小时的车程。这样的一个位置对没有车的人来说想要出去一趟十分不便，贵州的天气是"天无三日晴"，道路又是沿河而建，经常有塌方甚至是河水冲断路段的情况，以至于往返县城以及镇上的班车会经常有停运的情况。从这个意义上来说，洋洞的交通并不是十分便利的。这样的地理位置使得整个洋洞似乎像是被孤立出来的一样，但也正是这种孤立使得其有抱团取暖同进共退的发展自觉。洋洞的农业生产自然是与饮食相辅相成的，主要是种植水稻，一年一季。由于是山区，用于种植的土地主要是梯田。在现代农业十分发达的今天，洋洞却因为交通的不便利许多地方

仍然是古法种植，"割草喂牛以除草，牛吃田草来耕地"，不用除草剂不用耕地机器就实现了稻谷的种植。

（二）有机农业在洋洞发展的基本情况

农业反哺工业以及农村大量的人才流失促进城市的快速发展，而城市快速发展带来的经济刺激却是乡村迅速凋敝的一个重要原因，造成了乡村不断凋敝的恶性循环。最近几年，随着城市大面积雾霾天气的出现，食物、水质不安全问题的加重，以及由此带来的各类疾病的增加，使人们开始反思现代生活的弊端。在问题的倒逼下，一些城市中产阶层的环保意识不断觉醒，再加上党的十八大以来，对绿色生活方式的倡导和推行，在中国的中产阶层中出现了一批关注生态与环保、尝试绿色生活方式的践行者。[①]从城市人群对农村观念的变化以及制度政策对环境保护的倾斜，可以看出农村外部环境的巨大变化。所谓牵一发而动全身，外部环境的变化必然带来农村内部的巨大变化。中国人民大学教授刘守英提到农村改革的前提发生了五方面的变化，一是农民的根源不一样了。农民根源变化是农民的异质化和代际差异，这意味着农村改革的主体发生了变化。二是农业功能和形态的变化。如今整个农业的功能已经大大拓宽，从粮食农业拓展到休闲农业、健康农业和特色农业。三是新产业和新业态的出现。新技术革命让农村市场从局限于熟人社会的小市场向陌生人社会拓展。四是中国村庄整体已经历史性地发生分化，一部分村庄开始有模有样，有城里人去，有特色，有历史古迹。另一些村庄则出现破败、衰败迹象。五是城乡互动和乡村价值的提升。未来，中国城市化的特点可能出现大的变化，城乡之间的特点将是互动和对流，这将让人们重新认识乡村的价值。

2016年8月11日，由国家行政学院生态文明中心、贵州省政府、黔东南州政府等多家机构联合举办的首届中国(黔东南)有机大会暨国际有机峰会在贵州黔东南召开。其后有牛复古合作社确定以岑丈为核心基地通过色瑞斯公司申请德米特有机认证，同时进行有机小镇的建设。在洋洞全域范围内发起净水土、净塑、净心"三净"创建行动，并纳入村规民约约束，提升有机小镇建设软硬件环境。一是"净水土"，改良产品种植地水土质量。全村禁止使用任何化肥农药、除草剂、植物生长调节剂，全寨各户在家劳动力均自觉参与对河道、沟塘垃圾清理工作，恢复河流、沟塘清洁环境。规定所有耕地必须使用牛粪发酵有机肥及县农业

---

① 张孝德. 2016中国生态主义思潮新趋势[J]. 人民论坛，2017(1)：52-55.

局推荐的有机肥品牌，确保全域有机产品种植水土环境达标。2017年，4500亩稻田均采取有机种植方式，其中有牛黑米、红米、粳米等老品种1500亩、优质稻3000亩。二是"净塑"，源头治理农村卫生环境。引导全体村民减少塑料制品的使用，对生活垃圾进行分类处理，对厨余果皮蔬菜制作进行环保酵素培训，从源头上减少塑料制品使用及垃圾的产生。从2017年3月起，在乡镇党委政府、"村两委"和南京清泉有机中心、上海自然之友环保专家等组成的"义工"队带动下，村两委成员、合作社管理人员、寨老进村入户宣传环保理念，与全体村民共同开展"农村清洁风暴行动"，传授环保酵素制作技法，使陈年垃圾得到及时清理，村民群众乱扔乱倒垃圾的习惯得到及时纠正，村寨环境面貌焕然一新。三是"净心"，促进村民素质提升。借助村校教室，开办"乡村耕读夜校"，请有机领域知名专家、学者到"乡村耕读夜校"讲授有机生活、生态环保、生产技术、安心工程、幼教培训、国学教育等内容。目前，已举办3期培训班，受训群众达2000余人，极大地转变了村民思想观念，提升了全体村民对有机小镇建设目标的认同感。"有牛复古合作社"在"三净"过程中制定"守农有牛生产律"，即倡导社员喂养耕牛，采用耕牛犁耙，田地施牛草粪、绿肥和打秧青，稻田放养鱼鸭除草、防治病虫害，社员以自家耕牛、土地和家族荣誉做担保纳入"守农有牛生产律"诚信平台，引导全体社员自觉遵守。如有违反"守农有牛生产律"者，罚三百斤米、三百斤酒、三百斤肉，开除社籍、取消积分、扣连带人积分。借助黎平县获批国家有机产品认证示范创建区的机遇，率先在尚重镇洋洞村、丈巴村启动有机产品认证示范基地建设，打造世界"最后牛耕部落"。同时，合作社与德米特（Demeter）认证机构建立联系，机构人员到基地进行指导，开展了基础数据采集、初期论证和基础检测工作，以通过德米特（Demeter）认证为目标，形成认证平台的搭建。①

（三）合作社的基本情况及其对村庄的嵌入

"有牛复古合作社"最初的构想不得不追溯到"有牛哥"身上。2011年，他辞去镇党委书记职务，申请当县科技特派员。成立黎平县地方农业物种保育场，已收集到地方农业作物95种（其中水稻56种）。在这个过程中，产生了借产品市场开发，来支持他保育工作的想法。在比较之下选择了米饭异香、色如胭脂、不

---

① "牛耕部落"微信公众号。

需要菜也能吃上一大碗的"胭脂米",组织有耕牛的农户来种植。①2014年他找到当地喂养有耕牛的12户农户,按照联合国粮农组织认定的全球农业遗产"牛+鱼+鸭+稻"共育方式,种了60多亩"胭脂米",取名叫"有牛紫米"。米样送检结果,质量绝好,主要营养物质含量,在米品市场无出其右,2万多斤米两个多月脱销。在这样的情形下又恰逢2015年春节期间李克强总理到黎平慰问老乡买年货,看到"有牛米",李总理问:"为什么叫有牛米?"他答:"比有机米更牛!所以叫有牛米!"这个敢对李克强总理吹牛的人,从此变为"有牛哥"。2015年春,便让有牛哥组建"有牛合作社",当年入社农户865多户,种植有牛紫米面积1500亩。这个便是现在火热建设着的"有牛复古合作社"的前身,当时的基地也不在现在的洋洞而是在八舟河。

  从八舟河转移到现在的洋洞,其中四个核心人物起着重要作用。从筹备成立一个公益基金会,有机人纪录片的拍摄,再到中国有机大会的举办,几个核心人物在这个过程中不断交流、不断加深了解,不断产生思想的碰撞,最后以成立"有牛复古合作社"为基点,以洋洞自然环境、人文环境为平台,在全洋洞范围内搞"牛耕部落"的想法应运而生,并很快得到了实践。2017年5月21日,成功举办的黎平县第八届乡村旅游节暨洋洞"千牛同耕"活动,吸引全国各大媒体前来报道,并将"千牛同耕"活动定于每年春耕时节举办。一个活动,使得这个闭塞的小村庄以及刚刚成立不久的有牛复古合作社的知名度不断地提升。在打出了一定知名度的同时,牛耕部落核心基地的硬件设施也在抓紧建设,接待能力不断提升。在有机农产品种植基地新建小吊脚楼式"旅居小木屋"("牛棚客栈"),让消费者到农产品生产现场见证和参与。2017年秋收期间,已建成的13栋共30铺"牛棚客栈"入住率达100%,现合作社拟在洋洞核心区域再建200栋旅屋,按年45%入住率计算,预计可实现收入1200万元。合作社践行的"牛棚客栈见证农业"也加强了宣传平台的搭建。

  有牛复古合作社其传统农耕的发展路径与现在所推崇的现代性农业发展路径看似背道而驰,不使用高科技的农业技术,不种植高产的杂交水稻,不使用农药杀虫除草,不通过化肥养育稻谷。实际上,这种新功能、新形态的农业,是现代性农业发展的另外一种形态,也是在合作社出现各种问题以及农村形态不断变化的时代背景下,不论是合作社还是村庄发展的一个重要契机。更为重要的是,村庄牛耕传统以及现在仍旧存在传统的耕作方式的现实情况,给合作社以传统牛耕

---

① "牛耕部落"微信公众号。

方式嵌入到村庄的成立奠定了坚实的基础。而有牛复古合作社的运营模式主要以订单模式收购成品的农作物，一切生产资料都由合作社提供，社员仅仅付出劳动，采取这种方式也就解决了水稻的种植时间长，需要投入大量的、零碎化的时间进行管理，想要短时间内扩大种植规模，靠雇工成本极高的困难。以及少部分的土地流转和大部分的农民土地入股，较大程度上降低了在土地流转方面的巨额投入成本。有牛复古合作社结合了订单农业式合作社的优点，来弥补了"土地流转+反租倒包"型合作社的缺点，同时借助村庄历来的习俗，包括村规民约、吊脚楼、牛耕、能歌善舞等特征，因地制宜，具体情况具体分析，不断地加强对村庄的嵌入程度。

（四）村庄对合作社的嵌入

可以说合作社的缘起是一个人坚持的信念遇上了一个恰当的机遇，这便产生了希望的星星之火。从星星之火形成目前的燎原之势，"有牛复古合作社"的成立，核心人物的力量是其中一个十分重要的元素。但是，"有牛复古合作社"的成立绝不仅仅是一人之力，而是多方因素化合作用下的成果，经过这些天的观察分析，认为存在主观和客观两方面的因素：客观因素，由于交通的不便利与产业结构的单一，这里的经济情况很不乐观，人们有着迫切改变家乡面貌的心理；侗寨月月有节的民风民俗使这里的人们热情好客，大家都乐于参加各类活动；洋洞处在榕江县与黎平县两个县城的中间，据两边的车程都是两小时左右，整个洋洞被孤立出来，但也正是这种孤立使得其有抱团取暖、同进共退的发展自觉；特有的婚丧嫁娶等各类红白喜事的习俗让各个家族的联系更加紧密，消息之间的互通有无也更加地迅速。主观因素，主要策划人的个人魅力与声望；其他三位灵魂人物的助推；洋洞村家族力量的集中；各位乡贤的鼎力相助。

1. 村委对合作社的嵌入

有牛复古合作社的目标覆盖范围是整个洋洞12个自然村寨，但是当前正处于前期状态，以上洋、下洋、岑埂为三个试点村，当前这三个试点村的村委成员都是合作社的成员，其中通过村民代表大会选举出了合作社理事9人与合作社监事5人，其中理事中有1人为现任村委，有2人为历任村委，监事中有2人为历任村委。有牛复古专业合作社法人及社长主要负责具体事务的执行及监督，包括牛耕部落核心基地的建设，牛棚客栈的建设，粮食加工厂房的建设，而关于合作社发展的大方向主要由实际策划人来把握。A是县驻村干部，也是整个项目实际策划人、与政府联系的主要人员，同时也是在宣传过程中的主要形象代表，受邀参加了央视相关栏目，在节目上为"牛耕部落"品牌代言。B是镇驻村干部，对合作社的诸多事宜都有监管的权利和义务，同时负责帮助合作社这边联系镇政府，帮忙签字盖章，走相关法定程序以及获得政府资源等相关事宜。并且为洋洞村内设置的"有牛复古合作社指挥部"提供办公以及接待场地，一共四层。一层用作杂物堆放；二层用作小会客室以及接待安排外来人员的住宿；三层设置了大的会议室，用于出纳会计上班使用以及召开理事会议，同时兼顾解决外来人员住宿问题。C是村委引进的资源，是一位十分有善心的企业家，发愿要建108个有机小镇，来到洋洞，来到有牛复古合作社是带着自己建设有机小镇的目标过来的。在洋洞开办了"乡村耕读夜校"，参加了"农村清洁风暴行动"，捐建了清泉学堂和归根学堂，并在某大学教授的大力支持下，从牛耕部落和归根部落选拔出10名老师赴北京和山西永济进行为期两个月的培训，回来在合作社牵头组建的幼儿园践行华夏乡村儿童启蒙教育。D也是村委引进的资源，主要在这边做公益，消灭黑水、保护水质，垃圾分类、保护土壤，环保酵素、保护环境。在"农村清洁风暴行动"中，带领村民清理河道堆积了几十年的垃圾，且在全义务清理垃圾的当天，借着这个向心力和凝聚力当场募集到了5万元用于之后村庄环境的维护，保证了村庄良好环境的可持续性。

2. 村民对合作社的嵌入

在9位理事中有6位、5位监事中有3位是并不在村委任职也没有在村委任职经历的普通村民，在理事会和监事会的村民对合作社都有高度的关注，基本上一个人加入合作社就代表这一整个家庭的加入；虽然几位主要负责人对合作社的建设充满了热情，想要带着自己的理念把这里建设成为自己想象中的美好状态，但是其他村民是不是这样想的呢？立场不同，角度不同，对待同一个事情的看法必然是有差别的。7月28日，在洋洞村驻扎半个月初步与村民建立信任关系之后，笔者开始入户，在本地人的帮助下在上洋村与下洋村范围内一共访谈5户。a户知道合作社的具体情况主要是缘于自己的表亲关系，熟人社会中的信任使得a户户主积极响应合作社的倡议，不但入了1万元的股，同时在合作社启动之时从外地特意赶回来参加并且响应有牛复古合作社的倡议买回一头耕牛看养。b户是三位凑在一起绣侗服的上了岁数的老太太，这几位老太太由于上了年纪不便再从事农事，不论是对合作社还是对合作社大力推广的胭脂紫米种植的虫害情况都不了解。c户没有入股合作社，给我们的答案是家里没有余钱去入股，因为c户青壮劳动力都在外面打工，所以也没有种植合作社推广的胭脂紫米。d户户主是木工，在家中的时间相对在外务工一年回来一两次的人来说较多，对村庄发生的大事小事也相对比较了解，因而参与合作社的积极性也比较高，在合作社启动最初便入两股，1万元。e户与合作社理事有较为密切的关系，有入股的想法，但综合评估了自己家的情况，最终并没有入股。但是，在不用化肥农药种植胭脂紫米方面有较大的积极性。

通过对这几位的入户访谈，加上平常在参与观察过程中的一些谈话中发现，在主要宣传阵地的上洋、下洋，参与的积极度较高，由于合作社是第一年成立，诸多村民对入股以及种植胭脂紫米主要持观望态度，"要是今年种的这些人家收成好，卖出了好价钱，那么我们明年再种这个紫米"。大部分社员对合作社的具体情况了解不够，仅仅知道有人下来让他们种紫米，种植这种米就不能够打农药、用化肥，基于经济效益的考量，一些人选择种植，一些人选择不种植，种植的人员中绝大部分是以尝试的心态去种植，在保证自己的口粮不会被影响的情况下，用部分农田去种植目前正在推广的紫米。也就可以看出，在合作社不断发展的过程中，村民通过舆论的力量已经或多或少地嵌入了合作社之中，并对合作社的发展情况形成一定的影响。

七、结论与讨论

组织的设立有两种途径，一种是由有能力的个体或少数个体主导组建而成，一种是由多数的个体联合组建而成。经济学常识认为，个体都是自私并短视的，成立合作社不仅费时费力，每个参加者还要投入一定的股本，并且未来收益很难预期，作为"经济人"的农民是否具有合作的意愿呢？合作社作为一个组织，这种大规模集体性合作确实是很难进行的，因为每一个人都怕别人从中得到的好处超过自己，都不愿牺牲和奉献，都愿意搭别人的便车，免费享受公共物品，这就是搭便车原理和"公用地悲剧"现象，它说明存在集体行动的困境。[1]但在市场经济背景下，不联合又难以产生规模效益。在这种情况下，就需要发挥政府和大的涉农公司两类力量的作用来进行"第一次推动"，推动合作社的成立，再逐渐通过示范作用，引导农民参与到合作社中来。这两类力量在发挥引导作用的同时需要特别注意避免出现合作社异化现象。要成功地实现"第一次推动"，必须实现良好的互嵌关系。那么从洋洞有牛复古合作社的实例来看，合作社与村庄实现这种嵌入的途径和方法包括请代表村庄的人员加入合作社的决策层（含监事会等），以及某些具体运作中考虑和顺应村委及村民（包括家族权力和其他土生的文化结构

---

① [美]曼瑟尔·奥尔森.集体行动的逻辑[M].陈郁，等，译.上海：上海人民出版社，1995.

等)。在这个过程中,合作社尽力符合村庄的逻辑,遵从村庄的规则,为村庄承担功能、贡献出利益,以便合作社真正地嵌入村庄;而在村庄对合作社的嵌入过程也是相似的,通过其具体的代表如村委、寨老乡贤以及普通村民,努力表现出让自身行为符合合作社的逻辑或理念、遵从其规则,为合作社承担功能贡献利益等,村庄成员在这个过程中自觉不自觉地受到合作社的规则权力等对其的影响。

参考文献

[1] [美]曼瑟尔·奥尔森.集体行动的逻辑[M].陈郁,等,译.上海:上海人民出版社,1995.

[2] 张孝德.2016中国生态主义思潮新趋势[J].人民论坛,2017(1).

[3] 波兰尼.大转型:我们时代的政治、经济起源[M].冯钢,等,译.杭州:浙江人民出版社,2007.

[4] 黄志辉.嵌入的多重面向——发展主义的危机与回应[J].思想战线,2016(1).

[5] 高强,孔祥智.农民专业合作社与村庄社区间依附逻辑与互动关系研究[J].农业经济与管理,2015(05).

[6] 秦朝钧,王军.国外农村合作社的发展与我国当前农村合作社建设[J].现代农业科技,2005(1).

[7] 王卫民.农民专业合作社:异化与政策诱变[J].安徽商贸职业技术学院学报(社会科学版),2017(4).

[8] 胡宗山.农村合作社:理论、现状与问题[J].江汉论坛,2007(4).

[9] 陈义媛.大户主导型合作社是合作社发展的初级形态吗[J].南京农业大学学报(社会科学版),2017(2).

[10] 杜靖."宗族社区"与"村落共同体"源流辨:对林济教授的一个回应[N].中国社会科学报,2010-9-9.

[11] 王铭铭.社会人类学与中国研究[M].北京:生活·读书·新知三联书店,1997.

[12] 王同惠,费孝通.花篮瑶社会组织[M].南京:江苏人民出版社,1988.

多元互嵌：牧区基层治理中多元主体协同共治机制研究

——以内蒙古锡盟东乌旗N嘎查为例

王云龙[①]

一、引言

少数民族地区基层治理创新何以可能？在多民族国家中，因地域事务所具有的自身文化敏感性、政治差异性等衍生出的诸多民族问题，始终成为国家治理视域下面临的棘手与复杂的公共社会事务，也是国内社会科学领域关注的重要议题。由于社会层面的主体多元性和效力低位性等原因，如今学术界大多从"国家—政府"主体层面出发，展开对民族基层治理问题的讨论，并在民族治理语境中呈现出"国家—社会"的主导性研究范式。学者们从元思路分析了现有"国家—社会"层面中两方主体间存在的权力错位性，认为"国家—政府"通过政权、制度、资金、信息等方式，紧密控制着基层社会的活动（汪荣，2013），长久固化下形成的国家与社会间其实是一种类法团主义式关系（顾昕、王旭，2005）。基于现实考量，在促进少数民族地区基层治理的事务上应于现行施政基础上继续巩固政府的多重能力（朱军，2015）。质言之，有学者认为解决少数民族地区基层问题的关键之道在于国家如何进一步调整民族政策、调整开发政策和经济政策（杨圣敏，2013）；还有一些学者提出应加强我国民族地区法治社会的建设以清晰界定各类社会主体的权力与责任，从而促进危机治理中多元主体的依法、高效、有序参与（杨须爱，2016；王允武、王杰，2015）。综观既有文献，虽然学者们一方面为国家治理少数民族地区的政策实施提出了诸多科学合理的建议，但从另一个维度也不难发现其大多或显或隐将叙述视角"偏向于"国家主体，导致其结果虽然凸显出国家的工

[①] 王云龙，华东师范大学社会发展学院社会学系，博士研究生。

作路径并优化了政府的行动策略（如吸纳、兼容等），却也忽视了在"国家—社会"关系框架下作为社会层面的多方主体之策略化行动，即协同共治式治理模式。

随着社会的迅速发展，基层牧区事务开始渐趋复杂，片面地将基层治理逻辑纳入"国家—政府"的分析框架之中已为实践证明是不合时宜的，更是不被当代社会所提倡与鼓励。质言之，国家由既有"管理"到现行"治理"并非一字之差，研究思路也应摆脱"单一主体"困境，顺势而行，脱离顶层建筑视角而立足基层主体。只有自下到上的研究方可成就切实可行的应对策略，而创新牧区发展新战略，需各方力量协同共创、协同共治。因此，有必要对当代民族地区基层治理的主导研究范式进行"概念重塑"或"机制建构"。

本文尝试淡化"国家—社会"范式中的一元研究思路，转而在少数民族地区治理过程中多方主体协同治理的互动过程中寻求新路径、新机理，也就是将研究重点转向"事实重现"，力图把基层治理过程中涉及的各方主体进行"本原式"呈现，并将各基层治理主体的关系从单一的权力博弈、思维张力转向合作性机制，以期"逾树木而见树林，循溪流而溯其源"。基于此，本文将回答下列问题：地方政府与其他基层治理主体在促进社区治理创新过程中的合作何以可能？质言之，这种合作是否基于某种共同的深层互动机理？这种机理又是如何发生与演变的？

二、从"嵌入理论"到"多元互嵌"：一个牧区基层治理机制的分析框架

（一）理论探索：应对现实困境的新策略

既存"国家—社会"关系范式的方法论在对少数民族基层治理进行解释时更多将"话语权"置于国家主体一方，将牧区社区视为施政者在探寻良性政策过程中的"试验田"，极易使基层社区演变为权力利益竞逐的空间或对象，从而忽视了对民族地区本质的关怀，并由此导致社区研究出现方法论与主体论间的摩擦。鉴于此，本文尝试从"嵌入性"理论中汲取有益元素以重构社区治理逻辑，使方法论层面的研究与主体论层面的诉求相契合，旨在探寻社区协同合作治理何以可能的理论基础。

根据卡尔·波兰尼关于"嵌入型理论"的研究可知，在面对多元视域下市场和社会间的关系时，其创造性地提出了"市场嵌入社会"的理念。他认为，"置市场于社会"是人类社会发展的本质逻辑。并采取唯实主义的认识论，提出经济层

面的"整体性嵌入观"。在波氏看来，经济稳固于整体社会是其本质所在，而市场臣属于其他社会建制亦是跨历史和跨文化的普遍定律（卡尔·波兰尼，2007）。尽管波兰尼的"嵌入型"思维也是基于宏观"国家建构—经济社会"语境所提出的，即规定了经济市场和国家政府之间的相互联系及辩证关系，但可以更多地从中看到不同存在主体之间一种"你中有我，我中有你"的新型和谐关系。

（二）机制建构：一次传统理论的再运用

传统理论的再运用不应为原有研究领域所局限，而是以"事实为准，以主体互套"。即借助此理论本源意义中主体柔性互嵌逻辑以分析基层社会治理中存在的多元主体关系，并遵循该理论"一以贯之"的核心观点。因此，"嵌入理论"再运用后保持的核心思维就在于其内在规定着多方主体或多种事物间的本质关系机制，这种机制由三个相互关联的过程要素构成："单方主体嵌入—双方主体反嵌—多方主体互嵌。"据此，本研究将立足于基层政府、精英群体、基层居民的三元关系网络进行分析，改变原有治理逻辑和主体互动关系，进而重塑"顶层建制—国家"与"基层社会—民间"的核心变量。这种思路与嵌入性理论中体现的"多重事物协调关系"内在一致，经历了基层治理关系中"嵌入、反嵌、互嵌"的过程，从政社之间的方法论嵌入到本体论嵌入，体现了微观治理语境下的"多元互嵌"机制。

三、案例介绍及研究方法

（一）案例简介

N嘎查（村）地处水草丰美的内蒙古自治区东乌珠穆沁大草原，蒙古族牧民聚居地，辖区占地面积5.3平方千米，辖区总户数1943户，4602人，常住户1488户，常住人口3620人，个体工商户337户，驻区单位54个，非公企业18个，社区特征较强。当地不仅有着原兵团牧场的建设基础，还由于当地优美的草原风光、民族文化和嘎查政府绿色、开放、创新的工作理念，近年来吸引着大批游客夏季到此旅游观光，为当地牧民增加大量创收。

然而当冬季到来时，牧区人民的生活却并不好过，甚至可以说冬季对N社区的蒙古族人民来说是十分艰难的。常常是数周以来连续遭遇持续降雪，平均风力也达到6级以上。极低的气温，夹杂着大雪出现的白毛风，以至于基础设施损坏、牲畜死亡等灾害问题随之而来，给当地牧民的生产生活带来了极为严重的影响。

自2月中旬暴雪暂停后，N社区的嘎查政府准备开始针对数周以来因连续降雪所引发的牧区雪灾开展灾后救援工作。但疏通积雪道路、布置相关救援人员、对受灾住户给予补助以及灾后房屋重建等相关项目的财政拨款与真实的资金需求之间仍然存在着巨大的差额。

N社区所在的嘎查政府开始一方面联系当地社区内部的牧民精英，同他们商量带头募捐以做表率示范作用，另一方面同牧民精英协商参与基础设施的修建以填补财政差额的空白。各方精英纷纷慷慨解囊，愿意带头多捐款；另外，财力相对殷实的牧民更是忙于房屋和棚圈（牛羊圈舍）修建的招标工作。嘎查支部综合考虑了多方因素后，也最终决定把整个嘎查社区的灾后重建工作通过招标的形式委托给经济实力、商业信誉和参与愿望较强的几位牧区精英。在获得对受阻、受损道路，坍塌房屋及牲畜棚圈的承包权后，这一N社区最大事务的主导参与权便逐渐由原有的嘎查干部一手统筹、居民被动接受过渡到精英和牧民们主导、政府协调的现有协商模式中。通过协同共议，在灾后重建、修补预估、款项筹集和劳动力雇用方面，三方"一拍即合"。

个案事件本身并无多大的研究，而在其背后所蕴含的联通逻辑与互动机理却引人深思。深化基层治理创新路径，已然在我国当代改革发展进程中拉开帷幕。鉴于此，笔者将遵循社会学的分析理路，尝试去还原这一牧区基层治理事件下的"灾后自助"过程是如何发生的，在这一过程中又形成了什么样的互动机制，以及这种机制在实践中是如何反向体现的？对这些问题的探讨，将使我们有机会站在一种"自下而上"的微观场域以回应"新型国家与社会关系"的宏观命题。

（二）研究方法

本研究遵循田野调查研究方法，以参与式观察为主并辅之以"多层级"深度访谈。以东乌旗N社区内各主体"灾后自助"事件为例，分析地方政府（N嘎查政府）、牧区精英（工程牵头人）、牧区居民等主体在N嘎查协商自救过程中的行动机制。具体而言，首先，笔者跟随地方政府一同参与了这一"协同治理"的过程中，有机会亲历事件中的每一个关键点；其次，以地方熟人关系网络为媒介，以此对"三方主体"进行了正式与非正式访谈。通过此种实地亲历的研究方法，使得笔者能更契合地将自己置身于事件之中，并尽可能客观地展现出了N社区基层运行体制中多元主体之间的互动逻辑。

四、牧区发展的逆势：各方主体的内外困境

（一）组织化程度低造成的内部个体化弱势

当今社会，地区产业的发展是各方主体协作"力量"产生的母体。受制于产业组织化的发育状况，基层牧区的经济发展仍主要依靠第一产业（畜牧业），但碍于地理气候等既生因素的限制，又注定对当地主体产业的冲击是巨大的，带来的损失亦是不可预估的。除了气候因素之外，还可以发现当地牧民的经济水平明显制约着其多方能力水平的发展，真正的草原人民自组织——具有牧有、牧治、牧享的牧民组织没有健康地成长起来。因此，基层牧区的第一产业如今基本处于自给自足的状态，青壮年劳动力都外出务工，且打工群体也呈现碎片化的特征，牧民群体无法形成积聚力量。另外，大部分牧区社区内原子化的个体精英不能形成一个组织化的精英群体，社区精英主要是养殖大户以及在非农产业中稍有成就、积累一定财富的一批人。这批人人数很少，经济实力有限，组织化程度低，当面对来自广大民众或政治力量的压力时往往更多地陷入孤立的地步，各方主体各行其是，互无关联。

（二）社区事务参与不足导致的边缘化的外部群体弱势

基层牧区发展的困境之处还体现在各方社区构建主体参与度不足，群体边缘化现象突显。部分社区牧民虽然居住在社区（普通牧民），或在社区中从事产业活动（精英群体）。但他们往往"自立门户"，邻里关系冷淡。更有部分牧民转向邻近的旗县定居，除非有重大事件或是涉及自身利益时才会回到原生社区。民众和精英群体流失的现象导致基层治理主导力量的缺失。对于缺乏自身利益的社区事务，牧民们避而远之；对于缺乏经济回报的社区事务，经济精英们态度冷淡，社区主体力量事务参与程度严重不足。尤其当涉及社区共谋、共建事件时，本被普通民众视作理所当然的捐款却总与"边缘牧民"出现分歧，不缴、拖缴、少缴等现象屡屡发生，使得牧民群体内部出现矛盾，"边缘牧民"无形中被隔离出了社区；更让牧民们难以接受的是，部分边缘化的牧区精英为了寻求自身利益，总是试图与体制内的精英人物即政府干部进行联系，企图通过自身投入的资本在社区市场中得到回报，从而获得更大的利益。但问题是他们在紧跟领导的同时忽视了更广大的普通牧民群众，只唯上不唯下使自己受到孤立，处在牧区社区事务的边缘。

五、由单向嵌入到交互影响：基层权力主体之间的联动关系演变

综观本次研究案例背后所暗含的权力结构，一个突出特点就是各方利益主体在基层治理事务方面的崛起。治理精英和牧民住户作为牧区社会中普遍性的存在，具有无可替代的基础性参与力量，就如一股股新鲜血液缓慢注入牧区发展治理的躯体中。地方政治力量也在"有限度"的参与过程中充分发挥自身资源优势而弥补了其他治理主体的治理"短板"。无形中一种"基层嵌入上层治理体系、上层进行适应性反嵌、两级内多主体互嵌"的基层治理框架已初步构建完毕，更是克服了基层牧区社区发展过程中凸显的诸多问题。基层多方主体通过协商共谋所形成的治理模式可谓契合之至。

（一）救灾筹款：多方主体介入基层事务的契机

因为财政拨款不能完全满足灾后重建工程的需要，N嘎查牧民委员会决定由辖区内牧民平摊。此时，各方主体在其中的角色定位便初步显露。一方面，嘎查政府通过面向社会的广泛宣传，吸引大批社会公益企业给予灾后重建的款项物资支持，并开始在社区内部广泛动员，提升边缘受困牧民的参与意识；另一方面，作为地区经济发展的"佼佼者"，社区内的各界精英也充分利用自身已有的多方资源优势对"雪灾灾后重建工程"提供支持，并且在牧民群体内部形成了带头示范效应；当地牧民也自发地聚集起来。除了对基础设施重建进行了捐款之外，还为实际的工程实施献计献策，集思广益。

（二）工程招标：各方主体决定基层事务的权利

关于N嘎查"房屋重建工程"的招标结果早在竞标开始前就已通过"三级会议"商定确立了，因为按照以往的惯例，凡是涉及招标就必定意味着仅有政府一方"决定权"，而且"走后门""靠关系"等现象层出不穷。因此，在考虑由谁来承担这一工程时，由三方主体的代表共同商议，决定最终中标者。特别值得关注的一点，由于N社区中本身已有从事蒙古族建筑领域的精英（例如，蒙古族房屋、牛羊圈舍等），且这一事实已在无形中被纳入嘎查政府的选择决策中。牧民也因为了解精英们的做事风格，并且留下了深刻的好感度，自然而然地也愿意积极将手中的票投给"他们"，且事实证明，对于"自家"的事，社区内部的建筑精英也显

得格外积极和认真负责。亦在无形中形成了"自家的问题自家解决,自家的事情自家办"的招标模式。

(三)募捐资金:多方主体共议牧区社区事务的手段

当工程的实施权交予社区内部的建筑精英后,眼下最为重要的问题便是资金的投入,由于实际评估后新添改动的修筑款项与原有计划有所出入,微小的出入体现着"各方利益主体"的意志,标志着对于设施修缮的主导权慢慢由嘎查政府的独占让位于"各方主体"。建筑精英们也对原有救灾款项使用计划进行微调,向着成本最少、尽量少花费多余成本以及最大惠及当地牧民的原则进行施工。但在此过程中,部分受灾较为严重的特困区牧民认为嘎查政府所实行的"普遍化修缮策略"无法完全弥补自家的损失,自己得不到好处,因此开始对工程队的施工进行阻拦。据了解,原有嘎查政府当碰到此类情况时,往往为完成政治任务,便不惜得罪本大队的牧民,遭受非议,但依然保证灾后重建任务的正常进行。但本次,出现问题时,各方立刻暂停工程并进行协商。政府、施工方认真听取牧民代表的意见和看法,三方就实际施工的规划及设计原因进行密切的交流,政府和施工单位本着尽量照顾到所有牧民的利益为准则;牧民精英代表在充分表达牧民诉求并得到了合理的答复后也考虑了社区施工的实际难题与困境,与特困区民众进行耐心的沟通与联系。各方在平等协商的基础上,逐渐地互相理解与配合。最终,各方决定在原有修缮数量的基础之上利用三方代表办理的"农村信贷"资金扩充了对重点受困牧户的设施重建计划,牧民也表示愿意积极配合政府和施工方的工作。在此般灾后统一筹建的过程中不可避免地会出现利益分配不均的情况,但是每家每户基础设施损失重建的选取,是否修缮,补助经费,在这些事关牧民群体核心利益的问题上,须有各方利益主体共同协商,直面难题,而不是一方或两方"独断"。

在社会大众主导基层事务的过程中,需要政府的支持来保证自己参与基层事务的合法性和参与进度,社区精英和民众正是在这一过程中慢慢地向嘎查政府靠拢,不断地获得对基层事务的主导权,而在此环节中,基层政府也逐渐地过渡为辅助力量。但民众还需要支持来保证自己参与基层事务的合法性和参与进度。让政治力量辅助自己主导牧区事务,经济精英们采用政经结合的手段获取了对牧区基层事务的主导权。

（四）劳务雇用：社区精英与牧民主导牧区社区事务的角色扮演

随着工程的铺开，建筑精英衍生出一种由自己决定的权力——雇用劳务工人。由于在房屋、棚圈等基础设施进行重建的过程中，需要运送大量的工程材料，以及工程夜间看护等需要雇用当地的牧民。在之前的社区事务中，辖区牧民大多不愿参与政府主导的工程施工中，大多数情况下，嘎查政府都是招揽下属施工单位或"关系户"，并且工程款的结余也总是一拖再拖，大包大揽。而在此次的灾后修缮工程中，一方面，由于牧民群体对精英群体了解程度较深，愿意主动为社区事务献上自己的力量。另一方面，精英群体也更愿意雇用对本地事务环境和实地情况更加了解的当地牧民。在原有的社区事务中，精英群体和牧民的角色总是"被动的""失位的"，完全听从或者在完全不知情的情况下便"被决定"，经济精英主导牧区社区事务和普通牧民的充分参与也仅仅停留在表层，更没有渗透到牧民个体，因此我们更多看到的是民众的不满和抱怨，殊不知，就没有给予其真正的渠道应用自身的权利。调查中笔者发现，在部分社区事务中，精英群体一直处于被"边缘化"的倾向。社区大小事务，政府一概大包大揽，以政策为"纲"，忽视实地情况，忽略民声民意。

六、多元互嵌：一个协同共治的深层机理

N社区在发展中已经初步形成了以政府统筹、牧区治理精英主导、全民参与为典型特征的运行模式和治理方式。在国家积极倡导共治发展、赋予基层人民以充分权利的大背景中，牧区的居民们早已凭借着古老草原文化中流传下的"守望相助，互帮互助"理念尝试性地开始探索适合当地发展路径的"共建共治"基层治理新模式并取得了丰硕的物质和精神成果，N社区各方主体间"以协同，促发展"的实践表明：基层治理背景下政府同牧民的有组织化工作是社区发展、地区繁荣的有效路径。

（一）基层政府的权力重塑

N嘎查政府对于当地牧区基层事务的有限介入有利于拓展基层发展的边界。综观整个调研事件的脉络，无论是主体协同还是制度构建均离不开政府的引导与支持。在当地"多元主体"协同共治模式发展初期，N嘎查政府通过宣传与示范、支持与动员，将部分分散独立的牧民逐步引入有组织的联合治理中；在制度构建领域，随着"牧区组织法"的颁布，本身意味着嘎查政府自身通过法律的途径为

基层自治让路，与自主、自导、自助等理念发展有关的规约条文的颁布与制定也是镶嵌在更高层次的制度框架之中，这些制度框架就是政府的政策与法律。诱致性制度与强制性制度的互补与耦合及其作用的有效发挥也说明，在民族地区公共服务供给中，国家机构同牧民之间高度的合作是必要的，而政府在发展过程中的目标导向也正是如此；另外，政府还在对外界宣传与形象建设，科学合理地制定市场规则和信息弥补，对社区精英和牧户进行专业知识培训等公共基础服务领域起着重要的作用。

（二）社区治理精英和牧民的崛起

随着国家宏观层面的放权、西部开发战略的实施、牧区基层人群自主意识的觉醒以及多样化的发展需求趋势等现实状况，许多边疆少数民族地区自我发展、自我帮扶、自我救助的行动早已形成固定建制且经由不同的形式呈现出来。社会学的想象力启示我们应当透过问题看本质，即通过本次"雪灾灾后重建"的事例可以看到的是N嘎查社区已经开始有越来越多的基层牧民参与到协同发展的浪潮之中，也开始有部分村民逐渐成长为牧区各领域的"精英"，同时也在牧区的大小事务中发挥着重要作用。在牧区基层发展的过程中，他们敢于打破陈规，拥有创新思维和自我规划，成功后成为牧民效仿的对象。作为牧民利益的代表，他们与牧民共同守望着社区宝贵的多方发展资源。作为牧区管理中的精英群体，他们逐渐带领大家形成了蒙古族社会中"锡林"的功能，有一定的群众基础，是草原的权威性人物，有相当强的组织策划能力，有强烈的愿望和充分的动机去推动牧民的发展管理。在约定俗成的条约中，他们是制度的起草者、管理者和实施者，是实实在在的内生型骨干力量；同时，也是外生秩序得以顺利实施和有效发挥作用的重要桥梁。毋庸置疑，牧区精英在N地发展管理中发挥着重要的助推作用。而经济视野的开放随之带来的是牧民普遍性的个人利益的争取，大家开始越来越关注自己的事务，地区发展的重大决定，个人的权利意识得到了很大程度的提升，并且在诸多领域发挥着基层民众的特定优势，对地区治理发展起着十分关键的作用。

（三）多方主体的发展对牧区权力的重构

在旧时代基层发展的进程中，整个社会治理的发展都相对滞缓，对少数民族地区来说更是如此。牧民事务往往是宗族事务，单靠各方面实力的壮大本身并不能给精英群体和普通牧户带来更多的自决权。新中国成立后，以国家的意志作为立足点，以公社、兵团为基本形式，以政治精英为代理人的牧区内正式权力开始发挥作用，形成国家力量对牧区基层政权的全面管理。这种"强集体、弱个人"的关系格局排斥一切社会力量。对于任何事务，嘎查政府都是一手包办，牧民和牧区精英在牧区事务上始终没有太多的话语权。普通的牧民更是除了对自己家庭之外的权利行使一无所知。随着时代的发展，如今政府角色职能的转型，从固有的管理者逐渐过渡为支持者、参与者，牧区内部的精英群体和牧民也已经开始逐渐成为主宰社区事务的最重要非政治力量，并且慢慢有"替代"政治、宗族等传统势力的趋势，成为多元共治牧区事务的重要一环。

七、余论

从N嘎查社区协同治理的成功事例中可以发现，一方面，作为"民方"的基层社会精英和普通民众，两方参与基层治理的关键在于以何种形式确保权力行使的合情、合理与合法。由于在基层治理的实际进程中不可避免地会出现"人民"自主自决地处理自身失误，就注定与以往官方操办的形式大相径庭，在擦触到社区内部的事务管理过程中会出现被质疑权力合法性的问题。因此，作为权力授予方的国家基层权力机关须正视此问题，通过一定的途径确保其行为的合法性。另一方面，作为"官方"的基层政府，在基层治理层面与精英群体和普通民众的合作不仅停留在权力的赋予承认上，还应充分利用自身资源优势，不断地提供政策，创造条件，鼓励、支持、引导部分有能力的牧区民众参与社区公益事业，造福全体居民，实现"达则兼济天下"。社区的发展，社区的联合无论从何处谈起都需有着坚实基础和明确的利益共识。经济发展，大到国家，小到社区，无论何时都显示出其独到、重要的一面。基层治理的根基在于人民，而人民的根基在于发展。因此，如今的农牧基层治理迫切地需要培育产业组织。一方面，发展一批能够带动本地区致富的经济能人，提高经济精英的组织化程度，吸引部分长期在外的经济精英"回归"农牧社区；另一方面，大力促进农牧社区民众自我发展的意识，摒弃原有被动地"跟着"政府走的路子，提高自主、自觉、创新发展的思想。对于各方治理主体而言，还要培育现代发展意识，树立基层政府和经济精英的责任意识和普通民众的市场意识，理智看待社会分化背景下农牧区阶层的变动，使二者的经济差距导致的心理隔阂能够消弭。"多元主体协同共治机制"的构思与建立为的就是使得与居民事务密切相关的各方主体能协同参与到基层治理当中，充分调动社会力量与公众的积极性，让他们参与牧区到社区事务中去，建立灵活有效的自下而上的农牧区居民交互体系，将"政府"与"精英"与"公众"联系起来，将"社会协同"与"公众参与"激活起来,使基层社会管理从原来的"两级政府、三级管理"变成"两级政府、一层网络",赋予各方主体充分的"自决权"和联通机会方能破解社区建设困境,共同推动"国家"强大、"市场"强劲的农牧区基层治理新格局。

参考文献

[1] 波兰尼.大转型:我们时代的政治、经济起源[M].冯钢,等,译.杭州:浙江人民出版社,2007.

[2] 戴香智.契合与嵌入:社会工作助推农村精准扶贫的定位与路径[J].中南林业科技大学学报(社会科学版),2017:11(05).

[3] 郭晓敏.脱嵌与嵌入:居委会重构的路径分析[J].新东方,2016(03).

[4] 顾昕,王旭.从国家主义到法团主义——中国市场转型过程中国家与专业团体关系的演变[J].社会学研究,2005(02).

[5] 王允武,王杰.国家治理现代化背景下的民族自治地方社会治理[J].民族学刊,2015:6(01).

[6] 汪荣.我国乡村治理模式的历史演进及其发展路径浅探[J].理论月刊,2013(07).

[7] 杨须爱.民族事务治理现代化与民族区域自治制度的完善[J].兰州学刊,2016(05).

[8] 杨圣敏.对如何处理好当前民族关系问题的一点看法——多年实地调查后的思考[J].社会科学战线,2013(07).

[9] 朱军.中国经济社会转型中的民族问题与民族事务治理——以国家治理能力为分析视角[J].民族研究,2015(01).

法治、自治、德治相结合下凉山彝族自发移民乡村治理体系研究

——以西昌市月华乡为例

崔 玲[①]

一、引言

莱文斯坦（Ravenstein，1885）分析了1881年英国人口普查中发现了出生地（推定为迁出地）和居住地（推定为迁入地）不一致的情形，形成了移民迁移法则。[②] 从凉山彝族自发移民[③]方向上看，主要是从农村到农村的迁移（徐玉梅，2017），这为乡村治理带来了契机；从迁移原因来看，由迁出地的消极因素和迁入地的积极因素造就了凉山彝族自发移民搬迁（张志良，1997）；从地理区域，探讨移民对迁入地聚居区的发展（谢萍、张体伟、起建凌，2008）等，却未能从乡村治理体系中去解决凉山彝族自发移民问题。基于我国城乡发展不平衡以及民族发展不均衡的基本事实，治理体系呈现民族特性。

二、文献回顾

乡村治理的理论研究，开始于1998年华中师范大学中国农村问题研究中心政治学者徐勇教授（贺雪峰，2007），在吸收国外治理理论的基础上，结合中国具体国情，首次提出"乡村治理"这一具有包含的概念来解释和分析中国乡村社会。

[①] 崔玲，女，四川省社会科学院2017级社会学硕士研究生。
[②] 莱文斯坦（Ravenstein）在1885年发表了《人口迁移法则》（*The Law of Migration*）中提出。
[③] "自发移民"：自主或有组织地进行迁移，且已在迁入地区定居、拥有一定数量的自主土地，但尚未拥有本地户籍，不能接受正常管理和服务的移民形态。来自范建荣，郑艳，姜羽.政策移民与自发移民之比较研究[J].宁夏社会科学，2011(5)：60-62.

乡村治理主要聚焦在：①乡村治理内涵。赵树凯（2006）认为，乡村治理中多种主体参与，通过协商谈判等方式来解决；郭正林（2004）提出，乡村治理主体是乡镇的党委政府及其附属机构，以及村委会等村级组织和各种民间团队；贺雪峰（2007）认为，乡村治理是实现乡村社会的有序发展；乡村治理主体关系呈现多中心治理（张艳娥，2010）。②治理机制。宗族组织作为非正式组织对民主组织的相互替代（孙秀林，2011）；项目进村塑造"新代理人"的权威（李祖佩，2016）。治理模式。陈洪生（2009）以村民自治实施效果为出发点，提出自觉乡村治理模式；王海侠（2016）通过考察江西分宜的乡村治理模式，提出"党建+村民自治"的治理模式；阎占定等（2011）提出嵌入农民合作经济组织的乡村治理模式。③治理路径。张继兰（2009）认为通过完善协商互动机制、建设服务型政府等路径来解决乡村社会自主性缺乏、乡村组织不健全、治理机制不完善等问题；周朗生（2009）提出发展农民合作组织、完善乡村的治理结构和切实解决乡镇财政困难、加强农村基层组织建设等路径开展乡村治理。④对策建议。主要包括推进基层民主建设（张志英，2006；李文郑，2009）；加强乡镇制度建设（陈双鹏，2004；马宝成，2007）；提高农民文化素质和参政水平（章燕，2005）；发挥传统文化的作用（丁成际，2017）以及传统文化资源的治理功能（方然、陈明刚，2015）；新乡贤制度的建设（颜德如，2016）和乡贤治理的优势（李建兴，2015；杨军，2016）等。

已有研究对乡村治理在特定时期的变迁和转型过程中已经有相对深刻的认识，但是对乡村治理是站立在局外人的角度提出的，没有看到乡村治理内部的运行逻辑，也没有关注乡村治理中内部与外部互动的关系。而现有研究对凉山彝族地区自发搬迁移民出现的新问题：无基础组织、自发搬迁后依靠家支力量重构乡村治理的关系网络等无法予以回答。本文从西昌市月华乡出现的彝族自发移民组成的村落进行观察，探缘村落的形成、社会关系的建立、村落与原有汉族乡村的互动、村落内部的家支体系下治理与汉族正式组织的互补等，试图从乡村治理的视角对凉山彝族自发搬迁移民的现状进行对策研究，为民族地区的乡村治理提供参考和借鉴。

本文立意于乡村治理的新思路，运用"三治"——法治、自治和德治进行深入分析。"法治"：代表国家力量，例如，政策的实施和推动，社会资源的引导和协调，从根本上来说是自上而下地开展乡村治理；"自治"：代表了法定的社会力量，例如，社会组织的建立，补足政府忽视的社会工作方面，提供基本的社会服务、缓和社会矛盾、反映民情需求，从根本上来说是自下而上地开展乡村治理；"德治"：代表村庄的内在秩序，从村庄的传统治理道路中进行挖掘，对民情变动的内在机理如"变通"等策略进行剖析,从根本上来说是空间水平方向上进行乡村治理。

凉山自发搬迁移民应该实行开创与融合并举、结合"三治"发挥多元主体互动效应,将顶层设计与当时当地结合。

三、案例介绍:西昌市月华乡自发移民特征

(一)法治缺位:无基层组织

人口流动是改变人口空间结构的主要手段,社会发展与人口流动的互动作用形塑人口的自然空间与社会空间。西昌市月华乡户籍人口只有17000多人,而根据2015年的摸底核实,来自凉山州17个县市的自发移民人口已经达到了10748人,这些人基本没有解决本地户口。[①]

西昌市月华乡自发移民区[②]是由来自盐源、美姑、昭觉、布拖、冕宁、越西、会东、雷波、喜德、会理、甘洛、九龙12个县,约700户,3500人[③],全部为彝族人定居,却未形成基层组织(刘蜀川,2017)。虽然出现了上述问题,但是彝族人自发移民对我国乡村振兴带来梯度发展的意义和新思路。

1. 落户困难,户籍管理混乱

自发移民搬迁人口数量主要来源:一是源源不断的外来人口进入迁入地,即流动人口增加;二是新生婴儿的出现,即自然人口的增加。

同时,凉山彝族地区自发搬迁所形成的聚集地区,本身流动性就很大,以往是以个人流动为主,而现在阶段的流动以家庭流动、家支流动为主,对迁入地有很强烈的定居意愿,但是,没有政策保障。如上文所说,普遍没有在迁入地落户。

对迁出地而言,其户口管理也很混乱,也就是说,凉山彝族自发移民在迁入该地区以前,户口管理便存在很多问题。其一,已经分家但未分户:兄弟姐妹已经安家且在外长期居住而未与父母分户,例如,弟弟在哥哥户口上,其弟弟的后代以及弟媳都和哥哥在同一个户口本上,由于人口较多,一家人出现好几个户口本;其二,出现黑户:由于凉山彝族搬迁出来时间很长,最长时间为20年,迁出

---

① 此数据来自2016年5月至6月在凉山州西昌、普格、喜德等县市的调查。
② 本文所指,西昌市月华乡的彝族自发搬迁移民,仅仅探讨该乡自发形成的彝族移民区域,因为尚未建立基层行政区划,故而称为"西昌市月华乡自发移民区"。
③ 根据月华乡政府进行自主搬迁情况摸底调查表统计而来,时间为2017年11月。由于彝族自发移民搬迁存在很大的变动性,因此该时间点到现在的人数会有所差异。

地将其销户,而迁入地无法入户,成了户籍制度以外的黑户,其家庭的所有子女也均未能上户而无法受到教育,或者是父母本身由于超生而未落户,其子女也因为父母之前未落户而无法解决户口问题;其三,户口登记的信息与实际信息不符:彝族传统计算的年龄为"虚岁"与实际按照公历计算的年龄不一致,这是细节问题,或者是这家人的子女户口上在了另一家人的户口本上,主要是由于父母没有户口,而托家支的人顺带上户,抑或一家人都为彝族人,但是子女在户口上却为汉族人等情况。笔者在西昌市、攀枝花、眉山等地调研有关彝族自发搬迁问题时,对凉山彝族自发搬迁移民家庭的户口记录也相当困惑。因为户口问题,不仅对了解该群体的问题产生了困难,也使得当地政府的管理产生了极大的不便利。

2. 义务教育难以落实

总体来看,在义务教育方面违反《中华人民共和国义务教育法》。首先,"义务教育是国家统一实施的所有适龄儿童、少年必须接受的教育,是国家必须予以保障的公益性事业"[1]。而凉山彝族地区自发移民的多数儿童无法读书。其原因如下:一是,因为户口造成适龄儿童无法读书。包括凉山彝族自发移民存在超生现象无法上户,而未能读书;或者彝族人长期在迁入地生活,户口仍然在迁出地,即"人户分离"的现象普遍存在,而无法将户口登记在迁入地,因此无法就读公立学校。二是,因为凉山彝族自发移民在搬迁中开销大而未有稳定的收入来源,家境陷入困难,而无法送孩子去私立学校读书。三是,迁入地学校教育未设置双语教育(汉语和彝语的教育)导致彝族适龄儿童辍学。整体来说,迁入地学校对凉山彝族自发移民的态度是排斥的,觉得彝族人只是暂时居住在这些地方,因此学校的教育体系中未能涉及双语教育。四是,家长在教育中的缺位。从教育观念上来说,相对迁出地的彝族人来说,外迁的彝族人会更加重视教育,但是,相对汉族人来说,其重视程度不够。主要是由于,家庭贫穷更希望孩子读书,因为传统婚姻观念(女孩子17岁便嫁人)原因,就读高等院校的彝族学生很少。

其次,虽然《义务教育法》[2]规定:"实施义务教育,不收学费、杂费。"但是,私立学校从事义务教育,仍然存在以"择校费"的名义收取高额学费。根据《义务教育法》规定:"凡具有中华人民共和国国籍的适龄儿童、少年,不分性别、民族、种族、家庭财产状况、宗教信仰等,依法享有平等接受义务教育的权利,并履行接受义务教育的义务。"即义务教育的对象是具有中国国籍的适龄儿童,而

---

[1] 中华人民共和国义务教育法[N].人民日报,2006-06-30(012).
[2] 本文之后将《中华人民共和国义务教育法》简称为《义务教育法》。

非根据学校的性质是"公立"的还是"私立"进行义务教育划分，因此是违反了《义务教育法》，这种现象针对汉族地区私立学校仍然是存在的，但是凉山彝族地区的现状更为明显。

整体来看，无论是家庭、学校还是迁入地地方政府都未能对《义务教育法》很好地执行，存在违法现象。不能因为彝族人是外来人口，就否定了具备公民身份的人权。中国的人口流动现象一直存在，且伴随改革开放的大潮流后，人口流动加剧。而人口流动的根本原因是制度问题，如城乡二元制的结构下，无论是政策还是资源"一边倒"地倾向城市，致使城市与乡村差距拉大，而彝族的自发移民，不仅存在城乡差距还存在民族之间的差距。也就是说，彝族人在迁出地生存不下去，必然需要外出打工，进而伴随着人口迁移，从传统的只是强壮年劳动力的流动到以家庭为单位的流动。其中形成的问题不能仅仅看成个人原因和彝族人群的原因，而是宏观的制度原因。因此，制度和政策的制定应该对该现象有所回应，并制定相应的政策进行合理的安排。

（二）自治重构：利用市场的自发性

在凉山彝族自发搬迁地区，人口对市场的影响有两方面：彝族自发搬迁以青年人迁移为主，对汉族地区"空心化"农村提供劳动力；彝族人口为生活而聚集，对消费品的需求增加，扩大原有的消费品市场。反之，市场对人口的变化也有影响：汉族地区居民对闲置土地的非法出售为彝族自发搬迁提供了条件；金融担保为彝族自发搬迁家庭购置土地提供了可能。

1. 彝族青年劳动力补足空心化农村

人口迁移偏好青壮年，这是人的生命历程所决定的。青年人对多元社会空间有了解，对因外出务工接触的新事物、高标准的生活品质有强烈的向往。因此对发达地区的生活充满动力，且比五六十岁的人更有能力实现时空转换，因此人口迁移对年龄的选择规律依然会发挥作用，未来凉山彝族自发迁移仍然以青壮年为主，而且还可能更加年轻化。

随着当前凉山彝族自发移民主要迁入地（安宁河谷）越来越拥挤，同时，汉族地区乡村振兴战略开始实施，空心化的农村急需劳动力，急需利用闲置资源，而且农村承包土地、宅基地实施"三权分置"等创新政策，为自发移民进入更大范围的汉族地区提供了方便。根据拉文斯坦（E，G.Ravenstein）移民递补律[①]，预计在未来几年，凉山彝族很可能进入更大范围的四川丘陵和成都平原地区，越来越靠近大中城市，这对于缓解农村空心化将发挥积极作用。

2. 就业致富受限制

自20世纪80年代中国改革开放以来，城乡人口流动加剧，2亿多农民工进城、进厂，3000多万农民工举家外出，而月华乡彝族自发搬迁主要是以打工的方式进行流动。

月华乡彝族人放弃传统以畜牧业和农业结合的半农半牧的生活方式，代之以进城打工，就业形式单一；基本收入以打工收入为主，收入低下；加之子女数量多，传统生男孩的观念强烈，生活艰辛。

青壮年劳动力相比于迁出地，进城打工成了他们生活的重要物质来源，而打工主要分为外出打工以及当地就近打工，以外出打工为主，多从事体力劳动，技术含量偏低；从事塔吊、水泥技术、贴砖技术的工人偏少，一般以临时工为主，工资不稳定、流动性强为其主要特点。由于彝族人文化程度较低，汉语能力较差，进入正规工厂的机会比较少；大多到当地建筑工地打杂工，属于非正规就业，工资不高，工作比较辛苦；一个月大约能够工作20天，季节工、间歇工的特点很突出。家家户户均拥有摩托车，可以猜想青壮年劳动力打工方式盛行，且打工的距离多在行政区域内，一般是去县市地区。

3. 土地私下交易提供宅基地

由于迁入地相对喜德、昭觉等迁出地而言，气候温暖、交通便利、教育条件好、务工机会多、医疗卫生条件好、距离集市近、农业或打工收入高等因素，使得月华乡彝族人更愿意定居在迁入地；亲戚朋友均在迁入地，呈家庭化规模搬迁；再者，月华建筑用地购买属于以担保为中心，通过基层干部作为中介人角色，从汉族人手中实行分期付款方式进行购买，彝族人没有足够的购买能力，却仍然愿意负债进行定居，可见，自发搬迁彝族人对迁入地定居愿望强烈。

居住地区与汉族村落相对而立，一般以购买汉族人手中荒山进行自建房屋。且房屋材质为空心砖，而在西昌市正规建立住房需要抗震等级9度设防，由此，彝族自发搬迁移民自建房屋的安全系数低，没有抗震抗压能力，对居住安全不利。

---

① 拉文斯坦移民递补律（又叫拉文斯坦移民法则）认为，人口迁移是两种力量相互作用的结果。一种力量是原住地的推动力或称排斥力，如迁出地缺少就业机会、农作物收成不好、社会关系不和、居住环境恶劣等因素都属于推力；另一种力量是迁入地的拉力或称吸引力，如公共设施较好、气候好、收入高、文化氛围好等则是拉力。

房屋修建没有原来彝族人的房屋特色，主要是房屋从汉族人手中购买材料、由汉族人进行设计，通过亲戚朋友互帮互助进行房屋修建，这是一种方式；其次，彝族人购买先前搬来的彝族人自建房屋来居住。总体而言，西昌市月华乡自发搬迁彝族人大部分居住在没有安全保障的自建房内。

（三）德治延展：家支促进自发搬迁

月华乡移民搬迁来的彝族人为彝族家支中的"黑彝"，属于彝族中的贵族，即本身家族的财力雄厚，加之彝族人的等级观念依旧存在，无论是在搬迁前还是搬迁后，其对资源的拥有仍然占据主要部分，表现现象为聚集的村落里没有"白彝"。

"黑彝"家支观念浓厚，先搬迁的彝族人会推荐给自己的亲戚朋友，因此，彝族自发搬迁从短时期来看是家庭搬迁，长期来看是以家支搬迁而来；当然，因为传统家支观念强，对家庭中互帮互助，以及家庭养老、教育子女方面也有优势。例如，月华乡某户人家，姐夫去世，姐姐改嫁，留下三个未成年子女均由单身的妹妹养育。再如，一个家庭，主要劳动力去世，留下的老人会由家支负责照顾。这在月华乡移民区是常见的现象。正因为有"家支"这样的后盾，使得外出打工的现象盛行，且留守的以妇女、儿童、老人为主，这也出现了很多问题。

四、治理体系与彝族自发移民

从迁移方向、类型、状态来看，其一，凉山彝族自发移民从偏远不发达地区搬迁到距离集镇近的发达地区；其二，凉山彝族自发移民搬迁类型呈现嵌入式搬迁和替补式搬迁两大类型；其三，凉山彝族自发搬迁的最大状态便是以自愿为原则，动机是摆脱贫困。这对迁入地实施乡村振兴战略具有客观优势。

凉山彝族自发移民搬迁随着时间的向前推移已经形成了村落，却未有针对彝族自发移民的基础组织，当地政府的政策制定不能忽视这一客观存在的事实，需要对其进行管理。而管理的主题并非仅仅使用带有强制性的抑制或消极治理，而应该采用因地制宜的柔性化手段，并结合国家大政方针之下的精准扶贫以及地区乡村振兴的独特优势，一方面吸纳彝族自发移民逐渐汉化；一方面提取彝族传统中优秀的特色文化以传承与保留。

同时，将顶层设计与地方具体情况结合。2018年1月2日，改革开放以来第20个、21世纪以来第15个指导"三农"工作的中央一号文件《中共中央国务院关于实施乡村振兴战略的意见》发布。[①]

（一）法治视角：立法为先，有规可循

1. 精准扶贫应该考虑彝族自发搬迁的情况

中央目前并没有针对全国范围内自发移民搬迁出台相关政策，但是"精准扶贫"政策对西南民族地区的贫困人口帮扶效果很明显，但是无户口、无基础组织的凉山自发移民却处于临界地区。因此，可以对精准扶贫政策进行补充，或者统筹考虑，对移民问题进行全盘立法。制定规矩就可以管理，依法才可以实施。

2. 建立居住临时登记制度

对于已经自发搬迁的移民，可以就近编村入组，也可以按照程序设立村民小组、村委会等，进行定期的党政教育管理，示范带动自主搬迁群众积极配合各项工作。

由于我国的户籍制度限制，彝族自发搬迁移民在迁入地落户的政治环境尚未成熟，针对现有搬迁村落需要进行过渡的制度进行管理。建立居住制度可以了解彝族自发搬迁移民的动态，既对人口进行管理，也对当地治安有所保障。同时依靠居住制度可以实现限制并强化生育制度，落实当地适龄儿童就读。保障基本的生活供应，例如，水电气等基本生活能源的提供。防止土地资源的浪费，避免土地的不合理利用。主要是对居住用地的管理，做到少而精，能保障生活质量，避免"一家一个园子"的浪费。

3. 建立自发移民区与基本公共服务均等化

精准扶贫应该关注到人户分离的移民性贫困。对迁入地所在农村留居人员按照"不漏项、不掉人"的要求，实地进行全面摸排登记，迁出地对有关情况逐项核实，全面摸清已自主搬迁农民在迁出地、迁入地的情况，绘制自主搬迁移民分布图，实行动态化管理。

根据凉山州人民政府《关于凉山州"十三五"移民扶贫搬迁工作的指导意见》（凉府发〔2016〕16号）界定时间节点，对2015年12月31日前已自发搬迁的农民，结合实际落实管理举措，对基本医疗、基本教育等公共服务提供同本地人相同的待遇。同时，对已经自发搬迁农民在所有医疗机构均享受同等医疗服务，对已经居住6个月的，纳入基本公共卫生服务管理，免费为其提供包括建立居民健康档案、健康教育等在内的13项基本公共卫生服务，在迁入地享受有关服务和

[①] 中共中央国务院关于实施乡村振兴战略的意见[N].人民日报，2018-02-05(001).

奖励、优待政策，落实属地管理责任。

（二）自治视角：重视市场力量

1. 吸纳彝族自发移民的青年劳动力

首先，凉山彝族自发移民以青壮年为主，且以家庭的方式搬迁，长期定居愿望强烈；其次，本地农村向城市迁移丧失了大量劳动力，出现"空心化"现象，因此，本地经济发展可以依靠自发移民的青年劳动力，解决其就业问题。培养合理的养殖和种植技术，既可以提高自发移民的归属感，也保障了自发移民的基本生活来源，为当地经济持续发展注入活力。例如，月华乡以新华村为中心的安宁河以东三个行政村筛选确立了油桃、杏子、酿酒葡萄等特色产业为支柱产业发展的新道路，可以吸收彝族自发移民参与月华乡油桃等产业发展，将在"产—供—销"的产业链中注入新鲜劳动能力。

2. 彝族自发搬迁移民带动消费，扩大内需

凉山彝族自发搬迁移民到迁入地进行生活定居，家庭财富积累从无到有，其需求旺盛、需求类型丰富。根据马斯洛的需求层次[①]，目前自发搬迁彝族人对需求的层次是生理层面、安全层面、情感和归宿层面，与汉族人尊重、自我实现的需求层次呈现互补形式。这对家具如沙发、座椅板凳等；餐具，生活用品如服装、洗漱用品、卫生用品等；妇女及婴幼儿护理及保健用品等生活所必需的物质资源都形成刚需。彝族自发搬迁移民从超市购买日常用品、维修摩托车、洗剪头发、餐馆吃饭等日常生活方式形成了对迁入地的经济关系的再生产与重构。

值得注意的是，自发搬迁的彝族人由于前期刚定居，在生活不稳定、收入不高的前提下，对二手产品的需求会维持一段时间，而针对二手产品市场的扩大和规范，可以实现资源的再次利用。另外，互联网体系的建构以及由外出务工返乡的彝族人带来的手机逐渐普及，自发搬迁的彝族人可以避免面对面的汉语语言交流障碍进行网购。

3. 利用彝族自发搬迁特色文化为旅游谱写新篇章

凉山彝族自发搬迁是对陌生环境的开拓进取，在艰苦中建立家园，从高山文化到低坝田园文化的创新转变过程；也是彝族文化与汉族文化交汇融合的启发点。例如，月华乡本地242户居民，辐射带动周边三县5个乡镇的区域发展，以"一业兴、带百业"的方针，在农家休闲产业发展中注入特色搬迁文化，探讨试营彝

---

① 冯光明，冯静雯，余峰. 商务谈判：理论、实务与技巧[M]. 北京：清华大学出版社，2015.

汉融合的主题农家、模拟搬迁的原始居住生活体验、彝汉族传统习俗表演以及彝汉手工艺术品的市场买卖等，对迁入地乡村经济振兴具有启发意义。

4. 吸纳彝族自发搬迁移民梯度发展生态养殖产业

"三农"问题的提出、精准扶贫力度加大，以及乡村振兴等政策的实施，对农村利用自身资源发展当地经济具有重要贡献。但是对于生态养殖产业方式，平原地方建立低海拔的生态养殖业、高山地区主要是放羊式的高海拔生态养殖业，如理塘对牦牛的养殖，而月华乡主要利用油桃林下空间发展生态养殖，都未能突破对生态养殖业的梯度建立。

自发搬迁移民对高山环境的适应能力以及熟悉程度，加之对高山畜牧业的经验，若能与本地汉族居民达成协议，承包山林，在低坝河谷中主要以家禽为主的养殖，而半山或高山以畜牧业为主，同时以牲畜粪便为肥料养护桃林。既将果业与养殖业结合，同时从空间排列上，利用好山区山林资源，将能利用的土地提高利用率，也可以避免彝族人对当地资源的占用而引起矛盾，同时改善生态环境。

（三）德治视角：多元主体互动

1. 发展移民主体地位，促进基层自治

彝族家支体系完善，对彝族的迁居落户影响显著。月华乡对宅基地的购买，需要彝族群众领导人进行财力担保。因此，彝族领导人一般是具备一定文化、懂汉语和彝语的乡村教师，他们也是对外沟通的主要联系人；或者是具备财力物力，如森林使用权、房产、畜牧厂等资源的实力雄厚的精英，成为对外提供担保的担保人或者对内提供私下借贷的放贷人。彝族群众的精英，威信高、统御能力强、能为彝族群众带来切实利益；既了解彝族人的文化背景，与彝族群众具有共同利益，也了解当地自发搬迁彝族人的需求，同时也是当地彝族人反映信息的中介点，也就是说，彝族群众领导人是月华乡自发搬迁移民的社会关系网络的核心点。

因此，对迁入地乡村振兴可以从彝族群众的权威人出发，吸纳管理体系，带动对本地社会治安综合治理和基层平安建设范畴。在已经自发搬迁移民中做好法律宣传和乡规民约介绍，促进民族团结，推进现代文明健康的生活生产方式，鼓励引导他们移风易俗、积极参与迁入地城乡环境治理、村组事务管理和乡村振兴等，帮助他们融入当地生产生活。

2. 建立专业社会工作

社会工作的价值观念和工作手法日益被社会认可，能够为社会弱势群体提供精准有效的个别化服务，但是，针对少数民族自发搬迁移民的专业工作服务项目存在空白（陈锋、但咏梅，2016）。

建立或引入专业社会工作，关注凉山彝族自发移民搬迁所面临的问题，尤其是刚搬迁来的彝族人，生活极度困难。同时关注彝族地区妇女、儿童以及老人的需要，许多妇女没有基本卫生知识以及养育子女的知识，需要通过社会组织进行宣传教育；另外，对儿童的早期教育、婴幼儿的托管等方面需要建立体系；最后，由于多数彝族老人没有购买基本养老保险、基本医疗保险，需要社会组织，协调地方建立定期的医疗体检，保障老人基本生活。

五、总结与讨论

中国仍有 58973 万[①]农村人口，且伴随城镇化进程，中国的农村人口将会持续一段时间。而随着彝族自发移民搬迁进入"空心村"，中国农村政策将会向多元化发展。因此，对中国乡村振兴研究需要考虑到民族性的特色。

本文从凉山彝族自发搬迁的现状出发，以"三治"为角度，对凉山彝族自发移民问题进行探讨。以法治为视角，重在"管理"，从中央制定政策到地方实施相结合进行管理；以自治为视角，重在"发展"，依靠无形市场，如青年劳动力、消费、文化特色的旅游业和生态养殖业，既能发展乡村振兴的特色产业，也对凉山彝族自发移民进行安置；以德治为视角，重在"巩固"，基层管理吸纳彝族群众领导人进行持续管控和维持，以及社会组织的进入，开展社会稳定风险性评估以及生活保障，从而，在发展乡村振兴的同时，巩固发展成果。因此，凉山彝族自发移民带来的不利因素，通过乡村振兴的创新思路，柔性化地转变为利于当地经济发展的有利因素。从作用力与反作用力的双向性来看，对凉山彝族自发移民来说，在经济发达的迁入地安居乐业，同时以搬迁实现了永久脱贫；对迁入地来说，农村不再是边缘化区域，而是实现持久效力的乡村振兴。

---

① 根据国家统计局：http://data.stats.gov.cn/easyquery.htm?cn=C01&zb=A0201&sj=2016。

参考文献

[1] Liu Yansui, Li Yuheng. Revitalize the world's countryside. Nature, 2017, 548(7667).

[2] Ravenstein, E. G. The Laws of Migration [J]. Journal of the Statistical Society of London. 1885, 48(2).

[3] 陈锋，但咏梅.人口梯度流动背景下的彝族农业移民研究[J].农村经济，2016(12).

[4] 陈洪生.论自觉自治型乡村治理模式的生成条件[J].江西农业大学学报(社会科学版)，2009，8(04).

[5] 陈双鹏.基层组织与乡村治理[J].云南行政学院学报，2004(04)：21-23.

[6] 陈相云.社会工作与乡村振兴：实践困境、价值亲和与专业突围[J].理论月刊，2018(04).

[7] 丁成际.试论传统文化在乡村治理中的作用[J].湖湘论坛，2017，30(03).

[8] 杜尚泽."脱贫攻坚战一定能够打好打赢"[N].人民日报，2018-02-15(003).

[9] 范建荣，郑艳，姜羽.政策移民与自发移民之比较研究[J].宁夏社会科学，2011(05).

[10] 方然，陈明刚.传统文化资源在现代乡村治理中的作用——以贵州省毕节市黔西县古胜村为例的实证研究[J].曲靖师范学院学报，2015，34(01).

[11] 冯光明，冯静雯，余峰编著.商务谈判理论、实务与技巧[M].2015.

[12] 付翠莲.新时代以城乡融合促进乡村振兴：目标、难点与路径[J].通化师范学院学报，2018，39(01).

[13] 高大洪.基于和谐社会建设的拉萨社区治理研究[M].社会科学文献出版社，2014.

[14] 郭正林.乡村治理及其制度绩效评估:学理性案例分析[J].华中师范大学学报(人文社会科学版)，2004(04).

[15] 贺雪峰.乡村治理研究与村庄治理研究[J].地方财政研究，2007(03).

[16] 姜德波，彭程.城市化进程中的乡村衰落现象：成因及治理——"乡村振兴战略"实施视角的分析[J].南京审计大学学报，2018，15(01).

[17] 李建兴.乡村变革与乡贤治理的回归[J].浙江社会科学，2015(07).

[18] 李棉管.技术难题、政治过程与文化结果——"瞄准偏差"的三种研究视角及其对中国"精准扶贫"的启示[J].社会学研究，2017，32(01).

[19] 李文政.当前中国乡村治理的困境与策略探究[J].中国农学通报,2009, 25(16).

[20] 李祖佩."新代理人":项目进村中的村治主体研究[J].社会,2016,36(03).

[21] 刘蜀川.自发移民问题研究——以四川省凉山彝族自治州为例[J].西南民族大学学报(人文社会科学版),2017,38(06).

[22] 刘志阳,李斌.乡村振兴视野下的农民工返乡创业模式研究[J].福建论坛(人文社会科学版),2017(12).

[23] 马宝成.取消农业税后乡村治理的路径选择[J].长白学刊,2007(06).

[24] 实施乡村振兴战略供销合作社重任在肩[N].中华合作时报,2018-04-03(A04).

[25] 孙秀林.华南的村治与宗族——一个功能主义的分析路径[J].社会学研究,2011,25(01).

[26] 王海侠,孟庆国.乡村治理的分宜模式:"党建+"与村民自治的有机统一[J].探索,2016(01).

[27] 乡村振兴战略谋划中国农村巨变蓝图——2018中央一号文件专题报道[J].中国合作经济,2018(02).

[28] 谢萍,张体伟,起建凌.西部民族地区自发移民迁入地聚居区发展研究综述[J].生态经济,2008(09).

[29] 熊小林.聚焦乡村振兴战略 探究农业农村现代化方略——"乡村振兴战略研讨会"会议综述[J].中国农村经济,2018(01).

[30] 徐玉梅.凉山彝族自发移民家庭迁移行为研究[A].中国地理学会经济地理专业委员会.2017年中国地理学会经济地理专业委员会学术年会论文摘要集[C].中国地理学会经济地理专业委员会,2017.

[31] 阎占定,白照坤.新型农民合作经济组织乡村政治参与状况分析[J].农业技术经济,2011(05).

[32] 颜德如.以新乡贤推进当代中国乡村治理[J].理论探讨,2016(01).

[33] 杨军.新乡贤参与乡村协同治理探究[J].山西师大学报(社会科学版),2016,43(02).

[34] 张继兰.乡村治理:新农村建设的路径选择[J].乡镇经济,2009,25(04).

[35] 张军.乡村价值定位与乡村振兴[J].中国农村经济,2018(01).

[36] 张艳娥.关于乡村治理主体几个相关问题的分析[J].农村经济,2010(01).

[37] 张志良,张涛,张潜.移民推拉力机制理论及其应用[J].中国人口科学,1997(02).

[38] 张志英.21世纪中国乡村治理发展浅议[J].农村经济，2006(11).
[39] 章燕.社会转型时期中国农民的非制度化政治参与[J].前沿，2005(07).
[40] 赵树凯.乡村观察手记(十二)新农村建设呼唤新的治理[J].中国发展观察，2006(03).
[41] 中共中央国务院关于实施乡村振兴战略的意见[N].人民日报，2018-02-05(001).
[42] 中华人民共和国人口与计划生育法[N].人民日报，2015-12-30(014).
[43] 中华人民共和国义务教育法[N].人民日报，2006-06-30(012).
[44] 周朗生.云南乡村治理：成效、问题与可能路径[J].经济问题探索，2009(06).

微自治：村民自治基本单元的重构研究

——以台江县"十户一体"为例

黄田[①]

一、文献回顾与问题的提出

加强农村基层基础工作，健全自治、法治、德治相结合的乡村治理体系，是我国在新时代背景下乡村振兴战略的重要内容。十九大报告指出，"推动社会治理重心向基层下移，发挥社会组织作用，实现政府治理和社会调节、居民自治良性互动"。可见，健全乡村治理体系、实行村民自治，即为党和政府在新时代背景下所强调的"治理重心下移，自治良性互动"的应有之义。近年来，国内外关于村民自治单元的研究，已经取得丰硕的成果。

（一）国外研究现状

在国外尤其是西方学术界相关研究主要集中在以下几方面：（1）关于村民自治的三种主要理论，即自由民主、权威主义和发展主义。主要观点：一是主张从自由民主的视角出发的学者主要是德斯塔德和舒伯特，倾向于强调一个日渐增强的公民社会（civil society）；二是主张乡村治理是国家主导的，强调了国家的权威性，如Bjorn Alpermann（2001）、Thomas P. Bernstein（2006）；三是主张从发展主义视角解释经济发展在村庄治理中的作用，如欧博文（2003）。（2）在对自治的维度研究上，形成了四种研究范式。主要表现为：一是施坚雅（1999）主张从市场维度来进行研究；二是杜赞奇（2010）主张从文化与权力的维度来进行研究；三是弗里德曼（2000）主张从宗族维度来进行研究；四是黄宗智（2000）主张从经济维度研究。（3）关于村民自治影响因素研究。主要观点：一是关于自

---

① 黄田，湖北巴东，贵州民族大学博士研究生，研究方向：民族地区社会工作。

过程中规则的研究。美国麻省理工学院的蔡晓莉（Lily L.Tsai）教授、周雪光（2009）认为村庄非正式制度影响村庄治理有效性的实现。舒伯特（2009）认为对村庄治理需要建立选举程序、村干部行为、村民意识和文化情境等。近年来，国外学者关于村民自治规则的研究，从最初关注选举程序与制度转向了选举之后的治理。欧博文（2009）等学者还从中国实际调查中得出，中国村民自治正从"选举权力"转向"实践权力"，中国村民自治从选举模式转化为治理模式，尤其强调了选举结束后村庄各治理主体之间的关系。从上述研究可以看出，国外学者关于自治规则的研究，从选举制度、选举程序转向了自治效果的研究，并且关注的重点不仅是自治主体，还强调了影响自治效果等其他因素。二是关于自治的规模研究。巴特（2005）认为村不是一个基本单位，村庄下面被划分为多个社，社才是基层治理的基本单元，它是接近家庭的单元，每个社有 200～500 人。[①]利奇（2010）认为村寨是自治的基本单元，它指任何一个独立自主的政治单元，都是单元社会。普里查德（2014）认为努尔人的村落是最小的群体，是努尔地区的政治单位，也是努尔地区最底层的单位。[②]

（二）国内研究现状

国内学者围绕"自治单元"的研究成果虽然较少，也形成了一大批理论成果。主要包括：（1）关于自治基本单元的内涵研究。赵秀玲（2014）、谢正富（2015）均认为乡村治理的新范式是让自治进入"微观"和"细化"的具体层面，即"微自治"，不同的是，谢正富更强调集体行动是微自治有效实现的理论基础。邓大才（2016）指出自治基本单元是最靠近家户的一个单元，是最小单元，其规模由"两大标准"和"五个原则"共同决定。两大标准是参与约束和能力约束，五个原则是产权相同、利益相关、血缘相连、文化相通、地域相近。李永萍、慈勤英（2017）认为作为农民与村级组织和国家之间的媒介，村民小组是最小的自治单元，既能为小组内部提供基本的公共品服务，同时有利于国家政策在基层的顺利执行。（2）自治单元的影响因素研究。黄振华（2015）认为村民自治的范式转向形式——条件范式，强调了自治的条件与形式之间存在一定的逻辑关系。贺雪峰（2011）、邓大才（2014）、任路（2016）、侣传振（2016）、史亚峰（2017）等分别从不同视角

[①] 普里查德. 努尔人[M]. 北京：商务印书馆，2014：20. 转引自：邓大才. 中国农村村民自治基本单元的选择：历史经验与理论建构[J]. 学习与探索，2016：4.
[②] 普里查德. 努尔人[M]. 北京：商务印书馆，2014：132-133. 转引自：邓大才. 中国农村村民自治基本单元的选择：历史经验与理论建构[J]. 学习与探索，2016：4.

论述了村民自治的条件：富人治村、利益相关、协商民主、集居与散居、规模与利益。侣传振、李华胤、李松有（2016）认为群众参与是村民自治基本单元的主体，并且认为集体行动、群体规模与利益关联度是其中的关键变量。（3）关于自治机制的研究。程瑞山、贾建友（2013）指出自治制度本身存在缺陷，认为村民自治中比较突出的是农村基层党组织的运行体制机制、政府行政管理运行体制与国家财税体制问题。白雪娇（2016）认为规则是村民自治单元制度基础，维系着自治单元的稳定，认为重构村民自治的基本单元，应使自治单元与自治规则相适应。[①]关于自治规则的研究也从最初的文本研究转向影响村民自治的相关制度研究，而研究的框架也从大到小，直至自治单元内的规则研究，作为规则体系中的自治规则对自治单元的稳定起着基础形塑作用，是自治单元构建中的关键环节。（4）村民自治的路径研究。徐登峰（2016）基于英国地方自治的启示，认为我国村民自治应当进一步完善法律规范体系，健全选举机制；应当合理划分乡村事权，平衡乡村关系；应当提高村委会待遇，吸引优秀人才，提高自治能力。薛建中（2014）、牛磊（2015）均认为村民自治制度本身存在缺陷，制度运行中行政干预严重。牛磊指出应不断完善村民自治制度，提升农民自治的组织意识，实现村民自治组织的内外系统的互动，加强对村民自治制度的理论研究，建立村民自治制度的长效机制。[②]兰峻（2018）则认为农村自治主体虚置，以利益为基础的再组织化是根本出路。

（三）国内外研究述评

国外学者对村民自治从理论到方法论的研究，为后人的研究奠定了基础。特别是研究重点从选举制度转向治理，与我国国内的相关研究具有一定的契合度，为本研究提供了理论借鉴。但对村庄自治单元的研究面涉及不大，且现有的研究也只停留在自治单元的性质上，并未涉及自治单元构成的条件及其内在关系的研究。国内学者对于中国村民自治单元的研究集中在理论、自治主体、自治规则及构成要素上，这对于推动中国的乡村治理、有效形式的探索提供了理论基础和实践指导，也为本文研究自治单元中的主体、规则，提供了理论基础和新思路。但从目前研究来看，对于什么是自治基本单元、影响其构建的条件或者因素学界并未达成共识，并且这一自治单元是如何运行的，其治理的效果如何也并未提及。

[①] 白雪娇.规则自觉：探索村民自治基本单元的制度基础[J].山东社会科学，2016(7)：41-47.
[②] 牛磊.村庄治理转型背景下村民自治制度的发展路径[J].理论与现代化，2015(4)：46-51.

如相关学者认为，村民小组是乡村治理的最小单元。那么，什么才是乡村治理的最小单元？什么才是自治单元的适当规模？学界对此的研究刚刚起步，也未形成一致的观念。

综上所述，自治基本单元作为承载村民自治的载体，是乡村治理中最基层的治理单元。自治基本单元的构建，是在自治单元村以下进行的分解与重构，是直接以户为单位建构起来的自治基本单元。那么，这个单元是不是村民自治的基本单元，它的构成条件又是什么？本文将基于以上研究成果，进一步探讨村民自治基本单元构建的要素，以及探讨制约构建自治单元中面临的相关因素与构建的路径。

二、村民自治基本单元的历史与发展

（一）新中国成立以前，是以自然村为单元的村民自治

自古以来都有皇权不下县的说法，因此，在传统社会，村民自治的基本单元是以传统村落为主，即自然村落。此时的村落是自然形成的，多以血缘、地缘关系建立起来的传统村落。传统村落的村民自治多集中在共同生活或者抵御外敌，而国家此时主要通过村落中的氏族关系或者绅士等一些乡村精英来完成基本的村落秩序治理。

（二）新中国成立以后，人民公社为村民自治基本单元

新中国成立以后，建立了完全意义上的党政组织系统，村人民代表会议和人民政府的设立，标志着村级政权的正式形成。1958年，《中共中央关于在农村建立人民公社的问题的决议》的通过，使国家权力进入乡村，行政治理成为主要的方式，人民公社制度是其最具代表性的形式。改革开放以后，家庭联产承包责任制使人民公社制度瓦解，使通过行政手段构建的乡村治理单元走到边缘。

（三）改革开放以后，多以行政村为村民自治基本单元

1987年，《村民委员会组织法》的通过，使村民自治首次获得合法身份，步入乡村治理的新阶段。而这一阶段的村民自治单元都建立在原来的生产大队上，无论从规模还是治理方式上，都保留了诸多的行政治理。2005年，农业税的取消，使村委会的职能在一定程度上消解。通过行政命令来进行的村庄治理，一度使自治虚置。并且行政村的规模大、村民参与意愿不高也使村民自治陷入困境。

（四）21世纪以来，探索以村小组为基本单元的村民自治单元

2014年1月，中央一号文件提出："探索不同情况下村民自治的有效实现形式，可开展以社区、村民小组为基本单元的村民自治试点。"[①]自此，村民自治开始了以村民小组为基本单元的试点阶段。村民小组作为村民自治的基本自治单元，在一定程度上化解了村庄规模过大、村委会成员无力为村民提供更好服务的困境，但是对于提高村民自治的参与度并没有因此而发生实质性的改变。

三、微自治：村民自治单元的重构

（一）微自治：村民自治基本单元重构的指导思想

微自治，作为微观自治，突破了村委会自治模式的困境，化解了村庄规模过大、群众参与度不高、公共利益不平衡等问题，表现出生机与活力。早在1998年，武汉市江汉区小夹社区开始实行了门栋自治，2003年，开始实行院落自治。[②]武汉市开始形成以"门栋—院落"为微自治单元的城市社区自治模式。这种注重比"居民小组"更小单位的"微自治"，使基于"家—户"联系的每个家庭都参与自治中，真正实现群众自己管理自己的事情。社会是由人构成的，社会要发展，离不开人的参与。家户是人类社会的基本组织，也是人类社会的"细胞"[③]。以强大的习俗为支撑的完整的家庭制度和以强大的国家行政为支撑的户籍制度共同构成的家户制度，是中国农村社会的基础性制度或本源型传统。[④]家户组成的院落，化解了人作为社会人参与自治的难题，家户参与的院落形成的微自治单元，构成了村民自治的坚实社会基础和政治基础。乡村治理是否有效最终取决于居民是否参与和自治。而以家户为单元进行的探讨，村民每天都在"家"这一场域中进行着各自交流，它所形成的意见以"户"参与的形式反馈到"院落"这一自治单元。院落上一级单元所收集"户"为单元的意见时，基本上就是"公意"。公意代表了人民的意志，以人民的意志为基础的治理，本身就是村民自治，也真正关系着群

---

① 中华人民共和国农业部网站：http://jiuban.moa.gov.cn/zwllm/zwdt/201401/t20140120_3742582.htm. 最后访问时间：2018年6月3日。
② 赵秀玲. "微自治"与中国基层民主治理[J]. 政治学研究，2014（5）：51-60.
③ 侣传振，李华胤. 家户联结：探索村民自治基本单元的社会因素[J]. 广西大学学报（哲学社会科学版），2017（6）：69-75.
④ 徐勇. 中国家户制传统与农村发展道路——以俄国、印度的村社传统为参照[J]. 中国社会科学，2013（8）：119-139.

众自己的利益。因此，村民微自治基本单元，就是最小单元的自治，是最接近家户的单元，是不可再分并且有共同的公共生活。

（二）微自治的实践经验

1. 城市微自治的实践

2009年，成都锦江区社区自治探索，采用了"小单元、大党建"的城市微自治模式。它根据院落分布、地缘状况、居民特点进行了自治单元划分。[①]院落自治是介于社区与家庭之间的基本单元，2012年，锦江区被民政部确定为"实验区"，院落自治正式成为锦江区社区治理的治理模式。2015年10月10日，锦江区院落自治组织联合会经锦江区民政局注册登记正式成立，标志着院落治理进入了一个新的起点。

2. 农村微自治的实践

2015年4月，长滩村村支"两委"为解决环境卫生脏乱差难题，开始构建治理单元。构建规模：一个治理单元约十户；构建原则：居住相邻、技能相似，均衡配置富户、一般户、贫困户；选取户长：每个发展主体推选出1名有威信的能人作为户长。最后构建了"十户一体"抱团发展模式。到2017年年底，"十户一体"抱团发展模式开始在全州得到推广，扩展到2117个村，"十户一体"治理模式取得了积极成效，在构建美丽村落、平安村落、脱贫致富等方面起到了积极作用。

3. 关键因素分析

村民自治基本单元的关键因素

	自然村	行政村	村小组	微自治
地域单元	自然村—村委会	行政村—村委会	村—村委会—村小组	村—"十户"—家户
分布区域	以血缘、族际关系为主形成的村落，分布较大	以行政手段建立的行政村，分布大	在村落内部建构的村小组，分布区域较小	以户为单元组成的，分布区域最小
基本规模	几十户至百户	几十户至几百户	几十户	十户至几十户
管理幅度	大（整个村落）	大（整个行政村）	小（整个小组）	微小（最小单位）
沟通成本	大	大	小	较小
村民参与度	部分参与	部分参与	大部分参与	人人参与

---

① 赵秀玲."微自治"与中国基层民主治理[J].政治学研究，2014(5)：49-50.

（1）微自治：村民自治基本单元的规模

微自治的分布区域是有限空间、相近的地域，居民的熟悉度高，是微小的熟人社会区域。而区域的划分使其规模相应地缩小，成为村落内最小的且不可再分的基本单元。最小的单元决定了"户长"的管理幅度也是较小的，从而使沟通成本降低。时间成本和劳力成本的降低，加快了信息传递的效率。最后，村民积极参与，或者是基于公意的村民自治得以有效形成。锦江区以院落为基本单元的自治模式，从构成上来看，是介于社区与家庭之间的单元。从规模上来看，基本单元是大于家庭的若干家庭或个人的组合，是难以再细分的基本单元。从管理层级来看，院落单位位于最底端，因此规模最小。适度的组织规模，应当是连接家户的最小组织。

①沟通成本，规模越小沟通成本越小（时间成本）。组织规模较小，有助于村民之间的沟通交流，省去了花费过多的时间成本，从而降低了沟通成本。

②有效决策，群体间的依赖性越大，决策就越有效。有熟人关系建立起来的小群体，关系紧密，相互之间依赖性大，在进行决策之前，大家都会评估各方利益，最后形成"趋同"的中和决策。

③平等参与，村民自治。人人参与，从而使村民间的关系趋于平等，村民之间无官—民之分，以平等的姿态进行治理。人人参与、人人负责，实现"乡村振兴，人人负责"的良好局面。

村干部：以前，全村由几个村干部管理，人手有限，管理对象人多户数多，想了解哪一户农户生产发展具体情况和存在的困难比较难。推行"十户一体"后，划小了服务单元，"户长"和主体内农户经常共事，对发展主体农户的所需所盼和生产发展情况比较清楚，便于精准扶贫精准施策。以往要传达有关惠民政策或安排有关工作，都要召开群众大会，来参加会议的村民也参差不齐，推行"十户一体"后，现在开会只要通知"户长"参加就行，"户长"回去后组织主体内农户开会传达优惠政策和安排工作，使精准扶贫政策及时传达到每个村民，党委政府工作安排落实更顺畅。[①]

村支书李平洲："我们就3个村干部，全村有308户，1125人，3个人要带动这么多人，是很难的事。但有了'十户一体'以后，全村共19个'户长'，我们只要抓这19个户长就好了。"[②]

[①] 2017年8月至黔东南长塘村的访谈材料。
[②] 同①。

"十户一体"划小了服务单元,"户长"和主体内农户经常共事,从而提高了沟通效率,降低了沟通成本,对于政策的执行,也更加容易。

(2)村民自治主体的参与度

①政府在自治中发挥中轴作用,总体引领。

政府探索出"十户一体"抱团发展新路子,把每十户左右作为村民自治的发展主体,并在环境生态、产业发展、公益事业、公共安全等方面取得成效,形成"农村发展产业一起帮,公益事业一起建,社会责任一起担,文明乡村一起创"的新型农村建设新局面。在这一过程中,政府发挥了中轴作用,起到总体引领的作用。党支部在村口显眼位置竖起了"党员承诺墙",开展"我是党员,向我看齐"活动,让所有党员带头做示范。

②村民作为参与主体,拥有完全的话语权。

村民:"两年前,我们这里150元一条的包头帕,大家相互抢客,压低价格,最后只能卖100元一条。"现在,长滩村组建了3个产业联建主体,共有30多名织娘。实行统一定价、统一销售,再也不会因为抢客而随意地压低价格。"我们还增收了呢,现在一个月都超过了3000呢。"[①]

从无序竞争到良性发展,乡村产业的成功,让村民们真正体会到"十户一体"抱团发展的甜头。在调研中,村民表示,之前做什么项目,都是政府来决定,现在大家在"十户一体"范围内进行讨论,确定好发展项目之后上报政府,批复以后就可以来实施。完全变被动为主动,并且做适合自己的项目,更有信心做好。村民从没有话语权到拥有话语权,是村民自治的实质性转变,村民真正成为村民自治中的主体参与者。

③平等参与,村民自治。

在村民自治过程中,村干部与村民之间的阶层关系,对立关系,一直难以化解。作为村民,也难以以平等身份参与村民自治。在村落中,贫富差距的悬殊,使富人跟富人在一起,穷人则碍于条件差、面子等因素,很少进入富人的圈子。现在,"十户一体"的构建,各个主体不同条件的人形成一个整体,作为一个整体发展模式,自然而然地形成共同发展的理念。在户长的带领下,各个主体内好带差,强带弱,有效地打破了阶层壁垒。村民主动参与,积极参与,完全改变了村民参与度不高的问题,并且贫困户也在团队里积极出力,从组织中获益。

---

① 2017年8月至黔东南长塘村的访谈材料。

（3）微自治村民单元的内生动力

内生动力，即生存发展需要而产生的自发动力。学者哀叹"自治已亡"，是因为看不到村民自治的有效形式，也没有看到村民参与自治的意愿。村民消极地参与自治，是不能产生有效的自治。而微自治却是构建村民自治，能提高村民参与自治的积极性与主动性，从而使内生动力被激活。

①村民自治意愿。村民自治意愿是指村民愿意参与自治的心愿。而微自治构建的利益关系是村民提高参与自治意愿的关键。如果不参与，就会落后，本来属于这一团体的利益就与自己无关，那么，更多的村民就选择参与。而如果想获取更多利益，那么就需要更努力地参与，需要更有效地参与，因此，村民自治意愿在不知不觉中被激发。

②共同体的认同度。基于熟人关系建构起来的微自治单元，大家在构建之初就具有了较好的邻里关系。抱团发展，一个对每个家庭都有利的目标，是易于被团体所接受的。因此，村民对于共同体的认同度，较以往的村落或者小组应该更高。

③协调一致的集体行动。协调一致的集体行动，首先要求目标或者方向一致，而对于团体的认可度，本身就促使集体行动成为可能。而沟通成本的降低，人人参与决策，使得决策本身代表着每个人的建议，对于执行，就毋庸置疑地成为协调一致的集体行动。

④利益最大化。利益最大化，是指花最小的成本，获得最大的收益。村民作为个体参与，要想获得超过群体决策所分配的平均收益，是很难的。而社会分工，决定了合作可以使个人取得大于单个个人投入的收益。村民要想达到利益最大化，也会尽可能地参与到群体中，即使可能存在"搭便车"的现象，对于其个人也并没有较大的损失。

（4）制度建设

①法治建设。依法治国、依法行政是国家治理能力和治理现代化的基本要求。十九大报告中"推动社会治理重心向基层下移，发挥社会组织作用，实现政府治理和社会调节、居民自治良性互动"[①]，使得各种形式的乡村治理形式成为探索的可能。

②自治规则。自治规则，首先是根据国家政策，结合乡村治理实际来制定的。2015年10月10日，锦江区院落自治组织联合会经锦江区民政局注册登记正式成

---

① 习近平总书记代表第十八届中央委员会向党的十九大作报告[EB/OL].http://www.china.com.cn/cppcc/2017-10/18/content_41752399.htm.

立，使得锦江区院落自治组织更具有合法规则。每一个微自治建立之初，就有其建立的规则，这个规则是保证村民自治单元的基本规则。

③村规民约。人生而自由，却无所不在枷锁之中，作为村民自治，村规民约在乡村治理中具有重要的意义。每一个村落，都有其自身发展所形成的村规民约，这些村规民约不知不觉地约束着人们的行为。

四、村民微自治基本单元的构建及发展理路

（一）加强顶层设计，完善制度建设

国家—社会是中国乡村治理的制度基础，习近平总书记在十九大报告中提出乡村振兴战略，要求加强农村基层基础工作，健全自治、法治、德治相结合的乡村治理体系。[1]为乡村治理建构了坚实的制度基础。制度的合法化，是乡村治理的坚实基础。城市微自治通过将院落自治组织联合会经锦江区民政局注册登记，使院落自治组织具有合法规则；而黔南州州委也在2017年6月正式下发文件，全面推广"十户一体"抱团发展模式。虽然还没有形成一个登记注册的自治组织，但是文件的下发，也在一定程度上认可了其组织的合法性。并且制度是不断完善的过程，而确定其合法性的方式，最后都是以制度来加以保障。法治、德治、自治的乡村治理体系，才能成为现实。

（二）优化资源配置，构建适度规模

西美尔对群体规模的大小进行了研究，其中主要是数量的多寡，他认为群体的规模越大，扩展了个人的自由，但是，也会产生一些在群体中没有的问题，而这些问题最终可能危及人的个性。[2]优化资源配置，即对自治内的资源进行合理的配置。如在人力的配置上，一个自治单元体配备一名"能人"；在结构的配备上，富人、穷人或者留守老人，都进行合理的组合，有效避免一个自治单元都是老弱病残人员。在资源优化配置的基础上，构建适当规模，以协调各方利益，并且有一致认可的目标为落脚点。

---

[1] 习近平总书记代表第十八届中央委员会向党的十九大作报告[EB/OL].http://www.china.com.cn/cppcc/2017-10/18/content_41752399.htm.
[2] 西美尔.社会学——关于社会化形式的研究[M].北京：华夏出版社，2004.

（三）转变服务方式，发挥中轴作用

中国的村落成长在中国的大地上，国家—社会的制度基础决定了村落自治也是在国家参与的背景下进行。政府作为国家直接参与到村落的治理，其治理方式已由传统主体角色转向多元共治。政府作为乡村治理中的主体参与者，以发挥其中轴作用。中轴的作用并不是意味着政府单纯从行政上来发号施令，保持"行政傲慢"的态势，而是要从管理转向服务，在服务的过程中，发挥中轴作用。比如，在组织的构建上，根据实际情况来进行组合，村选用"双富"党员充实到村两委和担任"户长"，按照主体选定的产业，通过富裕户带贫困户、有产业户带无产业户的工作思路，进行了资源的合理配置。

（四）打造利益平台，激发村民的参与度

村民自治主体，并不意味着村民是唯一主体。政府参与度直接决定了村民的参与度。就像跷跷板一样，政府的参与度多了，村民的参与度自然就少了；政府的参与度少了，村民的参与度自然就多了。无论是自然村，还是行政村，都未能真正走出政府过多参与，农民参与边缘化的困境。微自治，则是政府作为参与中轴，固定了跷跷板，从而使村民自治场域和谐。这时候，村民参与度增加，决策权可以由他们自己主导，而此时，村民自由调和场域中的利益关系，使村民自己治理自己的事情，自己的事情自己做主。而微自治为村民人人参与自治提供了机会，也在一定程度上激发了村民的参与度。

（五）增强认同感，构建命运共同体

以微自治构建起来的自治单元，应增强认同感，使村民自治有行动一致的思想基础。有效沟通、平等参与、共同发展的理念，无论是村民个人还是自治单元都追求这样的发展理念。认同感还体现在对自治方式、户长等的认同上，而户长本身就是村民自己权衡利益之后选择的，是他们所认可的。因此，对于微自治的认同感，对利益最大化的追求，使微自治单元成为他们的命运共同体。命运共同体与村民自治的有机结合，使乡村振兴战略取得长足发展。

五、结论与讨论

"十户一体"抱团发展模式，是微自治的有效实践形式。村民微自治基本单元的重构，强调了村民自治的主体性，但并没有否定政府的中轴作用。其自治基

本单元的规模大小，应是家户单位以上的单元，是不可再分的。但多少户为最适规模，从古代到现代，都认为适合发展的，即为最适度的规模。村民微自治的内生动力，是建立在打破官—民阶层化的平等参与，个人与自治单元利益最大化的基础上。因此，有了最适度的规模，构建村民自治的长久的利益平台也是极其重要的。如何保证村民利益平台的长久性，也应当根据环境变化来及时调整。这样才能真正实现社会治理重心向基层下移，发挥社会组织作用，实现政府治理和社会调节、居民自治良性互动，也才能真正实现乡村振兴战略。

参考文献

[1] 普里查德.努尔人[M].北京：商务印书馆，2014.转引自：邓大才.中国农村村民自治基本单元的选择：历史经验与理论建构[J].学习与探索，2016.

[2] 白雪娇.规则自觉：探索村民自治基本单元的制度基础[J].山东社会科学，2016(7).

[3] 牛磊.村庄治理转型背景下村民自治制度的发展路径[J].理论与现代化，2015(4).

[4] 赵秀玲.微自治与中国基层民主治理[J].政治学研究，2014(5).

[5] 侣传振，李华胤.家户联结：探索村民自治基本单元的社会因素[J].广西大学学报(哲学社会科学版)，2017(6).

[6] 徐勇.中国家户制传统与农村发展道路——以俄国、印度的村社传统为参照[J].中国社会科学，2013(8).

[7] [德]西美尔.社会学——关于社会化形式的研究[M].北京：华夏出版社，2004.

[8] 习近平总书记代表第十八届中央委员会向党的十九大作报告[EB/OL].china.com.cn/cppcc/2017-10/18/content_41752399.htm.

[9] 中华人民共和国农业部网[EB/OL].http://jiuban.moa.gov.cn/zwllm/zwdt/201401/t20140120_3742582.html.最后访问时间：2018年6月3日。

乡村治理能力现代化视域下民族地区基层政府建设

——以贵州省F县为例

沈雪莉[1]

民生直办[2]是F县建设四直为民的目的,主要是通过强化服务型党组织四级服务平台、四级群众工作网络和六大信息化服务功能,建立"直办"的工作新机制,目的在于民生直办解民忧,切实解决因服务半径过大、党组织服务不到位,导致群众办事不便的问题。[3]本文从"民生直办"的角度,探析F县服务型政府建设存在的问题以及解决方案的研究。着力保障和改善民生,构建服务型政府成为当代中国政府全面深化改革的一个重要目标。中国共产党先后提出"加快行政体制改革""建设职能科学、结构优化、廉洁高效、人民满意的服务型政府"的要求,服务型政府建设为国家行政改革和发展的总目标和主旋律。

F县政府作为主要政权组织,承担了绝大多数的行政事务和社会管理工作,对巩固基层政权、发展经济、维护社会稳定和实现社会和谐起着重要的作用,因此研究构建服务型政府有着十分重要的现实意义。

文章通过对全国范围内普遍存在的服务型政府的现状分析,剖析F县服务型政府建设路径,将二者相比较,来发现目前F县服务型政府建设的不足之处以及创新点。

---

① 沈雪莉,贵州民族大学民族地区行政管理硕士研究生。
② 民生直办指的是:"民需、民诉、民盼、民急、民意"直办。
③ 关于开展"四直为民"创建工作推进党的群众路线教育实践活动的实施意见(试行)。

一、全国背景下建设服务型政府的现状分析

服务型政府，是指在以人为本和执政为民的理念指导下，按照建设中国特色社会主义行政体制目标，通过优化政府结构、创新政府机制、规范政府行为、提高政府效能[①]，建设职能科学、结构优化、廉洁高效、人民满意的政府。[②]

基于服务型政府的定义，笔者认为目前我国的服务型政府特征基本包括以下几点：

1. 转变政府职能

为了更好地适应市场经济的发展，尽快地实现政府角色和职能转变，中央政府不断调整组织结构和转变政府职能。政府职能的收缩为政府机构的改革和重组提供了条件。在转变政府职能的过程中，各地政府的服务功能开始凸显出来，在机构设置中都增加了一些有利于为百姓服务的便民办事机构。虽然各地的政务中心在运行过程中还存在一些问题，但是在方便群众、提高为老百姓办事的效率方面的作用，还是得到了充分肯定。

2. 精简工作程序

行政程序的简化，使得企业和群众办事更方便，不仅提高了行政效率，而且使政府工作更加适应我国市场经济发展和广大人民群众的需要。在政府服务的方式上，不少地方政府都充分利用电子计算机技术和网络技术，开通电子政务平台，实行网上办公，方便了群众。

3. 强化行政责任制的建设

行政问责制的建立，不仅使得官员的行政作风改变，它还包含了新的因素，即对无能的官员也要问责。在加强行政问责制的同时，国家对政府机关的经济责任审计也加强了，政府职能部门使用国家财政资金的行为得到了规范。

4. 实行政务公开制度

公民对政府工作的知情权是现代社会人民当家做主的前提和条件，也是一个公民应有的基本政治权利。公民的知情权与政府信息公开化，是公民管理国家事务的基础。服务型政府要求政府对公民负责，政府的活动必须公开透明。所以政府有效履行公共服务职能的重要前提就是公开政务、公开政情，这也是服务型政府建设必须着力抓好的工作。

---

① 薄贵利.准确理解和深刻认识服务型政府建设[J].行政论坛，2012(1)：8-12.
② 胡锦涛.坚定不移沿着中国特色社会主义道路前进 为全面建成小康社会而奋斗[N].人民日报，2012-11-18(001).

二、F县服务型政府建设现状分析

F县地处中国西部。全县辖14个乡镇，面积1883平方公里，总人口43.18万，常住人口30.75万，常年外出务工人口11万。86个村（社区），共有党的基层组织638个，有党员13738名。2004年通过进行"公推直选"，于2007年总支书达到50%以上，乡镇党委书记达14%,通过推选加快了干部人事制度改革的进程，激发了基层干部队伍的整体活力，为促进县域建设服务型政府提供了组织保证和人才支撑。①

2014年以来，为了达成陈敏尔省长在F县调研时指出的"要在深化改革、加快发展、改善民生中走好群众路线"的要求，F县通过实施"党群直议话民事、干群直通连民心、县乡直通连民心、县乡直达惠民利、民生直办解民忧"联系服务群众工作创建，实现了党员干部受教育、群众得实惠、地方促发展的目标。以下是对F县服务型政府发展现状的分析总结：

1. 紧跟时代步伐，对自身发展进行变革

自2008年起，F县委就积极贯彻落实中共遵义市委关于开展服务型党组织创建工作的一系列部署和要求，坚持"实践—总结—再实践—再总结"，提炼出了"党群直议制"，党群直议制是指：党员和群众是参与者，是实施的主体；"直"是直接面对面，是实现途径；"议"是协商、讨论，是工作办法，是由党员和群众直接参与本村本组重大事务的提、评、审、决并全程监督的一种基层民主治理模式。在深化政府机构改革方面，把组级党支部和组民主议事会充分联系起来，密切联系群众，倾听民众心声，收集群众意见。

2. 简政放权，便民利民

按照程序精简、能放则放的原则，由有审批权的县直部门认真梳理，将与基层联系最直接的审批事项列出清单，将审批权彻底下放到乡镇或村，精简繁杂的手续；将实施项目下放，提高项目实施效率，充分调动各部门实施项目，因此在简化政府工作程序方面取得了不错的成绩。

3. 政务透明公开，增设服务平台

建立"四级群众工作平台"——县、乡、村、组四级群众工作平台，保证群众话有地方说、事有地方办、难事有人帮、问题有人管，搭建"六大信息化服务平台"包括四级民情网络、电子政务平台等，让群众足不出户也能了解到现今发

---

① F县人民政府网 http://www.gzfenggang.gov.cn/.

展的各方面信息。在推行政务公开、转变工作作风方面取得一定成就。

通过对全国背景下F县现今的服务型政府的分析，可以了解到F县服务型政府建设走在全国建设的前沿，在推进基层组织建设、基层社会治理、基层行政体制改革等方面，取得了很好的成绩，F县目前的发展状况与西部许多县份发展状况类似，其"民生直办"建设服务型政府的实践成果值得其他县学习研究。

以上是对F县现状的梳理，肯定了其在发展过程中取得的一定成果，但是由于受到外部（如地处西部偏远地区、群众素质不高等）、内部因素（基层党组织适应变革迟缓，无法把握政策精髓等）的影响，服务型政府建设道路依然存在不少问题。

三、F县服务型政府建设问题思考

1. 对服务型政府意识稍有欠缺，党组织依存度下降

虽然，目前各级政府都不同程度地进行了服务型政府建设的实践，也采取了很多措施，但不少措施仅仅就是简单的便民措施，这些措施大都处于比较表面的层次，离真正服务型政府的要求还有很大的距离。服务型政府的实践没有形成完整的有效科学的发展规划体系，缺乏经验，比较盲目，走一步看一步，摸着石头过河，完全是发现问题，解决问题，再发现问题，再解决问题这一模式。简而言之，就是边实践边探索和总结。同时受到市场经济的冲击，党员、群众对党组织的依存度降低，组织战斗力、凝聚力和吸引力下降，农村基层党组织自身由于统筹引领发展的能力有限，只能做一些基本的协调、管理的事情。

2. 联系服务群众方式单一、县乡两级权责不统一

首先，F县建制村面积大、群众居住分散，导致服务半径过大、党组织服务不到位、党的工作很难覆盖到群众生活的方方面面，因此服务的"盲区"成为矛盾的"产区"。

其次，基层党组织服务群众仍然靠原始而简单的方式进行，效率低下，不能满足群众追求高端化、多样化、便捷化的需求。

最后，随着政治体制改革的推进，对于各部门的要求不断提升，但是县乡权责分配落后于发展进程，导致利益部门化的倾向严重，嘴上说着服务为民，然而权力上收，形成有限政府、无限责任的矛盾问题出现。

3. 四个"两张皮"

一是指基层治理"两张皮"。长期以来，基层党政除了对宏观经济的调控外，过多地干涉微观经济以及村民自治事务，主观上替村民办事，导致农村群众机械地服从上级领导安排，无法寻求发声的途径，诉求得不到解决，对党的主张不乐意，导致官民矛盾增加。

二是县乡权责"两张皮"。上文也提到了这一问题，由于利益部门化倾向，一些县直部门掌握着重要资源和权力，把规划、项目、资金、监管等权力牢牢握在手中，好事做，责任镇村担，打击了镇村的工作积极性。

三是便民服务"两张皮"。虽提出"四直为民""民生直办"的政策，但在实际操作过程中，由于将乡镇七站八所撤并上划至县直部门，反而增加群众办事负担，再者，一些民生事项通过"一卡通"的方式，直接发至群众手中，反而拉开了群众与党的距离，未能真正实现从群众中来，到群众中去的群众观点和群众路线。

四是服务质量与群众期盼"两张皮"。第一，新时期新要求，群众期望更高，然而基层党组织的服务手段跟不上时代的发展，陈旧、烦琐的服务达不到群众的要求。第二，为了促进F县的发展，各村镇经济繁荣，F县将小村合并形成大村，这无疑是响应时代的号召，但也滋生不少问题，比如，村村合并后，村委会负责范围更广，群众距离村委会更远，村镇的扩大未伴随工作人员的增加，事务增加，导致服务质量远不如前。

总而言之，提出"四直为民""民生直办"的方针政策赶超全国目前的服务型政府建设，但在自身落实方面尚有欠缺。以下是笔者对于现今F县"民生直办"建设服务型政府提出的一些对策。

四、F县服务型政府建设改进探索

1. 提升对服务型政府认识，加强干部队伍建设

在建设服务型政府时，首先必须在实际上真正解决政府与公民的关系，这是我们政府改革中的一个基本点。只有在确立了"公仆"概念的情况下，我们所追求的政府模式才是真正意义上的服务型政府模式。在这方面，F县委建立了"四直为民"责任追究机制，意义在于重点查处在民生工作上的不作为、慢作为、乱作为行为，将给干部队伍抹黑的人员实行召回管理，同时，将"四直为民"纳入了乡镇党委书记述职述廉和党建考核的重要内容，形成激励机制，这一点是值得肯定的。

笔者认为，在建立规范制度的同时也应该建立相应的监督机制，可以由同部门、上级、民众等监督主体行使监督权，在工作的方方面面规范工作人员在其岗思其职。确保制度的贯彻落实，不偏离正轨。

2. 密切联系群众，丰富渠道，引导县乡端正改革态度

"民生直办"其要求在于把联系群众的"最后一公里"变成零距离，但在具体实现过程中出现了偏差。

首先，在推进城乡合并扩张的进程中，党组织服务要跟上，在小村合并前所存在的村委会在过渡时期依旧存在，给予村民适应期，考核提拔作风扎实、成绩突出的优秀干部，合理设置村委会办事点。

其次，提升干部群体服务水平、质量、态度，定期开展服务培训课程，将优秀的服务技巧、方法下放到各个村委会，提升服务效率，满足群众追求高端化、多样化、便捷化的需求。

最后，按照行政审批制度改革要求，加大督促力度，引导县直部门端正改革态度，打破僵化的部门利益化的思想，要求权责分配相统一，为群众服务要做到敢做、敢承担，多为群众着想，让建立服务型政府不只是口号。

3. 打破四个"两张皮"

一、改革基层治理，通过对基层治理问题剖析，笔者认为，贯彻落实习主席一直强调的增强宏观调控，充分发挥市场在资源配置中的决定性作用尤为重要。引导群众参与议事，提高议事主体文化素质，尽量把议事内容通俗化，为群众解答议事疑点、难点；创建"六大信息平台"的同时，应引导群众学会使用信息平台，正确利用平台信息，行使公民权利。

二、县乡权责统一，从内部来说，首先县乡应端正态度、明确自身定位，把为人民服务放在工作的第一位，不搞部门利益化、特殊化，树立国家利益大于部门利益的正确思想。从外部来讲，加强相应的法律法规，规范县乡工作态度，实施奖惩制度，加强民众、党内监督，形成激励机制，完善县乡工作。

三、落实便民服务，真正做到便民利民，F县提出的"四直为民"制度要求，不能只是浮于表面，口号喊得响，不做实事，反而会加深民众对服务型政府建设的误解，说到做到，实事求是，是我党执政为民的一贯作风，增设服务点，提高服务质量，维护政府形象是当务之急。

四、提高服务质量，做民众满意的政府，这要求基层党组织提高自身服务手段，主动积极地接受新的服务理念、服务流程，做到常反思、常改造，收集群众对服务的意见、建议，加以改正，才能符合群众的"口味"。

五、结语

党的十八大以来，农村深化改革的目标是构建农村基层服务型政府，加快政府职能转变，这是顺应社会发展的必然要求。本文以 F 县建设服务型政府为例，剖析了其现状总结为紧跟时代步伐，对自身发展进行变革、简政放权，便民利民、政务透明公开，增设服务平台；存在创新点的同时也发现了其在发展过程中的不足之处，例如，对服务型政府意识稍有欠缺，党组织依存度下降，联系服务群众方式单一、县乡两级权责不统一、四个"两张皮"等。对于以上问题笔者认为，当前应该从治理理念、职能转变、管理方式和具体制度建设四方面着力建设服务型政府。给出了服务型政府建设与改进的具体路径，即转变政府治理理念，营造服务型政府建设的有利条件，科学界定政府职能，增强其提供优质公共服务的能力，改进政府管理方式，提高政府的工作效率和工作水平，加强法律制度建设，为建设服务型政府提供制度保障。

参考文献

[1] 王磊磊.服务型乡镇政府建设的困境与出路[J].吉林工程技术师范学院学报，2011(2).

[2] 薄贵利.准确理解和深刻认识服务型政府建设[J].行政论坛，2012(1).

[3] 李琳.构建农村基层服务型政府的现实困境和路径选择——以雅安农村基层政府为例[D].四川农业大学，2015.

[4] 门瑞雪，朱明仕.我国服务型政府建设的制度分析[J].东北师大学报（哲学社会科学版），2012(2).

[5] 李良玉，李品端.对我国服务型政府建设的几点思考[J].决策与信息，2016(27).

[6] 徐曼.论我国服务型政府建设现状与改进[D].华中师范大学，2010.

[7] 何水.地方服务型政府建设的基本思路[J].行政论坛，2009(6).

[8] 黄健.县级服务型政府建设的问题及其解决进路研究——以湖南省县为例[D].湖南师范大学，2014.

[9] 张富治,李增元.转型期县级服务型政府建设：经验与启示[J].社会主义研究，2012(2).

[10] 曹迪.西藏边境县服务型政府建设影响因素实证研究[J].西藏发展论坛，2017(2).

民族地区农村村民自治的可行性研究

——兼论凤冈县"四直为民"机制

杨雪峰[①]

一、引言

村民自治，简而言之，就是广大农民群众直接行使民主权利的一项基本社会政治制度。在党的十九大报告中习近平总书记说过，"扩大人民有序政治参与，保证人民依法实行民主选举、民主协商、民主决策、民主管理、民主监督"。以贵州省遵义市凤冈县为例，完善农村基层自治建设为切入点，创新探索出一种加强村民的自我教育、自我管理、自我服务基层治理模式——"四直为民"。基于对民族地区农村社会管理的实证研究和结合党的十九大报告提出的国家治理现代化，希望能够为当前村民自治建设提供一定的启示和参考。

二、"四直为民"的源起及发展

凤冈县隶属于贵州省遵义市，位于贵州省东北部居乌江中游，是革命老区遵义的东大门，其辖区面积1883平方千米，辖2个街道11个镇，总人口44万，世代居住有汉族、土家族、仡佬族、苗族等民族。自然资源条件优厚，属亚热带湿润季风气候，森林覆盖率达67%，人文风情极具特色，旅游资源较为丰富。

（一）"四直为民"的起源及内容

2014年以来，按照时任省长陈敏尔在凤冈县调研指导教育实践活动时指出的"要在深化改革、加快发展、改善民生中走好群众路线"要求，从议事会到"党

[①] 杨雪峰，女，苗族，贵州黄平人，贵州民族大学民族医药学院教师。

群直议制",再到形成联系服务群众的"四直为民"。是基于对党的群众路线教育实践"两学一做"活动和民族地区基层治理方式改革方面都做了大量积极有益的探索,它的具体内容是"党群直议、干群直通、县乡直达、民生直办";基本内涵包括"党群直议话民事,干群直通连民心,县乡直达惠民利,民生直办解民忧";最终目的是减少联系服务群众的时间和缩短联系服务群众的距离,真正实现联系和服务群众上的"零距离"。

(二)"四直为民"的主要做法

"四直为民"其核心是"为民",四者既相互独立又相互联系,而四者的关系是:党群直议是基础,干群直通是前提,县乡直达是手段,民生直办是目的,形成一个有机的整体。

1. 党群直议话民事

对行政干预农村事务现象突出,党员和群众自主参与和民主监督意识淡薄的问题,在不断的探索与实践中创建"12345"基层民主工作体系(构建一个党内民主引领人民民主的工作机制,搭建了两个组级党支部和组议事会的平台,充分发挥党组织、党员、群众三个主体作用,建立"提、评、审、决"四个议事程序,明确"发展、法律、道德、风气、和谐"五个议事内容),通过建立健全一系列议事制度,真正实现群众自己议自己的事、自己办自己的事。

2. 干群直通连民心

凤冈县为保证治理主体与客体双方的信息共享、信息沟通、信息对称,着眼于新时代、新目标、新要求,搭建了一座干部与群众之间有效沟通的大桥,依托大数据互联网产业与政府信息化建设,有效开展了"工作中机构连民、干部下基层连民、信息上通户连民"的活动,实现"平台、信息、联系、声音、情感"直通。

3. 县乡直达惠民利

目前县直部门和乡镇在服务群众发展的工作上存在权责方面"两张皮"问题,凤冈县依托电子政务的平台深化了行政管理体制改革,推进了"政策、项目、技术、监管、人才"直达。在政策方面,县直部门梳理审批的惠民事项列出清单,根据国家要求将对应的审批权彻底下放到乡镇或村,为群众提供了便利服务;在项目方面,重点围绕"四在农家·美丽乡村"基础设施建设,建设中相关的具体事项下放到乡镇,县直部门转变为主要负责信息和技术指导服务角色;在技术方面,通过远程教育、农民大教育、农民讲师团等学习教育模式,针对重点项目和工作及乡村对技术的需求,提供互联网线上技术学习或线下讲授的技能应用;在监管方面，由于行政审批的下放必然会导致监管力度不强，凤冈县创新提出当地村组、乡镇站的群众为工程质量监管员与纪检监察机关共同监管，减少了群众与工程人员的矛盾；在人才方面，实现人才与项目的"点对点"服务；这五方面的实施有效降低群众的办事成本，改革红利真正做到服务群众。

4. 民生直办解民忧

依托"大数据+互联网"构建的信息化服务平台，通过将所收集的民生问题按照实质类别、复杂程度、轻重缓急等在"民情"的平台推进"民需、民诉、民盼、民急、民意"直办的划分方式，切实解决政务服务半径大和群众办事不便等一系列公共服务的问题。始终坚持以民生事项办理为目的，配套建立相应的追踪责任处理机制，同时结合"合村并组"导致的公共服务不便的问题将与群众密切相关的事项委托给代办员全程代办。

三、民族地区村民自治存在的问题

（一）村党支部与村委员会关系紧张促使村民自治功能减弱

根据《村民委员会组织法》的明确规定，农村基层党组织处于领导核心地位，在实践中需要探索和完善具体的操作性的方式，"两委"关系中的规范性和协调性直接影响到村民自治能否正常有效地运作。一般而言，处于民族地区中"两委"关系紧张的具体表现在以下三方面：第一，是党支部处于主导地位，弱化了自治功能。如大部分的村支书牢牢包揽着村里所有事务的相关工作和权力，而村主任仅仅有部分决策的参与权和村务的执行权，导致村委会与党支部关系紧张，还出现了职责不明的现象，以至于村民自治难以落实。第二，是村委会过度自治，党支部领导力略显薄弱。在这样的情况下，村委会成员与党支部成员相比占据了很大的优势，但是，由于双方的文化素质和思想意识程度不一致，可能会出现决策与执行方面上的分歧。第三，是基层党内民主和人民民主形成"两张皮"互不相让，村级组织容易出现瘫痪的困境。例如，有的村党支部和村委会可能是由两组不同人员构成，逐渐形成"我走我的阳关道，你过你的独木桥"，导致村里的事务工作很难有序地开展。

（二）村经济发展基础薄弱制约了村民自治的推行

推行村民自治，必须有集会的场地、办公的场所，还需要有专门制作选票、投票箱、村务公开栏等。美国政治学家亨廷顿曾说过："高水平的政治参与总是与更高水平的发展相伴随,而且社会和经济更发达的社会也趋向于赋予政治参与更高的价值。"但是我国目前的欠发达少数民族地区,依然存在着村落地理位置偏远、人口少且分散的问题,而相应的基础设施和网络交通等条件也尚未普及,这意味着充分实行民主管理是很困难的,也阻碍了村民自治的推行和发展。另外,民族地区的农村大多数是小农经济生产方式,使得村里的产业效益小且结构单一化,这样的贫困现状致农村经济发展滞后,在村民们还需要花费大量的时间和收入用于满足基本物质生活需求的时候,大多数人是不会主动参与本村本组的基层民主政治活动的,从调查中也发现村干部的工资偏低,干部们的工作积极性普遍不高。

(三)村务管理制度有待提升,执行力和决策力低

民主选举、民主管理、民主监督、民主决策执行力度不够,流于形式。例如,有些村社村务不公开,或者开展了村务公开,但是公开的内容不够具体,也不够透明,针对村民有关的重大利益的决策,反之亦然,农民行使民主权利的重要渠道却弱化,转变成了村委会或村支部班子领导掌握控制权的形式上的汇报会。事实上,根本没有广泛征求村民意见,致使村务管理混乱,进而出现了村民采取越级上访等非制度参与方式来争取民主权利和利益的现象。又如,有的村委会任期届满没有进行及时的换届选举,造成村民自治管理中的不连续,会削弱其自治职能的更替能力。

(四)村委会成员素质不高,村民参与意识淡薄

在市场经济进程中,人们尽可能在法律和政策允许的框架内寻求自身利益最大化,曾经有人理想化描述当确立了民主制度就可以解决一切难题,这只是一种理想化的看法。民族地区的村民自治不仅需要党员与村民确立民主价值,还必须学会实现这种价值的技术功能。

目前少数民族地区村民自治的干部基础在弱化,同时出现两种情况:第一种情况是一般年龄大、文化偏低的老书记,因长期处于欠发达民族地区,他们在一定程度上缺乏市场经济的观念,缺乏科学意识和创新意识,对老一辈的村干部而言,认为村里的事情应该由村干部做主。对上级布置的工作基本就是根据文件、材料照本宣科,从来都不想从本质上为村民思想上解疑惑、解困难。第二种情况是当今社会有文化、有能力的新一代青年书记和党员。他们对于事物发展眼光独特、头脑灵活、思想活跃,但是有少部分的党员干部因受市场经济影响,把自己假设为一个"经济人",在实现自我价值过程中与村民争利,甚至会有个别地理位

置条件好的村的村支部书记有为了一己私利滥用手中的权力追求金钱的思想。个别年轻党员局限于自我认知范畴，对组织上安排的工作推诿扯皮，只看重个人利益，局部利益、缺乏全局观念，长期以来基层党组织战斗堡垒作用受到挑战。

在此，民族地区的村民民主意识和参与意识淡薄，参与选举积极性不高。主要表现在，第一，受基层党政思想影响，缺乏村民自治经验。西方资本主义民主一般是三权分立的模式，历史上我国没有过村民大会等民主治理机制，过去一直都是家族式、长老式的统治，换句话说，村民自治的实行方式和村民政治素质需要改进和提高。第二，村民参与意识不强。受小农思想影响和传统观念的束缚、教育水平的影响，很多村民对村民自治漠不关心，有些农村在选举的时候出现明码标价的选票费或一根香烟买卖选票，村民大会上随随便便行使表决权利，与此同时，选出来的村委也很难趋于优秀、公平，进而村民大会的选举和代表会议的决策和监督也往往流于形式。第三，村民法治观念淡薄。有的村民目光短浅，不是为了村庄发展出谋献策，只是想当然的心境；有的村民只讲民主，不讲法治，不学法、不守法、不懂法，只是为了追逐自己的利益公然抵制国家法律。

四、在H村村民自治实践中的运用——以"四直为民"为例

（一）县乡政府协助村委会权责统一，提供政策支撑

根据《村委会组织法》相关规定的内容，明确了县乡人民政府与村委会的关系，县乡政府在村民自治背景下处于指导地位，不能干预村民事务，村委会对县乡政府仅是发挥协助作用。H村作为少数民族地区的自然村寨，首先必须在《村委会组织法》的指导下，其次要学会抛弃以往迫于县乡政府压力来工作的不良习惯，再次结合县乡政府传达的政策指导和自身民族特性习俗习惯的实际情况为立足点开展工作。最后，通过"四在农家·美丽乡村"相关政策的基础设施建设，村委会开始加强与县乡政府的共同沟通、共同协商，解决了"两委"关系的问题。

当时凤冈县提出烟草园区土地整治工程的项目采用直达的方式进行下放，县里领导将H村作为该项目的示范村，于是县、乡、镇政府派人与H村的村委会进行沟通，村委会成员一致认为必须抓好发展机遇，村委会立刻通过广泛宣传、召开村民大会、走家入户做村民工作，最终项目终于落实。在H村的整体建设规划上，县、乡镇政府多次派相关人员进行信息、技术等服务指导，还实现了人才干部与专项项目的"点对点"服务，正是有了政府的大力支持，村庄才能得到这么快的发展。在H村的发展中看到了充分发挥上下两个积极性，经过服务发展、民

主协商、说服教育等方法去指导和帮助村委会，依靠村民的积极参与意识更好地落实了政策的实施。

（二）加强村党支部和村民委员会的沟通协商

伴随着多元化的经济发展趋势，人们的价值观也在不断发生变化，而村党支部作为党在农村的最基层组织，不仅仅是村里各种组织和工作的领导核心，也是我国带领农民建设中国特色社会主义新农村的战斗堡垒。其核心作用表现在依法支持和保障村民自治和直接行使民主权利的层面。村民委员会作为我国基层群众性自治组织，它主要是由村民直接选举产生，并负责村民代表大会的相关工作后接受其监督，还需要接受县、乡镇政府的指导。对于职责分工的性质，不难看出，这两种组织性质是不相同的，也是各司其职，各负其责。县委领导依照民族地区存在的复杂性和特殊性的特征，并创新实施了"党群直议制"，这正是体现了民主驱动服务、服务促进发展的理念。进而，H村在实施村民自治中明确村党总支和村委会两者之间的职责关系，通过政治意识的学习传播，村党支部必须切实履行自身职责，但是村党支部在涉及农村具体事务中不能包办代替村民自治的决议，更不能站在村民自治活动和行使民主权利的对立面。如H村在初期建设农村水、电、路等公益事业中，村委会和村党支部召开了议事会议，将村庄整治项目的占地、布局规划以及村民参与等事项在会议上提出，由村两委针对分歧点进行讨论，共同协商，形成了组织牵头、村民自治、群众积极参与的社会治理新格局，最后达成一致的意见。对这一问题的解决，H村改变过去由党支部或村委会单方面决策的办法，坚持以"党群直议制"为关键，同时充分发挥两会（村民代表大会和党员代表大会）的作用，保证了村两委在决定上形成共识，这样才能真正体现村民自己议自己的事、自己办好自己的事，与此同时，展现村民独立自主管理事务的实例，真正地实现提高民族事务治理的能力和水平。

（三）推行议事平台和议事会，促进村民会议中协商

"凡是涉及村民利益的重要事项，村民委员会必须提请村民会议讨论决定。"由是观之，全体村民会议是村民直接实现民主的基本形式，也是保障村民权益、促进民主决策的重要途径。新农村建设和扶贫开发政策实施以来，民族地区农村经济迅速发展，村民的物质文化和精神文明在逐步提高。美国著名学者塞缪尔·亨

廷顿说:"民主的水平与经济发展的水平之间存在着极高的相关性。"[①]上述提及,民主需要一定的经济与物质基础,根据马克思主义政治经济学理论,经济基础决定上层建筑,经济上的发展必然要求政治上的民主。此外,H村有着地理位置优越,生态资源物产丰富,民族文化特色凸显的优势地位,因此,H村针对性地提出民族特色和美丽生态的建设性思路,同时深化农村集体产权制度改革,保障村民财产权益,壮大集体经济,调整产业结构实现小农户和现代农业发展的有机衔接,从而改变民族地区的农耕环境建立林业合作社和特色产业观光园等。由于民族地区经济建设活力增加,广大村民开始追求自身的政治权利,主动参与各项管理决策且有关切身利益的农村事务,随着利益的主体多元化促使村民的民主、权利化意识日益增强,在一定的程度上推动了村民有序的政治参与。

H村认真摸清自治组织存在的问题,进一步完善户代表会、组民主议事会、村民代表会议和村民监督委员会,切实将村里的能人才人选进自治组织,来优化农村自治组织,搭建人民民主议事体系,实现了村民积极参与本村本组重大事务的决策行为。H村在凡是涉及村民切身利益的事项中("一事一议"财政奖补政策、村规民约、民族特色旅游发展等),村委会应立即召开全体村民大会,村民在会议中享有决定权,若部分村民有疑惑,村两委在无法解释的情况下则不能实施决策方案。这些措施的推行,在一定程度上充分激发和调动了村民民主议事、办事、管事的积极性,切实保障村民全体会议在村民自治事务中拥有的议事决策权,有效地化解了农村社会矛盾,改善了民主治理的质量,真正地实现了自我管理、自我服务的村民自治原则。

(四)加强村规民约的建制,完善村务管理的协商

社会主义民主政治的本质和核心是人民当家作主。加强村规民约的建制并有利于推进村务公开,以村民的根本利益和所倾向的社会事务作为落脚点,特别是党的十九大关于少数民族自治在政治、经济、文化和社会发展等领域的政策、信息,通过村里的广播、村广场、宣传廊、公告栏、村民会议、村民代表会议等形式宣传且告知村民,接受村民的监督和制约。

在民主选举方面,必须真正做到民主选举。选举之前要做好事前意见的相关宣传教育和舆论引导工作,一方面对村民做好选举业务培训使之了解选举的重要性,另一方面在投票的过程中要做到公开化、透明化。在民主决策方面,必须完

---

① 塞缪尔·亨廷顿.第三波:20世纪后期民主化浪潮[M].上海:上海三联书店,1998.

善村民及村落的自治章程和村规民约。根据国家颁布的《村民委员会组织法》的精神来制定和修订符合本地民族特征和实际情况的村民与村落自治章程，村规民约的制定需要用理性的角度结合易于村民接受和执行的重要环节，还应传承优良的民族习惯和族规民约，在法律的圆规内无缝对接。在民主管理和民主监督方面，H村构建"双向四议三公开"的机制和开展"干部下基层联系群众"工程，认真审核村务公开的各项内容是否公平公正公开，提倡"在阳光下办公"，如政务公开、财务公开、事务公开，切实保障了村民的知情权和参与权，最大限度地减少村干部办事不公、为政不廉等现象。对此，根据具体情况不仅在各村设立"民情快递"邮箱，为村民提供表达自己意见和看法的"传话筒"，还完善了信访制度和司法制度，补充以对农民的法律救济。与此相应，对于村级干部，不但建立了相关考核机制而且引导了村民直接监督评价干部履职、廉洁从政情况。H村对于凡是涉及村民的根本利益的事务，都做到了与民协商、让民知情、使民参与，深刻做到在和谐商讨氛围中实现村民自治，也提高了民主自治的广泛性。

五、"四直为民"推进民族地区村民自治的思考——以协商民主的视域

（一）正确处理村民、村民代表与村干部的关系

由于少数民族地区自身对于经济和政治依赖性极强，村民自治制度下迫使村民与村干部的关系发生了质的改变，这一变化促使干群关系两者之间难以在短期内实现预期的结果。实施"四直为民"一年多来，虽然取得了一定的实践成果，但同时也存在一些问题。因此，做好民族自治工作，关键在党，关键在人。一是议事主体力量薄弱。二是信息化程度不高。这两个问题都隐含了村民与村干部关系问题的着重点。所以，需要提高村干部的管理能力和自身素质，培养造就一支懂农业、爱农村、爱农民的"三农"工作队伍。同时村干部应该多学习其他地区村民自治的协商民主新形式，注重宣传推介营造一种良好的协商习惯与氛围，让每一个村民都能积极有序参与到公共事务中来。

此外，要加大群众教育力度，加强习近平新时代中国特色社会主义思想一系列政策的宣传，使村民及时全面了解国家政策风向，充分利用好远程教育、农民夜校、干群大教育、道德讲堂等农民教育载体，促进农村群众的思想意识、法治观念和农村实用技术教育等方面的提高，满足村民求知、求富、求乐的需求，全

面提升农民的民主主体价值和发挥其主观能动性,促进村民积极参政、议政。

最后,可通过强化党组织与自治组织的协调来引领人民民主和村民自治。塞缪尔·亨廷顿有这样一个很精辟的定义:"所谓制度,是指稳定的、受到尊重的和不断重现的行为模式。""制度化是组织与程序获得价值和稳定性的过程。"[①]

根据民族地区村落自治的长期性和艰巨性,必须清醒认识到探索和建立符合民族地区特性的有效的制度化建设已迫在眉睫。H村通过"党群直议制"以协商民主作为突破口,将基层民主实践中的制度创新用来激活基层党组织的功能,提升参与主体以及农民群众对于农村事务管理认知与认同的能力,而多重保障制度化手段同时进行,确保协商民主的长效性。

(二)尊重村民主体地位,增强民主监督

1. 树立法治思维,拓宽村民利益诉求的渠道

如何理性对待不同村民的不同利益诉求是我国协商民主下村民自治的一个重要问题。传统的村民自治一般是采取扼杀村民的所有利益诉求,这会使基层政权的合法性偏离轨道。因此,针对民族地区的村民自治过程,应该采用协商民主的方式对公共事务民主决策,凤冈县"四级群众工作平台"的搭建,通过与村民直接对话,探索建立了以公共法律服务为基础,畅通了群众表达不同利益的诉求渠道。这不仅促进了矛盾的解决,还有利于增强村民对政府的信任。

2. 保障村民权益,确保议事长效协商

民族地区推行协商民主可以探索出不一样的民族特色的基层治理模式。民主是一种公意政治,是一种多数统治的制度模式。选举是民主政治的基本要求,是体现人民当家作主、掌管国家权力的根本保证。对村民而言,选举初期阶段会出现贿选、虚报选票数、血缘式选举等不完善的程序,而协商民主恰恰可以包容各方、平等交流,能够使民主更为广泛、更为充分、更为和谐,可以在一定程度上弥补选举民主的不足。"四直为民"以扩大有序参与、推进信息公开、加强议事协商、强化监督为重点,丰富了村民自治的内容和形式,保障了人民享有更多更切实的民主权利。

从"四直为民"的推进发现,尤其是民主监督方面略为薄弱,结构较单一化。因此,一方面,要定期和及时召开村民大会。通过自上而下的议事方式,设定自由发言提问的环节,这样的做法充分保障村民的主体地位,村民的主人翁地位得

---

① 塞缪尔·亨廷顿.变革社会中的政治秩序[M].北京:华夏出版社,1988:12.

到真正体现，保障各个村民的自主话语权。另一方面，为了规范村级事务的民主决策，建立"四直为民"的责任追究机制，还要实行村务听证会，对所决定的决策进程完成度予以公布。由县乡直达的程序中组织当地群众代表担任监督员，并有效地保障少数民族群众的监督权，使村民在村民自治过程中能真正做到自我管理，推动中国民族地区基层民主的发展，提高民族工作法治化、信息化、精细化水平。

结语

总体来说，我国农村正在经历一场前所未有的深刻的历史性变革，村民自治是一项意义深远、任务艰巨的系统工程。凤冈县的创新之处在于将村民自治和协商民主联系在一起，推进了公民理性参与以及协商民主对村民自治的促进作用。结合H村的实际情况，多年来实行村委会主任民主选举的成功经验，为基层民主的纵向延伸提供了实践基础，村民自治中的"四个民主"即民主选举、民主决策、民主管理和民主监督不断深化，通过强化党组织与自治组织的协调来引领人民民主，从而实现了党内民主与人民民主的衔接和联动，顺应了农民群众有序参与农村事务管理的新期待，丰富了社会主义基层民主政治的实现形式，在一定的程度上调动了村民的创造性和积极性。通过县乡政府协助村委会权责统一、加强村党支部和村民委员会的沟通协商、推行议事平台和议事会促进村民会议中协商以及建制村规民约来完善村务管理的协商，可以发现"四直为民"中蕴含着协商民主的视角。因此，推行"四直为民"应坚持从实际出发，因地制宜不断创新发展并加强农村村民自治建设，推进国家治理体系和治理能力现代化，着力加快民族地区发展步伐。但是也能意识到其仍然会存在一些问题，例如，民族地区经济文化处于欠发达状态、协商制度建设还不完善、村民与村干部的理论素质不高等，要想真正解决这些问题还需要不断寻找新的突破口，创造出具有民族地方特色的"四直为民"民主协商新机制。

参考文献

[1] 塞缪尔·亨廷顿.第三波：20世纪后期民主化浪潮[M].上海：上海三联书店，1998.

[2] 周平.民族政治学[M].北京：高等教育出版社，2007.

[3] 徐勇.中国农村村民自治[M].武汉：华中师范大学出版社，1997.

[4] 塞缪尔·亨廷顿.变革社会中的政治秩序[M].北京：华夏出版社，1988.

[5] 王沪宁.比较政治分析[M].上海：人民出版社，1987.

[6] 张瑜.少数民族地区村民自治问题探析[J].中共伊犁州委党校学报，2015(3).

[7] 杨刚.民族欠发达地区村民自治存在的问题及对策[J].临沧师范高等专科学校学报，2008，17(2).

[8] 瞿州莲.民族地区的村民自治存在的问题及对策——以湖南西部永顺司城村为例[J].贵州民族研究，2004(3).

[9] 白佩君.略论民族地区村落的自治问题[J].甘肃联合大学学报（社会科学版），2012(4).

[10] 李若青.云南民族地区村民自治问题探析[J].中共云南省委党校学报，2005(5).

[11] 王树梅，金德谷，胡咏梅.贵州民族地区村民自治存在的问题与对策——以贵州省雷山县丹江镇白岩村为例[J].河北农业科学，2010(4).

[12] 康燕.新时期村民自治的问题及研究对策——以包头市石拐区后营子为例[D].内蒙古大学，2012.

[13] 刘海涛.协商民主视角下农村基层民主机制建设研究——以安徽A村、B村、C村、D村为例[D].安徽师范大学，2010.

乡村振兴与农村社会治理创新研究

宁夏农民富民增收的影响因素及对策研究[1]

李文庆[2]

"三农"问题一直是制约宁夏全面建成小康社会的最大障碍之一,而"三农"问题的核心是农民收入持续增长问题,只有不断地增加收入,才能从根本上提高农民的生活质量。但在经济发展新常态背景下,随着国家粮食政策的调整、农村经营方式、农民职业分化等因素,农民收入结构呈现多元化,农民收入增长速度不断降低。为了适应形势的不断变化,必须掌握影响农民收入增长的影响因素,为党委政府政策调整提供决策参考。

一、"十二五"期间宁夏农民收入状况分析

"十二五"期间,宁夏大力实施强农惠农政策,使广大的农民得到了更多的实惠,农民收入保持两位数增长,增长态势良好,收入结构发生明显变化,区域不平衡相对减缓,为建成全面小康社会奠定了坚实基础,但也应看到农民收入增长速度呈不断下降之势。

(一)农民收入增长为实现全面小康奠定坚实基础

2015年,宁夏农民人均可支配收入达到9119元,增长8.4%,扣除价格因素实际增长7.3%,增幅较全国水平低0.5个百分点,收入水平在全国各省(市)区中位居第25位,绝对值占全国平均水平11422元的79.8%。"十二五"期间,宁夏农民人均可支配收入增长了77.9%,年均增长12.2%,均高于城镇居民可支配收入和GDP的增速;城乡居民收入差距连续5年缩小,由2010年的2.94∶1下降到

---

[1] 文章收录时间:2018年6月18日。
[2] 李文庆,男,河北孟村人,宁夏社会科学院农村经济研究所所长、研究员,研究方向为产业经济学。

2015年的2.76∶1；居民生活水平明显改善，食品消费支出比重明显降低，为建成全面小康社会奠定了坚实基础（见表1）。

表1："十二五"期间宁夏农村居民家庭人均纯收入来源情况

单位：元/人

年份	农民纯收入	其中		
		工资性收入	家庭经营纯收入	财产性及转移收入
2011年	5410	2164	2730	515
2012年	6180	2511	3072	598
2013年	6931	2878	3250	803
2014年	8410	3391	3645	1374
2015年	9119	3614	3837	1667

（二）收入增长水平与全国同步

"十二五"期间，宁夏农民人均可支配收入增长77.9%，年均增长率为12.2%，均高于城镇居民可支配收入和GDP的增长，收入翻番目标实现程度为89%。近年来，受工资性收入的拉动，宁夏农民收入延续了"十一五"以来的高速增长。随着农村外出务工人数快速增长阶段的结束，工资性收入增长逐步稳定，农民收入增速也明显趋缓，增速出现前高后低、平稳回落的走势，与全国农民可支配收入增长趋势基本同步。

（三）收入结构发生明显变化

"十二五"期间农民财产性和转移性收入出现了高速增长，年均增长率为21.8%，比"十一五"期间13.7%的年均增长率快8.1个百分点。农民家庭经营净收入占可支配收入的比重由2010年的50.9%降至2015年的42.1%。同时经营净收入的内部结构也发生了变化，一产收入所占比重降低，二、三产业收入所占比重提高。从收入结构变化来看，一是工资性收入成为收入重要来源和支柱，2015年宁夏农民人均工资性收入3614元，增长6.6%，占农民人均可支配收入的比重为39.6%，对农民人均可支配收入的贡献率为31.5%。二是经营净收入仍占农民收入的最大份额，2015年宁夏农民人均经营净收入3837元，增长5.3%，占农民人均可支配收入的42%。三是财产净收入增幅最大，2015年宁夏农民人均财产净收入190元，较上年增长27.5%。四是转移性净收入成为农民富民增收最强"引擎"，

2015年宁夏农民人均转移性净收入1477元，比上年增加252.1元，增长20.6%，对农民人均可支配收入增长的贡献率达到35.6%。

（四）收入区域不平衡性相对减弱

"十二五"期间，尽管宁夏城乡居民收入、山川农民可支配收入差距继续呈现不平衡的态势，但区域不平衡性相对减弱。2010—2015年，宁夏城乡居民收入绝对差距从9967.9元扩大到16067.3元，沿黄灌区与中南部地区农民可支配收入绝对差距由2010年的2610.0元增至2015年的4002.7元。但城乡收入比从2010年的2.94：1下降到2015年的2.76：1，灌区与山区收入比1.72：1降为1.59：1，差距均呈现出相对缩小的态势。

（五）收入横向比较差距继续扩大

与全国平均水平、西部地区其他省份相比，"十二五"期间宁夏农民人均可支配收入在全国的位次由2011年的第24位下降至现在的第25位。在西北五省区中，位居新疆之后列第二位。与全国平均水平及中、东部地区相比差距明显，并有继续扩大的趋势。"十二五"期间，宁夏农民人均可支配收入与全国平均水平的绝对差距从1146.7元扩大到2303元，与新疆的绝对差距从高132.5元变为低306.3元。在城乡收入差距上，宁夏城乡居民收入比（以农村居民可支配收入为1）由2010年的2.94缩至2015年的2.76，城乡收入差距在西北五省中最小（见表2）。

表2："十二五"期间西北五省区农民可支配收入对比表

单位：元、%

年份	全国	陕西	甘肃	青海	宁夏	新疆
2010年	6272	4477	3747	4028	5125	4993
2011年	7394	5484	4278	4806	5931	5853
2012年	8389	6285	4931	5594	6776	6876
2013年	9430	7092	5589	6462	7599	7847
2014年	10489	7932	6277	7283	8410	8724
2015年	11421.70	8689	6936	7933	9119	9425
2015年增幅	8.90	9.50	10.50	8.90	8.40	8.00
2015年城乡收入比	2.73：1	3.04：1	3.43：1	3.09：1	2.76：1	2.79：1
年均增长率	12.70	14.20	13.10	14.50	12.20	13.60

（六）农民收入增速不断下降

从表1可以看出,"十二五"期间宁夏农民纯收入与全国一样呈不断下降的态势,由2011年的15.7%下降到2015年的8.4%,预计在我国经济发展新常态背景下,"十三五"期间宁夏农民纯收入仍呈降低之势。

二、宁夏农民富民增收的主要影响因素分析

随着我国经济发展进入新常态、农业发展进入新阶段,影响农民富民增收的一些关键因素正在发生深刻的变化,"十三五"时期,农民富民增收面临诸多的新挑战。

（一）粮价"天花板"和要素价格下降制约农民富民增收

当前,我国粮食储备充足,与国际粮食市场的接轨条件基本成熟,但由于我国农产品缺乏国际竞争力,特别是农业生产成本的"地板"在不断地抬高,农产品价格遇到"天花板"的限制,提高空间有限,直接限制了农民家庭经营性收入的增长空间。在我国农产品与国际市场接轨过程中,地租价格也处于"天花板"状态,但由于地租存在着刚性和价格下跌的滞后性,今后几年土地要素价格有可能持续下降,特别是产业资本存在土地弃租的风险,不但制约农民富民增收,还有可能带来农村的不稳定。在宁夏,农牧业收入一直是农民收入的主要构成部分,近几年农牧产品的大幅波动对农民问题增收影响较大,2014年蔬菜价格大幅下跌,导致部分菜农损失惨重;而牛奶价格的大幅下跌致使一些奶牛养殖户低价出售奶牛停止养殖;羊肉价格的下跌使一些养羊专业户不得不改变生产经营方式;玉米价格下跌更是让大范围的玉米种植户只能选择存粮观望。农民种养殖业多是小规模经营,避险能力弱,承受损失能力弱,一旦出现大的经营亏损需要两三年才能恢复再生产能力,也不利于农民收入持续稳定增长。

（二）结构性失业制约农民富民增收

我国经济增长从高速转向中高速,企业开工不足,用工减少,农民工外出就业不稳定性增加,农民工工资性收入增长放缓。2015年无论农民工外出务工人员数量和工资水平还在增长,但是增长的幅度与往年相比明显下降。宁夏在产业转型升级和结构性调整过程中必然伴随着结构性失业问题,产业要转型升级,意味着一部分企业要关停、退出市场,也意味着一部分农村剩余劳动力要从传统的房

地产、煤炭等行业转入新行业，这对知识技能的要求将更高。由于一些大型企业停产或者降低产能，导致部分农民工只能待业或者遭遇找活难。"十二五"期间，宁夏农民工资性收入占可支配收入的比重由 2010 年的 36.9%快速上升至 2013 年的 39.9%，但到了 2015 年这一比重较上年下降了 0.7 个百分点，而且连续多年上涨的工资标准从 2014 年开始再未上涨。

（三）产权制度对农民财产性收入的制约

近年来，农民财产性收入在农民收入中占的比重越来越大，但是财产性收入的进一步增长也与产权制度改革直接相关，产权制度改革本身是一个十分复杂的过程，改革红利的释放还需要一段时间，近期内也不可能有大幅度的提高。所以，在经济发展新常态下增加农民收入，除了要努力稳定农产品价格、促进农民就业转移等方面想办法之外，还要以改革创新的思路推进农业的结构性改革，开辟农民富民增收新的增长点。

（四）农村剩余劳动力就业形势的影响

宁夏工业基础薄弱，发展相对滞后，很多高附加值的扩展行业在我区都是空白，在全国知名或畅销的品牌少，竞争力弱，对农民持续增收有明显的制约。在现阶段，由于经济持续下行的影响，东中部地区对农村剩余劳动力就业的吸纳作用减弱，造成大批农民工返乡。从宁夏就业市场情况来看，农民工就业存在结构性差异，银川市第三产业以及生态纺织、羊绒等轻工行业对技术工人、女工的吸纳能力较强，但男工、普工出现结构性过剩，一方面部分行业招工难，另一方面部分没有一技之长的农民工又存在找工作难的问题，影响部分农民收入稳定增长。

（五）劳动力文化程度低制约农民富民增收

劳动力文化程度低一直是制约宁夏农民富民增收的主要因素，一方面是用工单位长期招聘技术工，另一方面是闲散劳动力就业难。在我国经济发展新常态条件下，宁夏大多数有一定技能的农民工收入在产业结构调整中并未受到影响，就业难者基本都是受教育程度低或年龄偏大者。未来劳动力市场将发生深刻变化，随着产业结构调整向中西部地区逐步扩散和转移，低技能劳动力务工难的情况会长期存在并不断深化。

三、持续提高宁夏农民收入的政策建议

在农民收入的四大构成中,家庭经营性收入对农民富民增收影响显著;工资性收入是中西部劳动力外出省份农民富民增收的重要支撑;财产性收入寄希望于深化改革,盘活农村土地和集体经营性资产;转移性收入需要强化政府对农民收入的支持,加大政策扶持力度。在我国经济发展新常态背景下,农民富民增收应与促进就业、推动创业、拓宽渠道、完善政策等相结合,持续提高宁夏农民收入。

(一)制度创新,实现农民富民增收新突破

新时期推动农民收入增长,必须在尊重农民主体地位、发挥市场机制基础作用的前提下,着力强化制度创新和政策创设,建立起有利于农民富民增收的制度环境和内生机制。在制度创新层面,主要是深化农村土地制度、农业经营制度、人力资本创新和农村产权制度四方面改革。一是农村土地制度改革。农村土地制度改革是制度创新和政策创设中的核心问题。农村土地制度改革对增加农民收入意义重大,一个重要前提是做好农村土地确权登记颁证工作。二是农业经营制度创新。在坚持农户家庭承包的基础上,发展家庭农场、合作社和各种各样的产业化经营组织,有利于提高农业生产专业化水平,增加务农的主业收入。三是人力资本创新。加强职业农民教育培训,以生产经营类新型职业农民培育为重点,对农业基础经营者、获证农民、农业后继者和农业服务人员实行分层培养。四是农村集体产权制度改革。农村集体产权制度改革对增加农民的财产性收入意义重大。改革的目标是边界清晰、权责明确、保护严格、运转流畅,改革的范围是资产、资源、资金,包括经营性资产、公益性资产和资源性资产。通过股份合作发展壮大集体经济,通过农民经营权入股发展壮大集体经济,通过国家对集体的投入发展壮大集体经济,通过重构集体经济积累新机制发展壮大集体经济,增加农民从集体经济发展中获得的收入。

(二)促进就业,确保就业者工资收入可持续增长

一是通过产业结构调整促进就业。一方面要大力提升第一产业劳动者综合素质,增强其进城就业能力,另一方面通过保持第二产业的持续、稳定、健康发展,创造就业岗位,同时要充分挖掘第三产业的就业空间,提高就业率。二是通过创新带动就业。一方面可以通过创新来带动就业,另一方面还可通过创业带动就业。在创新创业带动下,一些新的就业岗位在不断涌现,包括网络方面的就业岗位。

新型的行业和职业都不断涌现，新常态下经济的发展、结构的调整与过去相比，给就业创造的机会更多了。

（三）推动创业，确保农民经营收入可持续增长

一是创新农村家庭生产销售和经营方式。一方面要大力推广高效、生态循环的新型种养模式，加快发展绿色农业，从根本上提高农产品质量和安全系数，提高农产品在市场上的竞争力；另一方面要创新农业生产销售模式。大力发展农村电子商务，推动农业生产经营规模化、网络化、品牌化，把高品质的农产品和手工工艺品以便捷的渠道和公道的价格销售出去，提高农村居民来自第一、二产业的经营收入。二是要加快发展休闲观光农业，鼓励和支持农民利用特色资源发展农家乐、乡村民宿、休闲农庄等乡村旅游，鼓励有条件的地方加快推进乡村旅游景区化，提高农村居民来自第三产业的经营收入。三是扶持发展宁夏清真餐饮业走出去，适应东中部地区清真餐饮市场需求，进一步完善扶持政策，推动个体经济业态创新，不断提高清真餐饮业经营者的经营收入水平。

（四）拓展渠道，确保城乡居民财产性收入可持续增长

保障农村居民土地及房屋权益，拓宽农民增加财产性收入渠道。一方面要深化资本市场和农村土地确权改革，另一方面对集体资产股份行使占有、收益、有偿退出及抵押、担保、继承权，同时对宅基地行使用益物权，慎重稳妥推进农民住房财产权抵押、担保、转让。通过上述三个渠道提高农村居民财产性收入。

（五）不断完善农业政策性补贴制度，提高农村居民转移收入

一是加大农业补贴资金整合力度，调整优化涉农专项资金支出结构，建立农业补贴标准动态调整机制，尽快完善耕地保护、土地承包经营权和林权流转以及粮油生产等直补办法，确保农村居民转移性收入；二是完善生态公益林补偿制度和激励制度，按规模、成本和收益情况每年按不同标准给予适当补贴；三是逐步扩大农业保险保费补贴范围。重点对具有风险性、创新性的农业生产和经营项目逐步扩大补贴范围，并逐年提高其中的相关补贴项目标准。

参考文献

[1] Gale Johnson D.经济发展中的农业、农村、农民问题[M].林毅夫,赵耀辉,译.北京:商务印书馆,2004.

[2] 樊胜根,张林秀,张晓波.中国农村公共投资在农村经济增长和反贫困中的作用[J].华南农业大学学报(社会科学版),2002(1).

[3] 李锐.农村公共基础设施投资效益的数量分析[J].农业技术经济,2003(2).

[4] 闫俊强,李大胜.我国农村基础设施投资对农民收入影响的实证分析[J].华南农业大学学报(社会科学版),2008(4).

[5] 辛岭,王艳华.农民受教育水平与农民收入关系的实证研究[J].中国农村经济,2007(1).

[6] 董运来,董玉珍,武翔宇.农民收入主要影响因素的实证分析[J].沈阳农业大学学报(社会科学版),2005(3).

[7] 颜晓飞,焦钢,李业荣,王爱玲.云南省农民富民增收影响因素的实证分析[J].经济研究导刊,2008(13).

[8] 何蒲明,黎东升.粮食价格对农民收入增长影响的实证研究[J].乡镇经济,2009(4).

乡村振兴背景下民族地区农村社会保障政策实施效果问题探析

韩贞妮[①]

一、研究缘起

  习近平总书记在中共十九大首次提出了乡村振兴战略。乡村振兴战略是在我国社会主要矛盾转变这一国情下提出来的,是为解决我国发展不平衡、不充分,为不断满足人民日益增长的美好生活的需要而提出来的,是为解决农村衰落,重振乡村而提出来的重大战略。乡村振兴包括农业发展、生态建设、文化建设、乡村治理、民生保障、精准脱贫等内容。乡村振兴的目标任务是到2020年取得重要进展,基本形成制度框架、政策体系,到2035年取得决定性进展,基本实现农业农村现代化,到2050年实现农业强、农村美、农民富的目标,乡村振兴全面实现。实现乡村振兴战略有很多路径,农村社会保障政策体系的建设与完善就是其中之一。农村社会保障政策体系的建设与完善有利于增加村民收入,实现农村居民的获得感,解决农村贫困问题,实现农村治理现代化,进而助推乡村振兴。社会保障是政府、社会团体、社区或村集体等通过国家立法、行政措施等,对国民收入进行分配或再分配,保证包括残疾人、年老力衰者、失业人员、无子女又失去劳动能力等生活困难人员在内的最基本的生活、权利的社会制度,保障内容有现金支付、物资供给、社会服务等。社会保障是社会发展到一定阶段的,适应社会结构转型,服务国家、社会的一套功能体系,它最早出现于西方。20世纪30年代初,西方国家发生了规模庞大、影响极深的世界经济危机,为了应对危机,解决贫困问题,维护社会稳定,西方很多发达国家纷纷建立了以社会保险为主要内容的社会保障制度,如堪称西方社会保障代表的《社会保障法》于1935年在美国制定,其目的是为弱势群体特别是贫困人口提供物资救助。英国在《贝弗里奇报告》

[①] 韩贞妮,贵州民族大学社会学院,博士研究生。

的影响下先后制定了《国民保险法》《家庭津贴法》《家庭救助法》等一系列社会保障法律体系,至此英国基本构建起了完善的社会保障体系,并宣布已经建成了福利国家。后来欧洲很多发达国家也纷纷采取了类似措施,实现了福利国家的梦想。西方发达国家通过一系列的社会保障政策的出台、实施,使经济危机得到了缓解,维护了社会的稳定,使贫困人口规模得到了控制,扩大了内需,经济发展开始复苏。

农村社会保障与老百姓生活息息相关,对中西部民族地区农村来说更是解决民生大事的社会制度。我国要在 2020 年实现脱贫的目标,进入全面建设小康社会新时期,只有扶贫政策还不够,还需要建设完善农村社会保障体系。我国农村社会保障建设经历了较长时间,但因各种各样的原因,社会保障发展道路较为曲折,没有很好保障农村居民,特别是民族地区困难群体的生活。随着时代的进步,社会经济的发展,进入新世纪后,农村社会保障建设得到党和国家的高度重视,不断提出新的方针政策和要求。党的十六大报告提出要在有条件的地方探索建立农村养老保险制度,但试点主要集中在东部沿海区域和中部地区,西部地区由于条件不成熟而未进行相应的建设;党的十七大报告指出加快完善社会保障体系,要在 2020 年前建成覆盖城乡全体居民的社会保障体系(安华等,2012);十八大又提出"要统筹推进城乡社会保障体系建设,坚持全覆盖、保基本、多层次、可持续的方针,以增强公平性、适应流动性、保证可持续性为重点,全面建成覆盖城乡居民的社会保障体系";十九大强调要"加强社会保障体系建设。按照兜底线、织密网、建机制的要求,全面建成覆盖全民、城乡统筹、权责清晰、保障适度、可持续的多层次社会保障体系"。乡村振兴战略中也指出"加强农村社会保障体系建设。完善统一的城乡居民基本医疗保险制度和大病保险制度,做好农民重特大疾病救助工作。巩固城乡居民医保全国异地就医联网直接结算。完善城乡居民基本养老保险制度,建立城乡居民基本养老保险待遇确定和基础养老金标准正常调整机制。统筹城乡社会救助体系,完善最低生活保障制度,做好农村社会救助兜底工作"。从上述党中央对建设农村社会保障体系的重视,我们可以看出我国农村建设社会保障的重要性和必要性。

二、我国民族地区农村社会保障建设的意义分析

(一)民族地区农村状况

我国少数民族众多,全国有 55 个少数民族,且人数比重较大,2010 年人口

普查数据显示，我国少数民族人口10643万，占全国总人口的8.41%。我国少数民族主要居住在西北、西南边疆地区，居住面积占国土总面积的64%。少数民族分布广泛，居住面积也较大，但民族地区农村生态环境脆弱、自然条件恶劣，如西南民族地区主要处于石山熔岩地区、丘陵地带，往往山高谷深，很少有平地，并且石漠化严重，洪涝、泥石流等自然灾害时有发生；西北民族地区处于高寒地区、荒漠地区，这里很容易发生干旱、风沙，因此民族地区人均耕地面积少，农业经济结构单一，主要从事农业和畜牧业生产；民族地区基础设施严重短缺，水资源不足，电力供应紧张，交通不便，经济社会发展水平落后，教育发展严重滞后，因此贫困人口覆盖面广，贫困人口发生率高，生活水平低，居民经常面临"上学难""看病难"的问题。民族地区生态环境一方面表现较为脆弱，另一方面又是维持着东中部地区和民族地区生态环境平衡的支撑点，但民族地区的居民为了生计而不得不向大自然索取，其后果必然威胁到东部与中西部地区的生态平衡和社会经济发展。因此，加快构筑和完善民族地区的社会保障体系，已经成为解决民族地区民生问题、社会治理和构建和谐社会必然选择（顾华详，2007）。

（二）民族地区农村社会保障建设的必要性

社会保障制度是社会公平的调节器，是维护社会稳定的安全网和经济运行的"减震器"，客观上起到了调整人与人、人与社会、人与资源和环境的关系，缓和社会矛盾的作用（顾华详，2007）。加强民族地区社会保障建设有利于民族地区贫困治理和社会治理，有利于维护社会公平正义。我国扶贫开发的重点在农村，而农村的重点在少数民族地区的农村。目前民族地区集中了我国最大的贫困群体，也是我国为实现全面建设小康社会目标最需要关注的群体之一，民族地区大量贫困群体的聚集对于我国实现全面建设小康社会目标造成了重要影响。由于我国民族地区多半较贫困，生产、生活尚未改变，生态条件恶劣，大多数农民刚刚解决温饱问题，经济水平发展较低，因此抵御风险的能力较差，加上缺乏社会保障机制，一旦遇到天灾人祸，部分刚刚变好的人群又陷入贫困，因此造成民族地区返贫现象严重，使原有脱离贫困或者处于贫困标准线之上的人口又重新掉入贫困线之下，再次成为贫困人口（邓大松、刘昌平，2007），如果没有完善的社会保障体系做支撑，这些贫困人口将很难重振起来。共同富裕是国家的发展目标，也是我国每个人的心愿。当前，我国经济快速发展，但西部少数民族地区整体上还很落后，为了实现共同富裕这个目标，首先应着力解决的问题之一就是解决贫困民族地区群众的民生问题，所以，西部少数民族地区社会保障体系的建设和完善，对解决民族地区人民的生存和发展问题、实现小康社会的目标具有切实的意义（岳天明等，2009）。

加强民族地区的社会保障建设既是社会公正的体现，也是构建和谐社会、促进社会发展的迫切需要（张书军等，2007）。国家有责任、义务帮助民族地区发展经济，解决居民的生活问题，满足人民对美好生活向往的追求。构建和完善少数民族地区的农村社会保障体系，对于逐步缩小地区差距，消除社会成员的不安全感，提高整个社会的公平程度意义重大（郭海琰等，2012；曹丽娜等，2014）。

加强民族地区社会保障建设有利于维护社会稳定、和谐，有利于增强边疆地区民族的国家认同感，有利于加强民族团结、巩固国防。西部少数民族地区社会保障制度的建设不仅是缩小东西部贫富差距的关键，也是增强全国民族团结与民族地区社会稳定的关键。社会保障是安全阀和减震器，特别是在维护社会稳定和民族团结，巩固边疆地区国防安全方面作用重大（安华等，2012）。因此，加强民族地区社会保障建设，建立完善的民族地区社会保障体系，既是适应民族地区经济发展和社会变化，及时有效地保障民族地区广大少数民族群众基本生活的迫切需要，也是促进民族地区社会经济稳定发展的客观要求（李俊清，2006）。

从以上分析可以看出，加强民族地区社会保障建设是提高困难人群生活水平的需要，可以增强少数民族地区人民的安全感与获得感，有利于少数民族居民的国家认同，增强他们对国家的信心；完善民族地区社会保障体系有利于民族地区和谐社会建设，维护社会稳定，巩固边疆国防建设。

三、民族地区农村社会保障政策实施情况及效果

（一）中国古代至近现代社会保障的雏形

"社会保障"一词虽然最早出现在西方，但我国在古代就有民本思想，如"农本"观念，"孝悌"伦理等。一些仁人志士主张对弱势群体进行救济、照顾。老子在"孝悌"的基础上衍生出"善养"思想，他直接提出了"施恩布德，世代荣昌"的观点，提出老弱病残幼都应该得到社会的保护。墨子提出了"兼爱"的观念，认为如果世间人人相互爱护、相互关心，就能够保证社会的和谐（谢冰，2013）。从古代先哲们的保护弱势群体的思想中可以看出，我国古代就有了社会保障的意识，只是还没有形成一个体系，没有形成法规而已。

在古代，我国少数民族地区的社会保障形式主要是民间互助，家族、家庭成员之间的互相帮助，养老主要以家庭养老为主，但如果遇到战争、自然灾害，民

间无力解决困难时,社会保障事宜便由官方做主,负责养老、赈灾、救助等,如古代的"社仓"就是用来储存粮食,以备天灾人祸时救济老百姓(谢冰,2013)。民族地区的社会保障事业在近现代都有开展。民国时期孙中山提出了"三民主义"思想,并阐述了"以民为本,注重民生关怀,社会保障事业由政府负责,社会保障应该法制化和制度化"社会保障观点。国民党政府也注重保障建设,但主要是针对城镇居民,民族地区更是没有涉及。1927年后,中国共产党在革命根据地、解放区都开展了一系列的社会保障工作。中国共产党在抗日战争时期所进行的社会保障工作对增强民族凝聚力,争取抗日战争的胜利和全国的解放起到了积极作用。尽管中国自古就有了济民爱民的社会保障思想,并且在国民政府时期,中国共产党领导的抗日战争时期和解放战争时期提出了相应的且较明确的社会保障条例、法规,但没有形成农村社会保障体系,中国真正的农村社会保障体系的构建是新中国成立后,民族地区的农村社会保障体系也从无到有,逐步发展。

(二)新中国成立之后社会保障制度的形成

新中国成立初期,中西部民族地区农村社会福利集中体现为社会救助、医疗服务和扶贫等方面。

在社会救助方面,由于中西部民族地区农村的生产力极其低下,各族群众的生活极端困苦,为了帮助中西部民族克服生产和生活上的困难,人民政府发放了大量的救济粮和救济款。

长期以来,民族地区传染病流行,发病率较高,但民族地区的医疗卫生事业非常落后,经常缺医少药,因此流行病造成少数民族人口大量下降。新中国成立后,人民政府十分重视改善民族地区的医疗卫生状况,就20世纪50年代初,中央政府已拨出上千万元专款,用于少数民族地区的卫生事业,并先后派出防疫大队和医疗大队,到民族地区开展工作。为了有计划、有针对性地开展民族地区的医疗卫生服务工作,中央卫生部于1951年8月在北京召开了全国民族卫生工作会议,制定了《关于建立和发展少数民族地区卫生工作的决定》和《少数民族卫生工作方案》。民族地区县一级的卫生基层组织也于1952年普遍建立起来。在一系列措施的作用下,各族群众享有的医疗救治、公共卫生、妇幼保健等医疗福利水平显著提高,少数民族地区的卫生面貌焕然一新。在西南、中南民族地区,曾经猖獗的疟疾和其他传染疾病也基本上得到了控制。

（三）改革开放后我国社会保障制度的发展

从 1978 年开始，我国进入了改革开放的新时期，这一时期，少数民族地区社会保障事业得到长足发展，社会保障制度逐步完善，新的保障项目逐步增加，保障水平日益提高，社会保障覆盖范围逐步扩大。进入 21 世纪后，随着综合国力的不断增强与党和政府对民生问题的更加关注，少数民族地区的社会保障事业呈现出新的发展势头，我国少数民族地区用于自然灾害救助的资金也有了进一步增加。

1978 年至 2000 年，民族地区的五保供养采取以乡统筹，由群众负担，2000 年农村实行税费改革后，又改由地方财政负担，但每个时期都辅以国家必要的救济和补助，救济标准原则上不低于当地群众的一般生活水平。五保供养制度的实行极大地改善了少数民族地区农村无依无靠人员的生活处境。尤其是改革开放后，随着民族地区经济和社会的发展，各级政府对农村五保供养的财政支持力度不断加大。

改革开放后，随着少数民族地区经济社会的发展进步，农村生活困难救助开始向最低生活保障制度过渡。2006 年 12 月，中央农村工作会议明确提出要"积极探索建立覆盖城乡居民的社会保障体系，在全国范围内建立农村最低生活保障制度，鼓励已建立制度的地区完善制度，支持未建立制度的地方建立制度"。到 2006 年年末，全国已有 24 个省区、2400 多个县初步建立了当地的农村低保制度，纳入低保的达 1300 多万人。2007 年，中央又决定在全国范围内建立农村最低生活保障制度，使全国 2000 万困难群众受益。并且，这项制度正朝着更加制度化和规范化的方向发展。虽然保障水平较低，只有 627 元，低于国内 785 元的绝对贫困线，但对于减轻民族地区贫困家庭生活困难作用重大。

相对于社会保障的其他项目，养老保障在我国民族地区农村的推广实施相对滞后。民族地区农村养老保障从 20 世纪 80 年代起从无到有逐步建立，并在实践中不断探索。我国探索并建立农村养老保障制度起始于 1986 年，1991 年，全国开展了建立县级农村养老保险制度的试点，1992 年，民政部出台《县级农村养老保险基本方案（试行）》，提出了个人、集体、国家三方共同付费，由社会统筹解决农村养老问题的新思路。根据这一思路，各省区政府也相应出台了文件予以规划落实。不过此项政策由于后来的一些变数而没有延续下来，直到 2006 年。2000 年，根据前一段工作的经验教训和农村社会发展面临的新形势，国家颁发《劳动和社会保障事业发展"十一五"规划纲要》，对农村养老保险制度框架进行重新设计，2008 年在一些较发达一点的地方做试点，2009 年全国新一轮农村养老保险试点工作正式启动。自新型农村养老保障实施,至今已达十年,受益人群不断增加,对提高民族地区农村老年人的生活水平起到了积极作用。

改革开放后,由于政策的变动,我国民族地区的医疗保障状况又开始转变,农民开始全额自费医疗,对收入甚微的西部民族地区村民来说苦不堪言,看不起病的农民高达60%~80%。这种情形引起了中央及各级地方政府的高度重视,从20世纪80年代后期开始,加大了对农村合作医疗卫生事业的财政投入力度,并根据新的形势改革与完善农村合作医疗保险制度。1993年,中共中央在《关于建立社会主义市场经济体制若干问题的决议》中提出,要"发展和完善农村合作医疗制度",1997年,卫生部门向国务院提交了《关于发展和完善农村合作医疗若干意见》并得到批复,2002年10月,中共中央、国务院在《关于进一步加强农村卫生工作的决定》中,提出要建立新型农村合作医疗制度,2003年,新型农村合作医疗保险制度的试点开始在全国推行,到2005年12月31日,全国31个省(自治区、直辖市)全部推行。中国农村医疗保障的建设有效缓解了民族地区看病难、看病贵的问题,因病返贫的难题逐渐得到缓解,农村普遍存在的"小病拖,大病扛"的现象明显减少,"因病致贫、因病返贫"的现象也得到缓解,医疗保障政策给民族地区农村居民带来了实实在在的好处,反过来又促进了民族地区医疗卫生事业的发展(马子力,2009)。

四、民族地区农村社会保障政策实施存在的问题及难点

虽然民族地区农民的社会保障已经取得了一定的成就,但是,我国农村社会保障制度体系建立时间不长,还面临一些较为突出的矛盾和问题,特别是体制性、结构性等深层次矛盾尚未解决,整个农村社会保障体系仍处于缝缝补补的阶段,呈现出非规范化、非系统化的特点。我国长期以来由于对农村社会保障制度的建设不够重视,存在投入严重不足、缺乏管理以及城乡差异明显等现象,随着政治经济改革的发展,原有的保障体系逐步瓦解,新的保障制度尚未完善,导致广大农村居民游离于社会保障体系之外。当前,民族地区农村社会保障制度建设中亟待解决的突出问题主要有以下几方面:

一是法治不健全,农村社会保障执行不规范。到目前为止,我国农村社会保障体系初步建立了农村最低生活保障、基本养老保障、社会福利救济、农村社会优抚等制度,但我国还没有一部全国统一的、针对农村的,特别是针对民族地区农村的社会保障法,而只有各省以及地方政府制定的政策、规定、通知等,缺乏

普遍性的法律规范，加之相关的一些政策经常变动，使得社会保障的执行常常陷于无法可依、无章可循、操作随意的尴尬境地。法律法规的不健全，严重制约了我国社会保障制度改革的步伐，农村社会保障的建立和发展经常处于执行不力的状态。如一些相关政策缺乏统一性、连续性、一致性和权威性，这不仅使得农民对社会保障缺乏信心，也造成了民族地区农村社会保障实施效果较差，这对于民族地区农民生活、社会发展都不利。

二是资金缺口太大，农村社会保障资金来源不充分，农村社会保障效率不高。当前民族地区农村社会保障制度的保障资金是由中央财政、地方财政、集体和个人共同负担的，并且社会保障至今主要是以农民个人缴费为主，集体次之，国家做补充。这种状况提供给农村社会保障的资金不足，难以满足当前农村社会保障发展的实际需要，特别是地方财政资金不足，难以承担责任，加之民族地区的农户自身经济困难，资金短缺现象十分突出，这也导致了农村社会保障工作严重滞后。此外，农村社会保障事业缺乏社会资金渠道的支持，因此社会保障资金来源短缺。由于社会保险基本是由政府主导、强制的，没有营利性，企业、社会参与热情不足，使财政资金过于依赖政府投入，另一方面又由于民族地区农民收入低下，参保意识不强，"等、靠、要"的思想较为严重，因此造成财政投入过于单一，直接导致各级政府部门"独力难支、捉襟见肘、不堪重负"的现象（朱合理等，2012）。最后的结果是降低了农村社会保障的标准，而且也导致农村社会保障执行效率低下与社会保障能力的不足，反过来又极大地影响了农村人口参加养老保障和医疗保障的积极性。

三是社会保障覆盖范围小，保障水平低。社会保障资金的不足所导致的必然后果，就是少数民族地区社会保障覆盖面较为狭窄，保障水平相对较低。目前除五保供养和新型农村合作医疗保险在中央及各地方政府的强力推动下已基本覆盖全国农村地区外，其余的社会保障项目大都只在部分地区小范围实行。中西部民族地区享受到的各类社会保障、社会救助、财政补贴与城市相比较低，购买各类商业保险的人口更是少之又少，因此，在保障水平方面，总体较低，且中西部民族地区与东部发达地区相比呈现较大差异。

四是管理机制不健全，管理部门混乱，效率低下。农村社会保障体系还存在管理缺位、条块分割、多头管理、各自为政等问题。养老保险由人力资源和社会保障部门管理，合作医疗由医疗与卫生部门管理，最低保障与社会优抚、社会福利又由民政部门管理，而扶贫工作则由农村扶贫开发办牵头管理，不同管理部门之间、不同制度之间缺乏有效衔接和监管，管理机构设置不合理，管理方式方法落后。基层管理也存在专业化社会工作缺乏、工作力量薄弱、基础设施条件简陋、资金监管审核不严、制度执行力度不够、随意性较大等问题。机构设置的混乱和管理的"各自为政"导致社会保障效率低下，浪费有限的社会资源，无法达到理想的效果。

五是缺乏对民族地区特殊性的调查研究，针对性不足。我国少数民族种类众多，地区分布广，不同民族人口数量分布不均，但现行农村社会保障体制建设并未充分考虑民族地区的特点，未能有针对性地根据不同地区少数民族的风俗、生活习惯，不同民族有不同宗教、民俗文化、道德伦理，不同民族有不同的生理特点等制定相应的社会保障政策，对于民族地区具有地方特点的传统养老方式、医疗方式和社会互助方式未加以充分吸收。因此涉及民族地区农村社会保障体系时就存在民族特点和地方特点不突出、针对性不强等问题，不能适应民族地区社会经济发展的客观需要，这需要各级政府，特别是省级、地方管理部门的管理者对相应制度进行补充，以获得更好的适应性保障效果。

五、民族地区农村社会保障政策实施对策建议

由于民族地区农村社会保障建设法治不健全，导致农村社会保障执行不规范；农村社会保障资金来源不充分，资金缺口太大，结果农村社会保障覆盖范围小，保障水平低；还由于农村社会保障管理机制不健全，部门管理混乱，针对性不足等原因，造成民族地区农村社会保障效率低下，社会保障效果不理想。针对上述情况，提出以下建议：

第一，加快民族地区农村社会保障的相关立法工作，使民族地区农村社会保障制度执行有法可依、有章可循，提高社会治理水平。目前，我国的社会保障立法仍处在起步阶段，农村社会保障制度不完善也是与我国社会保障立法不健全相关的。政府要高度重视民族地区农村社会保障制度建设，积极采取各种有效的措施，制定出有利于民族地区农村民生发展的相关社会保障政策，加速农村社会经济的发展，不断提高农村的社会保障水平。

第二，打破城乡分割的社会保障制度，加大对民族地区农村社会保障资金的投入力度，不断扩大民族地区农村社会保障覆盖面。

长期以来，现行的农村社会保障体制覆盖面极为狭窄，保障的层次比较低，不仅导致保障的范围非常小，保障的对象不明确，而且也使得保障的社会化程度不高，使得城乡居民福利制度分割失衡的现象非常严重。一般来说，社会保障的

覆盖面越宽，人们的社会生活就越稳定，幸福指数就越高，而迅速扩大社会保障制度覆盖面最为关键的因素就是政府如何进行有效的财政补助和保障资金的安全。我国农村，特别是西部农村财力有限，集体的积累少，不仅使得用于社会救济的资金来源无保障，数额不稳定，而且资金管理也存在极为不规范性，挪用农村社会保障资金的事情时有发生。农村社会保障资金的这一窘迫现状，决定了仅由农民个人、集体和地方政府负责加大农村社会保障资金的财政投入力度显然是不切实际的，因而在我国农村，特别是西部农村地区推进社会保障制度建设，需要更多依靠中央政府的财政投入。不断加大对农村社会保障的财政投入力度，保护农村社会困难的群体，实现其社会公平正义。扩大民族地区农村社会保障的覆盖面，可以消除民族地区居民生、老、病、死、残等的后顾之忧，提高他们的安全感和幸福指数。

第三，加快民族地区社会经济发展，加大社会保障政策宣传力度，增强民族地区农村居民的社会保障意识，坚持国家政策引导与扶持，农民自我保障为主，集体补助为辅的保障原则。

一般来说，社会保障基金的多少，社会保障水平的高低，是与社会经济的发展有关的，直接受社会经济的制约。因此，建立与完善农村社会保障制度的根本出路，就是要不断加快农村的社会经济发展，制定出有利于民生发展的相关政策，提高农村社会经济的造血功能，努力改变农村社会经济长期落后的状况，把统筹有效解决农村的一系列民生问题，作为社会发展的终极目标。只有这样，才能建立与完善农村的社会保障体系，从而不断提高我国农村、民族地区的社会保障水平。

长期以来，世界各国社会保障发展的实践证明，社会保障事业有一个度的问题。如果社会的保障性过于扩张，人们从社会保障中得到的好处越多，那么就会产生一种惰性心理，不愿意自己去劳动，从而较少提供对社会的劳动，只想等靠社会的补助与救济。这样的最终结果不仅导致社会经济效率产生巨大的损失，而且必然加重国家财政负担。因此，对民族地区农村居民的社会保障政策宣传，增强少数民族村民的社会保障认识，增强他们的自力更生意识极为重要。

第四，在全国社会保障制度体系统一的情况下，针对民族地区的特殊性制定具有针对性的社会保障政策。

由于民族地区特殊的地理环境，不同少数民族具有不同的民族文化特征，不同的民族有不同的生活习惯和社会习俗，并且个别少数民族生理特点也有所区别（安华等，2012）。因此，民族地区的社会保障政策的制定和建设不能简单照搬国内其他地区的经验，应当结合民族地区的实际，因地制宜地采取相应对策，将社会保障理论的一般性与民族地区的实践特殊性相结合,进行社会保障的差异化制度设计。比如,人口较少民族与一般民族相比,面临着特殊的自然环境特征、社会风险特征和民族文化特征,应对其给予更多的社会保障和民生政策扶持,根据少数民族的实际需求,因地制宜地采取措施,通过差异化的制度供给促进民族平等、民族团结和各民族共同繁荣(安华等,2012)。根据实际情况考虑少数民族的饮食结构、民族习惯和生活方式、生理特点等合理测算最低生活保障线,适当提高少数民族的低保待遇,因地制宜地实施分类施保。

第五,加大对民族地区社会保障的建设和管理力度,提高社会保障管理水平和保障效率。

首先,完善低保对象甄选程序,确保符合低保标准的少数民族群体纳入制度范围,对少数民族贫困家庭予以优先保障和重点保障;妥善解决少数民族低保边缘户的救助问题。将收入超出低保标准但是因家庭成员患大病或因天灾人祸等造成实际生活较为困难的少数民族家庭,纳入农村牧区临时生活救助制度中,予以重点救助。

其次,合理设计少数民族群体的新农合报销起付线、封顶线和报销比例。取消门诊和慢性病报销的起付线,并提高报销比例。降低住院报销起付线,并提高报销比例,特别是转外就医的报销比例,并完善新农合的即时结算机制。由财政出资,建立特殊重大疾病医疗救治补偿专项基金,解决患重大疾病的少数民族的医疗费用补偿问题,避免少数民族因病致贫和因病返贫。简化报销程序,规定合理的报销资料,充分利用现代大数据的功能,提高办事效率。

加快基层卫生服务机构建设,购置必要的医疗设备和仪器,加强民族地区医疗人才队伍建设,大力培养精通少数民族语言的全科医生,切实提高基层医疗卫生的供给能力。做好疾病预防和初级卫生保健工作,减少少数民族的发病率,特别是针对地区常见病、多发病,应采取必要的预防措施。对少数民族定期提供免费体检,建立少数民族个人健康档案,随时监控少数民族的健康状况,引导其合理就医,早发现早治疗。通过以上措施,可以有效控制医疗费用,减少患者的疾病痛苦。此外,要发展社区医疗,建立双向转诊制度,疾病预防与康复由社区医疗机构负责,有效节约医疗费用。

再次,妥善处理民族地区社会保障项目之间的衔接问题,避免漏保和重复保障。要处理新农保与城镇(职工、居民)养老保险、农村低保、农村五保供养、农村社会优抚、计划生育家庭奖励扶助等政策的衔接问题。明确低保金发放是否应核减新农保养老金待遇,实行补差发放。要处理新农合与城镇(职工、居民)

医疗保险、特殊重大疾病医疗救治补偿制度和农村牧区医疗救助制度的衔接问题，通过制度整合提高少数民族的医疗保障水平。

最后，根据民族地区某些农村村民的特殊情况，对年老、残疾人等生活无法自理，没有能力参与社会保障服务的人员采取流动社会保障服务的方式，提供社会保障上门服务工作，提高社会保障工作效率。

总结

通过对相关政策、文献的梳理和分析，我国民族地区社会保障建设在经历了长时间的、反复曲折的发展后，到目前已形成了以社会救助、社会优抚、医疗保障、养老保障等为内容的社会保障体系，我国广大民族地区村民也从中得到了实惠：生活水平得到改善，使"上学难、上学贵，看病难、看病贵"的问题得到改善，人民的幸福感得到提升，国家认同感增强。在看到民族地区社会保障建设取得一定成绩的同时，存在的问题还较多，民族地区农村社会保障法治不健全，社会保障覆盖面窄、保障能力有限，社会保障管理不科学等一系列问题还需要引起国家、地方政府的重视。

参考文献

[1] 安华，李香媛，张恒新，张晓峰. 边疆少数民族地区社会保障问题研究——基于内蒙古四个人口较少民族聚居地的调查[J]. 保险研究，2012(8).

[2] 曹丽娜，胡赛龙. 当前中国民族地区社会保障状况实证研究[J]. 北京航空航天大学学报(社会科学版)，2014(4).

[3] 邓大松，刘昌平. 新农村社会保障体系研究[M]. 北京：人民出版社，2007.

[4] 郭海琰，韩旭峰. 我国少数民族地区农村社会保障体系存在的问题及对策[J]. 黑龙江农业科学，2012(2).

[5] 顾华详. 构建和谐民族地区的社会保障制度建设探讨[J]. 黑龙江民族丛刊，2007(1).

[6] 李俊清. 试论少数民族地区社会保障制度的改革与完善[J]. 湖北民族学院学报(哲学社会科学版)，2006(3).

[7] 马子力. 以甘肃省临夏县为例[J]. 西北人口，2009(3).

[8] 谢冰. 贫困与保障——贫困视角下的中西部民族地区农村社会保障研究[J]. 北京：商务印书馆，2013.

[9] 岳天明,毛桂芸.城市化进程中我国民族地区社会保障现状及其改善[J].社会保障研究,2009(4).

[10] 张书军,魏新春,来仪.构建和谐社会与四川民族地区农村社会保障体系建设研究[J].天府新论,2007(3).

[11] 朱合理,谢冰等著.新型民族地区农村社会保障研究[M].武汉：湖北人民出版社,2012.

乡村振兴战略与农村社会治理创新研究

——以贵州省罗甸县 D 村为例

余月正[①]

中国共产党的第十九次全国代表大会报告首次明确提出"实施乡村振兴战略"并提出了"产业兴旺、生态宜居、乡风文明、治理有效、生活富裕"的总要求。乡村振兴战略是党中央在正确判断了新时代我国社会主要矛盾已转变为"人民日益增长的美好生活需要和不平衡不充分的发展之间的矛盾"的基础上提出的。当前,我国发展最大的不平衡在于城乡之间,最大的不充分发展是农村的发展。为此,要化解新时代的社会主要矛盾,重点在于农村的发展。无论社会矛盾如何转变,我国作为农业大国的基本国情不会改变,无论城市化如何发展,我国相当一部分人民仍需居住、生活在农村的事实不会改变,显然,农村的欠发展或未充分发展依然阻碍了中国梦的实现,成了伟大复兴中"短板中的短板"。"乡村振兴战略"的提出无疑为解决新时代的社会主要矛盾指明了方向,为实现伟大复兴的中国梦提供了方法。

一、农村社会治理的提出:从"管理民主"到"治理有效"

乡村善治是国家治理体系和治理能力现代化的基础。党的十六届五中全会对新农村建设提出了"生产发展、生活宽裕、乡风文明、村容整洁、管理民主"五句话、二十字的总要求;党的十九大报告同样对乡村振兴提出了"产业兴旺、生态宜居、乡风文明、治理有效、生活富裕"五句话、二十字的总要求。其中,在社会建设方面,体现了从"管理民主"到"治理有效"的转变。

从 2004 年以来,中央就把社会管理作为提升执政能力、构建社会主义和谐社会建设的一项重要内容。2005 年前后,农村税费改革正在推进,公共财政覆盖

---

① 余月正,贵州大学科技学院教师。

农村刚刚开始，农村基础设施和公益事业还需要农民负担部分费用；乡村债务较为严重，如何化解需要审慎决策；农业补贴制度刚刚建立，补贴资金如何真正发放到农民手中需要周密部署；农村基层民主选举制度还不完善。解决好这些问题，缓解农村社会矛盾，当时把着力点放在"管理民主"上，强调在农村社区事务管理中村干部要尊重农民的民主权利，规范的是干群关系。随着农村人口结构、社区公共事务的深刻调整，以及利益主体、组织资源的日趋多元，仅仅依靠村民自治原则规范村干部与群众的关系是不够的。城乡人口双向流动的增多、外来资本的进入、产权关系的复杂化，需要靠法治来规范和调节农村社区各类关系。但自治和法治都是有成本的，如果能够以德化人、形成共识，促进全社会遵守共同行为准则，就可以大幅度降低农村社会运行的成本。为此，需要在完善村党组织领导的村民自治制度的基础上，进一步加强农村基层基础工作，根据农村社会结构的新变化，实现治理体系和治理能力现代化的新要求，健全自治、法治、德治"三治结合"的乡村治理机制，确保实现"治理有效"目标。

二、农村社会治理存在的现状：基于D村的实地观察

（一）D村介绍

D村距县城40余千米，属于一类贫困村，2017年年底贫困发生率为27.68%。该村是少数民族地区的汉族村（汉族人口占比96%，相邻村均为少数民族），下辖15个村民小组，666户2984人，是罗甸县在2014年行政区划调整由原来的三个村的部分或整村合并而成的。2015年10月，由该村走出去、在县委政法委担任副书记的张某在全面建成小康社会的背景下，为实现该家乡的发展，带领村民奔小康，请命回村担任村支书。张书记回村后，制订了一系列的发展计划，当前正在艰难地实施。

（二）D村社会治理的现状

D村经济条件落后，一直是国家政策扶持的对象，没有集体经济。一直以来，该村的社会治理模式，主要为村干部管理，管理内容是传达政府政策，评定贫困户、低保户，代收合医和社保，村民参与较少。主要表现在以下几方面。

1. 村干部老龄化

由于村里经济基础条件差，年轻人均外出务工，无人留在村里发展，村里留

下的都是老人、妇女和孩子。选出来的村干部包括村民小组长年龄都超过50岁，文化程度也都在中小学水平，只有请命回村当村支书的张某较为年轻，也是40岁出头。2016年村两委改选的时候，张书记曾动员和提名年轻人参选，但后来没有找到合适的发展路子和收入保障，年轻人都急需外出务工挣钱养家，没有年轻人加入村干部的队伍。

2. 村民参选意愿不足

在村干部的选举中，不光年轻人不愿参选，年长一点的群众也不愿参加。一方面是没有集体经济，当村干部捞不着好处，另一方面是当村干部得罪人，政府有补助，大家都争着要，且大家的情况差不多，干部难以分配。但是形式还是要的，比如，选村民小组长，一般的小组就推选家族里一名老好人担任；有一小组通过选举，最后竟然是一名哑巴得票最多，村民们以这样的形式表达了对前任组长办事不公的情绪，最终，在征得大家同意的基础上，村支书为该小组任命了一名小组长；而有一个小组未选出小组长，该小组原小组长是现村支书的兄长，村民普遍认为原小组长在任期间，办事不公，政府的什么好处都自己先拿，大家一致反对其继续担任小组长，同时也没有其他任何村民愿意担任，最后迫于无奈，由于村支书原来是该小组的，就由村支书兼任该小组组长。

3. 组织力量薄弱

D村虽设有村党支部，有党员，但是党支部在村庄的建设和发展上几乎没起任何促进作用。张书记到任后，组织召开了党员大会，期望发动广大党员模范带头作用，发挥先锋作用。召集所有党员后才发现，近3000名村民的村里党员数量竟不足30人，且绝大多数党员都是老同志，没有活力，没有号召力，也没有能力。大多是曾经的村干部或村民小组长，过去在任时，办事未得到村民的普遍认可，群众基础不好。村民对村里的党员也没有信任可言。

4. 村民参与治理不积极

在张书记到任后提出的发展规划中，村民们在村民大会上都表示支持，但在事后的执行中，却表现得消极。在村委会的修建、村集体养殖场的建设、农耕道的修建中，村民均表现得不闻不问，认为那是村委会和村干部的事，在侵占到自家利益（如占用土地、砍伐树木等）时，出现阻挠的情况。在村集体事务中，村民不参与讨论，不提意见，也不出力，完全以旁人的姿态在观望。哪怕是在与村民息息相关的硬化道路时，村民也不参与。于是由政府出资，以"包干"的方式外包给施工队伍，确实不需要村民出力。但是在路面的平整、弯度拉直、坡度降缓上，多数情况下，工程方会为了节省成本而偷工，导致道路硬化好后，给村民的使用带来不便,村民却埋怨村干部。

5. 村办公经费不足

据张书记介绍,由于村里无集体资产,村集体没有收入来源,办公经费需由政府拨款,而政府的拨款依据是以村为单位。无论村民多少,得到的办公经费都是一样的。张书记说,邻村是一个少数民族组成的自然村落,也划为一个建制村,村民仅600余人,才占D村五分之一多一点。两村所得的办公经费确实是一样的。D村召开一次村民大会,就差不多要花掉一年的经费,因为村面积大,村民居住分散,聚到一起开会,要管一餐饭。

6. 村里精英外流

在D村,精英外流现象特别严重,而且已经形成一种导向,向外流动,到县城或其他地方买房,成为村民奋斗的方向。外流的精英基本就不再参与村庄的治理,想向外流动的村民也无心于村里的事务。唯有外流无望的村民,才对村庄的未来抱以希望,但只是无奈的期望,外流无望的村民各方面能力都相对较差,在村庄的治理上也无能为力。就目前来看,精英外流的原因有二:一方面,农村经济基础较差,没有发展前景,而外面机会多,村里精英们选择外出打拼;另一方面,是撤点并校,优质教育资源上移,使得很多村民为了让子女能接受到更好的教育,选择进城买房安家。而通过考学读书出去的更是不会回村,村里无用武之地。

三、农村社会治理面临的问题:乡村振兴的困局

从实际调研发现,D村的治理现状,在同类地区的同类村落较为普遍,不同地区的不同村落也有体现。

农村治理面临的问题凸显,治理方式滞后。

(一)农村空心化问题

随着国家城镇化的发展,农村大量人口流入城镇,我国农村总人口数量不断下降,农村空心化现象日益凸显。绝大部分受教育程度高的青壮年劳动力均流向城市工作并留在城市,留在农村的只剩"386199部队",使得农村人口在年龄上分布极不合理,导致农村治理参与主体断层,村领导班子无法注入新生力量,成员老龄化严重。极端的"老龄村"开始出现,随着留守儿童事件的频发和年轻人在外经济的改善,他们开始有能力关心下一代,加上国家操控下的教育资源上移,农村教育恶化,使得更多的年轻人选择将孩子送到县城上学或带在身边,这类的

村庄留下的就只剩老人，出现"老龄村"。空心农村的老龄化干部，知识结构单一，知识水平低，思想僵化，导致治理方式固化，无法适应新形势下乡村振兴的多元化需求。

（二）农村治理方式落后

由于农村治理主体的老龄化，农村出现治理主体创新意识的缺乏和管理方式的滞后，导致基层治理生态秩序不断恶化。一些农村基层治理人员，管理思维陈旧，只讲"维稳"，不讲"维权"，只顾自己，不顾集体，在村庄发展中，保守，不敢闯，不让闯；还有一些基层治理人员过于依赖收费、审批、处罚等行政手段，以政府扶贫政策为治理砝码，在精准扶贫户的认定等补助中偏向平时"听话的"居民，进一步激化了社会矛盾。在农村自治方面，行政主导性太强，一直制约着自治制度的发展，形式化和官僚化使其成为农村治理中的薄弱环节，违背乡村振兴提出的善治要求。

由此可见，农村空心化、农村治理主体能力缺乏等一系列问题导致农村治理效率低下，社会矛盾无法从根源上解决，农村治理机制落后于社会经济的发展，跟不上乡村振兴的步伐。

（三）农村文化衰落，不良风气滋长，社会价值体系面临重塑

1. 农村文化衰落

随着城市化的推进，乡村共同体赖以存在的乡村文化衰落了。长久以来我国基层社会治理体制采用的是"乡政村治"的模式。村级组织作为管理的载体实际上大多是在完成上级政府交办的任务。在这种情况下，多年来农村基层的稳定与传统的乡村文化维持的乡村秩序有着一定的关系。但是随着城市文化对乡村文化的解构，"一切向钱看""功利主义""享乐主义"，占据了农村居民的思想，随着传统乡村文化的衰落，维持乡村基层秩序的"序"丢失了。在农村居民的法治观念、理性思维、规则意识等还不太成熟的情况下，农村居民的行为"无序化"成为农村的重要问题。传统道德的碎片化、居民行为的功利化、舆论监督作用的下降，使得近年来农村社会的犯罪率呈上升趋势。

2. 农村不良风气滋长

在部分地区，物质财富的增加并没有带来精神财富的提高，反而在农村中滋生了许多不良社会风气，攀比成风、酒席泛滥、唯利是图、金钱至上、赌博严重等造成人际关系紧张，加剧农村社会矛盾。在农村社会中，村民传统的道德观缺

失，不敬老的现象时有发生，同时部分价值观念发生扭曲，金钱主义盛行"不认六亲只认金"。很容易导致治理乱象频发、违法犯罪现象层出不穷，严重影响农村社会经济的正常发展，摧毁了农村社会传统德治的根基。因此，通过社会主义精神文明建设，重塑适合农民需求的农村社会价值体系，适应乡村振兴的发展显得尤为重要。

（四）农村社会治理"单一化"，村民在治理中参与不足

1.农村社会治理"单一化"

农村社会治理从两种路径开展：一是依赖国家权力的渗透、吸纳和科层化，提升自治组织的治理能力；二是采取自我管理、自我决策、自我教育、自我监督的自治化方式推动社会治理。然而，在农村治理内部，传统以村规民约构建的乡村社会秩序遭到严重破坏，一些村庄的村级事务、集体资源已然被家族式黑恶势力控制，贿选、暴力选举等违法现象不断冲击村民的利益。在农村治理外部，基层政府的职能越位和管理缺位等问题突出，一方面基层政府通过行政命令等手段干预村规民约的制定和废止，表现为越位管理，严重背离村民自治制度的运行；另一方面基层政府不断放任村规民约的制定和执行，在村规民约管理上处于缺位状态，使农村成为法外之地，加上一些不法分子的利用，严重危害基层政权的巩固。简单来说，就是农村社会不仅面临着阶层利益分化、社会风险增大和民众参与不足的"共同体困境"，也难以扭转乡村自治组织的自我管理与自我协调能力弱化的趋势，使得单靠基层政府这单一主体难以从本质上化解这种不稳定的困境。加之现有维稳方式过于依赖僵化的行政干预，难以从源头上化解基层矛盾，使得乡村社会的维稳变为"越维越不稳"，进而难以实现乡村振兴。

2.村民在治理中参与不足

首先，村民自治制度的实施，虽然加快了基层民主化建设，拓宽了广大村民的政治参与渠道。但从现有乡政村治的实践来看，由于基层政府统揽一切，使得大量的基层社会事务归集到政府身上，无形中挤压了乡村社会的自治空间，严重影响农民参与乡村治理的积极性，甚至表现出"政治冷漠"。以经济建设为中心的基层政府更多关注的是各类经济指标增长，以"往上看"的行政逻辑推动工作，难以顾及乡村社会事务，使得乡村社会治理出现管理"真空"危机。其次，随着改革开放的深入推进，与市场经济相配套的法律体系日益形成，但全面法治意识与法治思维尚未构建起来，如一些群众在遇到司法问题时，并非通过寻求法律途径解决，而是奉行"信访不信法""把事闹大才能解决"等错误理念，或是寄希望

于通过违法上访、聚众闹事等方式表达不满情绪，不仅加剧了问题的复杂性，更激化矛盾，催生出很多乡村社会不稳定因素，使其难以参与乡村振兴的过程中。

（五）农村自治组织的"行政化"，治理中"一刀切"现象时有发生

1. 农村自治组织的"行政化"

虽然国家从法律上强调村民自治，但在推动国家治理的各项制度安排上，依然需要国家赋予他们一定的行政功能才能实现。换言之，由于当前农村自治组织的能力不足，仍需要基层政府强有力的行政介入进行提升，在此过程难免会造成村支"两委"的行政化。地方政府通过不断加大财政转移支付力度，将越来越多资金投入公共服务，由此将村支"两委"吸纳至行政体系，使其更好地贯彻地方政府的各项制度安排。大量社会事务转嫁给基层组织，村支"两委"成为基层政府的"腿"，导致其工作行政化，工作量严重超标而无暇顾及乡村振兴的各项任务。

2. 农村社会治理中存在"一刀切"现象

虽然国家在法律上一再强调农村社会治理要尊重农村的创新和实践，不搞"一刀切"。但是，基础政府对农村社会的治理常常出现"一刀切"的现象。譬如，贵州一些农村在执行贵州省政府印发《省人民政府办公厅关于打赢种植业结构性战略调整攻坚战的通知》的要求时，一刀切地禁止种植玉米，到后面妥协至要求不在沿路能看得到的地方种植玉米。甚至有些地区组织执法人员，对"违规"种植的玉米进行强制铲除，相关的过程被村民拍下视频放在网络传播，造成恶劣的社会影响。这反映了农村社会治理一刀切的粗暴方式，没有尊重村民的自主性，激化了农村社会矛盾，阻碍了农村社会的发展。

（六）农村人口结构面临重构，治理模式亟待创新

可以预测在乡村振兴战略的支持下，未来农村的人口结构会发生巨大变化，未来农村不仅拥有原有村民群体，随着乡村振兴的实施，农村旅游产业的兴起，农村的经济活力逐步激活，还将有包括返乡就业创业青年、创新创业的"情怀乡民"和养生度假的"回归乡民"等在内的各类群体。不同类型的群体拥有不同的需求，治理方式也不尽相同。此外，外来人口在农村地区形成的新工作生活方式，也导致传统的农村治理方式不再适用。因此，在农村人口结构重构的背景下，平衡外来居民和本地人口之间的利益冲突，创新适应多元化人群的治理模式，是未来农村治理面临的重大问题。

四、农村社会治理创新：乡村振兴实践路径

党的十九大报告用"产业兴旺、生态宜居、乡风文明、治理有效、生活富裕"概括了乡村振兴的总要求，通过"建立健全城乡融合发展体制机制和政策体系，加快推进农业农村现代化"，意味着在社会主要矛盾发生变化的新时代背景下，需要各主体在乡村振兴战略实施的过程中，明确各自的角色定位，通过农村社会治理转型来推动乡村经济社会发展，进而实现乡村的振兴。

（一）搭建农村精英回流的平台

乡村振兴的关键在人才，农村社会治理的关键也是在人才。村落是理解中国农民行为逻辑的关键点和基本单位，农村精英发展历史构成了乡村振兴过程中国家与农民互动的交叉点与集合部，社会权力调整与农村"能人"治理的切入成为管窥现代乡村建设的突破口。村庄精英并不是一个组织严密、目标明确、行动一致的群体，而是包含了不同利益、不同层次、不同组织状况、不同目标、道德水准参差不齐、影响力大小有别的个体和群体。农村精英人才包含促进乡村经济发展、维护乡村社会秩序、培育乡村社会资本、保护乡村传统文化等多类人才。（李方方，2018）。

村庄精英是一个流动的队伍，只有建立常态化的精英吸纳机制和制度化的参与机制，才能实现新老精英的合理更替，保持村庄精英队伍的活力和效用，取得最佳的乡村复兴绩效。乡村精英的培育方法必须切合各地的实际情况，坚持利益诱导和结果导向的原则。首先，要建立常态化的精英吸纳机制，创造良好的精英成长环境。其次，要提供完善的村庄公共服务，做好精英回流工作。最后，在乡村振兴过程中成立和支持各种民间组织发展，能够整合村庄的资源，优化村庄的治理结构，提升乡村的治理绩效，最终有利于乡村振兴目标的实现。

（二）加强农村基层党组织的建设

农村社会治理的创新要扎实推进抓党建促乡村振兴，突出政治功能，提升组织力，把农村基层党组织建成坚强战斗堡垒。强化农村基层党组织领导核心地位，创新组织设置和活动方式，持续整顿软弱涣散村党组织，稳妥有序开展不合格党员处置工作，着力引导农村党员发挥先锋模范作用。实施农村带头人队伍整体优化提升行动，注重吸引高校毕业生、农民工、机关企事业单位优秀党员干部到村

任职，选优配强村党组织书记。加大在优秀青年农民中发展党员力度，及时教育和培育新党员，补充和壮大基层党组织队伍。建立农村党员定期培训制度，加大基层小微权力腐败惩处力度。严厉整治惠农补贴、集体资产管理、土地征收等领域侵害农民利益的不正之风和腐败问题。重新建立农村基层党组织在村民中的信任机制，获取村民的支持。

（三）发挥新乡贤的带动作用

乡贤是指本土有德行、有才能、有声望而深受本地民众尊重的贤人。乡贤是乡村中群众认可度极高的群体，将乡贤作为联结政府和村民的桥梁，发挥乡贤在乡村治理中的作用，能够事半功倍地提高治理效率。在皇权不下县的时代，农村社会的治理，主要靠的就是乡贤。在农村社会中，乡贤主要来源于村里的老党员、老干部、老教师等群体，这些人大多对本地的历史文化有较深的了解与认识，并愿意为本地村民排忧解难。让乡贤充分参与村务管理和重大问题的决策，能够实现政府领导和村民自治组织之间的良好互动，推动社会经济活动顺利开展。

随着城镇化水平不断提高，农村青壮年劳动力涌向城市，但在近些年逆城镇化趋势的带动下，农村地区开始涌现出一大批新乡贤。他们大多具有一定的社会地位，视野开阔，怀着反哺家乡的初衷携技归村，为农村的发展带来新思维、新技术。在农村治理中，要充分发挥新乡贤的作用，为基层治理增添新的活力。同时，要完善农村基础设施与公共服务设施建设，通过体制机制的完善，创造良好的社会环境，让农村留得住乡贤。除此之外，要大力弘扬乡贤文化，增强村民的认同感和荣誉感，这将有助于让村民主动参与到农村治理中，并吸引和聚集其他成功的社会人士，共同为乡村振兴出谋划策。

（四）借助新媒体"社群化"治理

农村的人口居住较为分散，传统的治理方式在广度与深度上都存在局限。随着互联网技术在农村的普及，农村人口"社群化"趋势将为深层次开展农村治理提供契机。基于互联网技术，农村治理者与村民间很容易实现良性互动，村庄政务与村民需求间能够快速实现精准对接，从而提高农村治理的效率与效果。

农村社群化治理模式的构建需要从以下三方面着手。

一是基于互联网构建村务公开与反馈机制。传统的村务公开一般包括村广播、公告栏张贴等方式，村民基本处于被动接受的状态。在网络时代，农村治理者可以通过自建的网站、论坛或自主开发的村庄APP等，使村民第一时间了解村务，并能够及时进行讨论、质疑，形成双向互动的村务管理反馈机制，以提高乡村行政的透明度。

二是建立基于社群自律的村民自治机制。在网络中（微信群），村民很容易形成自组织参政议政的社群化结构，管理者应该引导村民理性思考，形成社群化自律机制，使其成为农村治理的重要支撑力量。

三是建立基于"社群"理念的农村治理结构。在"社群化"治理时代，农村原有的组织框架、人员分工等发生了根本性转变。网络互动过程中，村民的意见如何反馈，反馈的意见谁来处理，社群化自治结构与传统乡村治理结构如何对接，村务决策流程是否需要完善，这些都需要治理者基于"社群"理念，完善目前的农村治理结构，设置相应的岗位，以支撑基于互联网的社群化治理机制的良性发展。

（五）运用好社交平台，搭建好游子与故乡的桥梁

中国传统的乡土文化孕育了农村人的乡土情结，只要是从农村走出来的，无论行得多远，始终会保有对家乡的眷念和相思。他们会时常注视它的发展对象，始终怀有为其发展贡献自己力量的情怀。在城镇化的推动、农村精英外流不可逆转的情况下，农村社会的治理者，可以运用好社交平台如微信，建立村微信群，邀请村民特别是从村里走出去的人员加入，及时发布村庄发展的新变化，邀请大家参与村庄建设发展的讨论。同时，可以利用游子在外的资源带动村庄的发展。

五、结语

总体而言，在实施乡村振兴战略的过程中，农村社会的治理必须再造乡村文化价值的公共性，建构多元主体共同参与的善治格局，搭建精英人才回流的平台，建立常态化的精英人才吸纳机制和制度化的参与机制。（李方方，2008）加强农村党组织的建设，强化农村党组织在乡村振兴战略中的先锋模范作用和战斗堡垒作用。同时，农村社会治理创新还要与时俱进，农村社会的治理者要善于学习新的科技知识，并运用到农村的治理上，加强对互联网的使用，确保乡村振兴战略下的农村社会治理在全社会的参与中进行，乡村的振兴在全社会的参与中实现。

参考文献

[1] 龙坪镇人民政府：龙坪镇脱贫攻坚应知应会知识汇编，2018(01)。

[2] 李方方.新时代乡村振兴的动力转型与村治逻辑[J].河南师范大学学报(哲学社会科学版)，2018(03).

[3] 石艳文，白山稳，梁华.新型农村社区的社会治理创新[J].农村经济与科技，2016(02).

[4] 王松磊.新型城镇化背景下基层社会治理创新研究[J].山西农业大学学报(社会科学版)，2016(15).

[5] 习近平《决胜全面建成小康社会 夺取新时代中国特色社会主义伟大胜利——在中国共产党第十九次全国代表大会上的报告》，中国政府网，2017-10-27。http://www.gov.cn/zhuanti/2017-10/27/content_5234876.htm.

[6] 叶兴庆.新时代中国乡村振兴战略论纲[J].改革，2018(01).

[7] 张红霞.乡村文化变迁与社会治理机制创新[J].公共管理研究，2014(05).

[8] 周奕.社会资本理论下我国少数民族社会治理创新研究[J].贵州民族研究，2016(06).

乡村振兴战略背景下白兴瑶寨枫脂染技艺创新思路研究

刘 郁 聂 尧[①]

十九大报告提出了乡村振兴战略，要坚持农民主体地位，坚持人和自然的和谐共生，让农民成为有吸引力的职业，同时打好精准脱贫战，走中国特色的减贫之路。也就是说实施乡村全面振兴战略，要坚持党管农村工作，坚持农业农村优先发展，坚持农民主体地位，坚持乡村全面振兴，坚持城乡融合发展，同时一定要加强农村基础建设，培养造就一支懂农业、爱农村、爱农民的"三农"工作队伍。在2018年全国两会上，贵州省代表雷艳指出以前关注比较多的是少数民族文化的保护、传承和发展，在开完两会后，结合国家提出的乡村振兴战略，更要关注少数民族文化和古村落文化如何助推乡村战略发展的问题。中国少数民族地区贫困原因复杂，其中社会经济因素是主要原因。由于长期处于比较封闭的自产自足的经济模式下，贫困问题比较突出。在改革开放的大背景下，处于中坚力量的青年群体大多选择外出打工挣钱，自给自足的农村面临空心化危机，沿袭千年的宝贵传统智慧正在逐渐衰退和流失。农民面对市场时的分散和弱势，使其在传统文化和技能市场的链条中处于最低端，收益主要为商业机构获取，资源的开发不仅不能成为生计依靠，反而在此过程中失去对文化的解释和传承自觉。将少数民族的传统知识技能市场化并产生经济效能是少数民族村寨反贫困的途径之一，也是村民生计改善并促进民族文化传承的重要举措。位于贵州省黔东南州麻江县河坝村的瑶家人，被国家认定为"蓝靛瑶"，是瑶族的一个分支。麻江县河坝村白兴蓝靛瑶枫脂染技艺自元朝起开始有记载，距今已有700多年历史，是河坝瑶族传承了400多年的一种传统枫脂染手工艺。它被广泛应用到瑶家生活中，如被面、头巾、背带、童装花衣、盛装、便装等，做工精巧，图纹朴素，对比强烈，是瑶

[①] 刘郁，黑龙江哈尔滨人，贵州大学公共管理学院社会心理学教授，硕士生导师，社会心理学方向。聂尧，贵州毕节人，贵州大学公共管理学院2013级社会学研究生，现就职于安顺烟草局。

族手工艺品中的精品，且在 2008 年被文化部列入国家级非物质文化遗产名录。相传瑶族的祖先因为这里有枫树定居在这片土地，而枫树正是瑶族枫脂染工艺的原材料之一。每年六七月，是采集枫香树脂的季节，河坝瑶族像割橡胶一样在枫香树的主干上，用半圆凿刀将树皮凿出一个 V 字形，在 V 字形下端装上一个竹筒，枫香树脂就会自动流入竹筒中，待竹筒盛满枫香树脂后取下备用。他们在自织的土布上绘上精美的图案，然后将枫脂和牛油按比例混合(代替蜡染中使用的蜡)，装在土碗里，置于盆装的热草木灰上，灰中埋上少许红炭火，以保恒温。待两种油缓慢融合后，用竹制小蜡刀蘸油复涂于画好的图案纹络上，待蜡干后，然后经浸染、漂洗、去蜡、阴干工序后，便可出现青底白花、蓝底白花，或青底蓝花等不同色彩的对比鲜明的花纹图案。河坝瑶族的枫脂染和平绣手工艺品做工精美、图文朴素、对比强烈，是社区手工艺品中的精品。1991 年，国家博物馆曾到该村收集工艺品 40 多件，它是贵州省保存较完整的传统工艺之一，也是目前河坝瑶族保存最古朴、完整的手工艺。独特而精美的染、绣技艺，是河坝瑶族在长期生产生活实践中创造和积累的传统知识，不仅装饰了服饰和日常用品，也是瑶族传统文化的重要组成部分，其色彩纹样不仅是代代传承的"无字史书"，还是承载着信仰与感情的精神符号，蕴含着瑶族对人与人、人与自然关系的独特理解。同时，原材料、工艺流程中聚合了当地人对自然资源和生态系统可持续管理利用的各种知识。在全球经济市场化背景下传统的农业耕作已不能满足人们物质生活多元的需求，村寨发展的核心青年人大多外出打工，家里的农务劳作和家庭事务落在了妇女身上，面对传统文化的衰落和经济的脆弱，如何将少数民族乡土知识技能同民族文化保护及生计改善相结合成为少数民族村寨发展和走出贫困的核心问题。

一、制约白兴瑶寨枫脂染技艺发展的因素

麻江县河坝村白兴大寨的生计主要以传统的农业耕作为主，种植的类型包括玉米、小麦、黄豆等，农作物的经济效益取决于土地自身的承载能力和气候等自然资源的影响，由于地处丘陵，人多地少，家庭的种植只能勉强维持自给自足的生活需要，极少农作物能成为劳务资本留下，制约白兴蓝靛瑶枫脂染技艺发展的因素主要有以下几个方面。

(一) 农业产能的限制

白兴瑶寨枫脂染的产品产量极大程度上取决于蓝靛和枫香树脂的产量，传统

农业耕作的经济效益更多地取决于对土地、气候等自然资源的依赖，小面积精耕细作的生产方式面对市场需求的不断扩大，蓝靛及枫香树脂的农业自然属性制约了枫脂染产品的产能。黔东南地区气候温暖，常在阴历三月中旬开始种蓝，蓝靛一年有两次时间可以收割，分别是六七月和九十月。此时可以收割摘叶及嫩枝泡在水中，制成蓝靛。每1.5平方丈的土地，可以收叶杆约一百斤。同时，蓝靛对土壤矿物质含量的要求很高，白兴大寨种植蓝靛的村民通常将蓝草种在家中菜园或附近山坡上，土壤越肥沃，蓝草就长得越高、越茂盛，制靛为生的靛农每年都要将靛种留出，下一年改换别的地种植，每一块地要等三年才能再种。如果持续在原来的土地种植，蓝草长势就会不佳，这可能因为矿物质被蓝草吸收而减少。近年，由于环境变迁和生计方式变化等原因，原来完全用本土植物配制的土靛和枫油等传统手工艺所需的原材料，因植物的减少和养护知识的失传发生了短缺。其中，最令人遗憾的，就是"蓝靛瑶"不再使用名为"蓝靛"的植物染料。河坝村白兴大寨唯一的染匠杨勋勇说：到了他这一辈，学习到的染布技术，已进入工业染料时代。而他一直心心念念的，就是在河坝恢复植物染料。由于种蓝草对土壤肥力的要求较高，制作蓝靛的工艺复杂烦琐，枫脂每年的产量又有一定限制，加上手工枫脂染工艺专业化程度高，导致以家庭手工作坊为主的枫脂染生产产能受到极大限制，产品的规模无法在短期内得到有效提高。

（二）缺乏市场销售途径

社区经营自治组织仅是初具雏形，无论是管理能力，还是在社区的影响力和公信力均有待建设提高。村民较低的文化水平及缺乏市场经营和财务管理的能力，产品收益中划拨的"风险基金"没有明确的运作思路，产品开发设计、市场信息的渠道、分析和把握市场变化的能力、成本和利润核算、价格和等级评估等多个环节均需要协助和提升。目前，问题集中体现在社区公共发展基金、订单资金均由同一位村民管理，风险基金虽已制定运作制度，但制度执行、程序规范和信息透明等均待完善和加强。由于农村信息的匮乏和村民本身知识文化水平的限制，社区对产品销售市场情况的了解十分有限，与商家谈判时仍处于明显弱势。农民大量的劳动力因为市场的弱势地位和市场信息的不对称，向外输出的产品成本被商家大幅度压榨，村民辛勤的劳动沦为商家牟取暴利的工具。另外原本复杂的原生态手工加工模式，精细化的生产方式和较低的生产能力，村民的手工生产在资本化的过程中处于相对不公平的位置。

（三）产品开发设计单一

白兴蓝靛瑶枫脂染技艺设计内容单一缺乏创新，产品诸如老式的挎包、背带、帽子、背篓等，与城市的现代化生活相去甚远，很难融入城市生活的消费市场；设计的内容和风格多以农村生活事物为创作原型，如鱼、蝶、花、虫、雀，间以几何纹、锯齿纹、云纹、雷纹，虽蕴含极其宝贵的农村朴素审美价值，但种类比较单一，在现代需求和审美的多样性市场中其利用和发展的空间相对较窄。白兴瑶寨枫脂染技艺的宣传推广和市场化的工程中，产品种类的丰富和技术水平的提高是必不可少的。

二、白兴瑶寨枫脂染技艺对村民生计改善的举措

乡村振兴战略提出之后，党和政府始终高度重视，为形成和发展适应我国国情的乡村管理制度进行了不懈的探索和实践，取得了重大成绩，积累了宝贵经验。白兴瑶寨村民为深入推进乡村治理变革解放思想，摆脱了原有僵化的、教条的思想和已有的经验和固有模式，重新树立"社会本位"的理念和原则，勇于尝试在政府、社会、市场、村民个人之间的形成合作与良性互动的新型伙伴关系下走出贫困。为了走出贫困，发展经济以改善生活条件，白兴瑶寨村民决定从自身条件出发提出了以下举措。

（一）健全社区产业自治机制

搭建多样化的城乡互动渠道，实现更广泛有效的传播和倡导，促进外界对传统手工艺及社区文化的理解和认同，促进城市公众对乡村可持续发展的关注和参与。在风险基金管理使用方面，信息透明。通过文化周、广播、海报等社区公共活动和工具，就风险基金和社区公共发展基金事宜进行更广泛的告知和讨论。同时加强培训：邀请小额贷款专家到社区，讲解传授贷款管理、发送和收回的方法和经验教训，提供可供社区参考的解决思路和办法，扩大信息透明和公共参与，增进社区成员对两笔基金的拥有感，开阔眼界，寻找有针对性的解决问题的思路。组织村民到小额贷款管理运作比较成熟的社区交流学习。组织村民讨论、分析基金运作现状以及寻找解决第一次贷款发放和面临收回困难的办法；在成功回收贷款的基础上，组织村民讨论风险基金如何与生计的改善更好结合，完善并进行文本化投标。建立订单管理规范。通过文化周、广播、张贴海报等社区公共活动和工具，就资金管理事宜协助社区和手工艺人进行更广泛的告知和讨论。完善订单

资金管理规则并文本化，讨论订单负责人的工作职责，讨论完善资金管理规则，讨论收益分配原则。

（二）少数民族妇女参与市场发展

少数民族妇女在社会主义现代化建设中是一支很重要的力量，他们在经济发展和民族繁荣中的作用正不断体现出来。妇女是白兴蓝靛瑶枫脂染技艺的主力军和原生力量，妇女能力的建设直接关系到蓝靛瑶枫脂染技艺的传承、发展及创新。妇女有目的和有组织的定期聚会可以促进妇女间的信息交换与合作；丰富妇女在家庭生活、个人保健、手工技艺、市场开拓等多方面的知识和能力；建立妇女小组学习及自我管理机制，协助社区组建以妇女为主体的社区公共发展基金管理小组，在加深她们对基金公共属性的理解基础上，实现对基金的自主管理和决策。结合公共发展基金、手工艺风险基金的管理使用，对妇女进行记账、签名、成本核算，价格分析，普通话等市场能力的基础培训。

（三）增加农业产能

我国农业发展的主要矛盾还是资源缺少和需求不断增长之间的矛盾，我国农业仍面临挑战，如何利用越来越少的土地和劳动力，并发掘现有和可发掘的资源生产出更多更好的产品，解决他人需要满足自身发展，尽快走出贫困是一个重要任务。由于蓝靛种植的复杂性和特殊性以及家庭式手工作坊的规模限制，适当拓宽种植的面积或通过集体种植统一管理增加产能的规模效益，但这样做的前提还需充分考虑蓝靛瑶枫脂染产品的市场化水平，在相对稳定和规模较大的市场需求条件下不妨做初步尝试。其次，寻找蓝靛的替代植物，虽然现在已经有了洋靛这种化学染料，但使用这样的化学染料就失去了蓝靛瑶枫脂染技艺的原生本土价值，所以在保留原生本土价值的前提下寻找其他的染色植物才是可行之策。

（四）丰富产品开发设计，积极拓展营销渠道

传统民族手工技术的发展离不开现代的美工学设计理念，在这种传统与现代的碰撞中才能绽放新的生命力，少数民族手工艺品市场化的路径必然要面对和回应消费者的多元化需求，甚至是个性化的体系服务，所以无论在产品种类的多样性或图形、剪裁、制作设计的多元化上来说都必须更加丰富，让消费者在购买的同时有更多选择的自由。在社区逐步展开订单分配、市场信息收集与分析、与商家的沟通和谈判、成本与利润核算、价格与等级评估、产品设计与开发、质量管

理与控制等多个环节的学习、讨论，并组织有针对性的交流学习。招募公益设计师，为社区设计适应市场的手工艺产品，将传统的民族手工艺更好地与市场多元化的需求相切合，生产出更有针对性和市场竞争力的产品。协助村民学习通过网店销售产品，实现销售渠道的开拓、增加产品销量生计改善，显而易见，现在市场的销售渠道早已不是传统的买卖双方面对面的销售模式，虽然产品的设计理念是原生态、民族性、传统手工生产，但销售的渠道必然要同现代网络营销模式结合，这样才能保障产品有更多的消费群体和更大的社会影响力。根据产品发展不同阶段的需求，组织村民到经验丰富的社区进行交流学习；支持社区参加少数民族手工艺相关的展会，了解市场，扩展视野。

三、白兴瑶寨枫脂染技艺对村民生计改善的效果

在打破原有的社会一元治理模式和政府作为社会公共性唯一承担者的地位后，白兴瑶寨社区领导及村民广泛吸收社会群体参与社会公共性建设，充分发挥各群体，尤其是妇女群体的积极潜能，使得社会公共性的主体朝着多元化的方向发展。在乡村振兴战略的视角下进行改革创新，白兴瑶寨的枫脂染技艺对村民生计改善起到了一定效果，并同时促进了妇女村民地位提升和文化传承与自信。

（一）村民家庭收入增加，促进了生计改善

近年，很多消费者都很关心染料是否天然，妇女也开始盼望能在河坝重新种植蓝靛。2009年，贵州乡土文化社的侗族青年张传辉，将老家龙额的数百株蓝靛苗带到白兴，10多位农村妇女分了蓝苗，将白兴蓝靛瑶枫脂染技艺市场化的想法就这样落地生根了。同时村寨建立起了和外界的销售渠道，参与手工艺生产的妇女从最早的10余人增长到近50人，很多妇女重拾针线，村寨妇女互教互学，其中包括10多个30岁左右的年轻妇女。妇女通过订单获得现金收入，提升了对家庭的经济贡献及其地位。从2009年至2013年以来，村寨共接受7批订单，订单数量达7000多件，共获得报酬近8万元，积累村寨发展基金近2000元。由于增加了枫脂染参与者的家庭收入，通过手工艺获得的现金收入占参与者家庭现金总收入的比例也大幅提升，基本达到20%，丰富了家庭经济收入结构的同时改善了村民生计状况。

（二）促进了妇女地位的提升

少数民族妇女作为一个特殊的人群，她们能否参与到反贫困的实践中，对中国的反贫困具有决定性的意义。在白兴瑶寨的枫脂染技艺初步形成的手工艺生产小组的大部分成员、社区发展基金管理小组主要成员、手工艺市场开拓风险基金管理小组三分之一成员均为妇女。妇女通过订单获得现金收入，提升了对家庭的经济贡献及其地位的同时也提升了妇女的对外交流能力，扩展她们参与社区事务的能力和空间。妇女自主管理社区公共基金，提升了其参与社区事务的能力，对手工艺的宣传提升了妇女作为传统知识传承人的文化自信，针对妇女的基础培训、市场能力培训、网络技术培训等，也提升了妇女自身发展和组织能力。在改革开放共同富裕的背景下，少数民族妇女的生活方式和角色都发生了改变，这都反映出民族地区经济文化事业的进步。

（三）促进了社区组织和市场能力建设

社区组织在社会管理体制改革中有着特殊的功能，有利于形成社会管理多中心的治理局面，而且社区组织有着确立制约的功能，有利于形成基层主动参与的局面，可以实现社会资源的合理配置和有效运营。白兴瑶寨农村社区有约三分之一的家庭参与其中，现已有12人的管理小组，设计了一套相对完整的社区自治机制，村寨能够自己管理订单，兴趣小组成员普遍认同项目的利益分享机制，产品种类明显增加。省知识产权局和麻江县龙山乡政府、麻江县文广局均对项目表示赞许，希望有更多合作。[①]

（四）促进了手工艺传承和文化自信

文化自信是一个民族、一个国家及一个政党对自身所赋予和拥有的文化价值的充分肯定和积极践行。在对其文化保有强烈的信任和发展的理想信念之下，才能获得坚持和坚守的信心，才能鼓起勇气，克服困难，激发创作的灵感。白兴瑶寨参与手工艺生产的妇女从最早的10余人增长到近50人。很多妇女重拾针线，村寨妇女互教互学，其中包括10多个30岁左右的年轻妇女。村寨以提供"发掘产品背后的故事"为契机，收集整理了大量村寨历史文化知识和传统手工艺纹样图案背后的故事，一些濒临模糊流失的纹样意义和价值重新得到发掘，传统乡土知识技能在村民互动的过程中传承发展。村寨绣品受到市场欢迎，提升了对传统

---

① 数据来源：贵州乡土文化社——贵州省麻江县白兴社区民族手工艺发展与生计改善二期项目。

文化和乡土技能的信心；成功举办"文化周""看电影"等公共文化活动，影响力覆盖周边多个村寨，村民对社区的认同感和自豪感提升；编撰社区宣传册《这就是白兴》，以及各级媒体十余次报道和互联网较多较广泛的宣传和推广，村寨知名度大幅提升，外界的赞赏和支持使社区得到鼓励。

四、白兴瑶寨枫脂染技艺创新思路

贵州丰富多元的少数民族文化和传统乡土知识技能，蕴含了贵州各族人与人、人与自然和谐相处的千年智慧，其不可复制的独特民族文化在经济全球化背景下彰显巨大的市场潜力，传统的民族乡土技能完全可能促进生计改善，成为提高收入、消除贫困、促进社区发展的路径，同时也起到了保护民族文化和传承的作用。贵州省麻江县河坝村白兴瑶寨蓝靛瑶枫脂染技艺的乡村发展战略背景下市场化发展，回应了农民主体性、民族传统文化的传承与发展、民族地区反贫困和社会治理四个方面的协同创新思路。

一是乡村振兴过程中农民主体性思路。应当让少数民族村民参与到乡村振兴的规划制定和建设中来，参与产业选择和产业发展，使村民能够主动去策划和实施乡村建设有关项目，重视村民的获得感，大力建设内源式发展。如果没有主体，或者说乡村振兴的主体不是少数民族的村民，主体性的赋予、调动和发挥不当，民族地区的乡村振兴就会脱离初衷，无法真正解决农村和农民问题。如何调动农民主体的积极性也是一个很重要的问题，长期以来闭塞的地理环境和文化环境，使农民与外界接触有限，尤其是留在家中的农民更是缺乏与时俱进的眼界与能力。既然走不出去，就把外界的经验引进来，生存是自己的事情，要利用外界的力量提升自身主体的主观能动性，激发自身的潜力。在白兴瑶寨蓝靛瑶枫脂染技艺的开发与传承中，少数民族妇女的潜能与劳动主体地位更是值得开启和稳固。

二是民族传统文化的传承与发展思路。"建设优秀传统文化传承体系"是党的十八大提出的重要任务，把传承和弘扬中华优秀传统文化提升到增强文化自信和道路自信的层面。在民族传统文化的继承和发展方面做得还不够，要保持特色不断创新，要赋予时代意义和特色，要喜闻乐见，通过转化再造，焕发传统文化的生命力。习近平总书记在十九大报告中又再次指出，文化自信是一个国家、一个民族发展中更基本、更深沉、更持久的力量。必须坚持马克思主义，牢固树立共产主义远大理想和中国特色社会主义共同理想，培育和践行社会主义核心价值观，不断增强意识形态领域主导权和话语权，推动中华优秀传统文化创造性转化、创新性发展,继承革命文化,发展社会主义先进文化,不忘本来、吸收外来、面向未来,更好构筑中国精神、中国价值、中国力量,为人民提供精神指引。丰富发展少数民族传统文化的传承和发展是民族文化的核心议题,亦是民族发展归宿和民族的精神命脉、情感依托,而民族的发展离不开经济的繁荣,村民的生计保障是压在他们头顶最现实的问题,生计不保何以谈发展。如何将少数民族丰富灿烂的传统文化在经济全球化的今天变为现实的经济收入是值得深思的问题,麻江县河坝村白兴大寨的个案或多或少给了我们一些启示和思考,虽然他们还在探索的路上前行,但他们将民族手工艺市场化的尝试无疑为少数民族经济自主发展提供了一条可供参考的选择路径。

三是少数民族地区反贫困思路。消灭贫困,实现共同富裕对于维护少数民族人民的利益,最大限度增加和谐因素,增加社会发展活力,提高社会治理水平,全面推进平安中国农村建设,保证人民安居乐业、社会安定有序具有极其重要意义。经过多年的反贫困实践,我国贫困人口大幅度减少,但少数民族地区依然是我国最贫困的地区。2000年以来,西南少数民族贫困地区的经济发展水平得到了长足发展,居民的生活水平不断提高,西南地区少数民族的贫困问题在总体上得到了很大缓解,贫困综合指数不断下降。然而,在西南少数民族贫困地区的教育、医疗卫生和社会保障等方面的发展速度仍然比较滞后。[①]在深入推进社会治理变革中,一定要最广大的公民参与,要最大限度调动公民的主动、自觉参与性,主张一切可以运用的资源到反贫困的实践中去,要提高贫困人口的综合素质,强调反贫困治理主体的参与能力;同时,少数民族妇女参与反贫困实践中来具有很重要的作用与意义,也是一项系统而复杂的工程,要充分调动她们的潜能和积极性,发挥社区组织的作用,完成生活方式和角色的转变。在"开发式"扶贫的基础上,加快推进"参与式"扶贫,实现民族地区尽快脱贫,鼓励非政府组织参与扶贫开发,推进少数民族地区反贫困事业的可持续发展。

四是社会治理的思路。创新社会治理体制,对于维护少数民族人民的利益,改革开放和社会的进步,靠的是公众的积极参与,今后的全方位的发展,同样要求公众广泛地参与到政治、文化、社会建设的各个领域中。有序的和有效的公民参与,必须有相应的制度保障和合法渠道,在这个方面,我国的制度建设比较滞后,参与渠道太少。应当尽快建立和完善公共参与的制度,让更多的公民通过合法的途径、制度化的渠道合理有序地参与公共生活管理中去。

---

① 向玲凛,邓翔.西部少数民族地区反贫困动态评估[J].贵州民族研究,2013(01).

参考文献

[1] 金少萍.本土知识与文化创新——以云南民族工艺文化为研究个案[J].云南师范大学学报（哲学社会科学版），2007(9).

[2] 黄泽.云南少数民族传统工艺研究的几个问题[J].民族艺术研究，2003(6).

[3] 李炎.复制与定制：传统民族工艺的现代延展[J].文化产业，2006(8).

[4] 张建世，杨正文，杨嘉铬.西南少数民族民间工艺资源保护研究[M].成都：四川民族出版社，2005.

[5] 向龙.简议湘西民族工艺的保护与开发[J].零陵学院学报，2005(1).

民族地区社区治理理论与实践

民族地区法治社会建设公众参与机制研究

——以湘西土家族苗族自治州为例

周 帅 宋佳骏[①]

自"依法治国，建设社会主义法治国家"的基本方略确立以来，地方法治建设的重要性逐渐愈益凸显，日渐成为中国社会整体转型逐步迈向整体法治的一条主线。[1]在法治建设的过程中，公众参与法治的方式兴起，成为法治社会建设不可忽视的重要方式之一。而地方法治建设尤其是民族地区的法治建设受民族地区文化特色和民族习惯的影响，为保障少数民族权益，各少数民族公众参与民族地区法治社会建设必然成为重中之重。

一、民族地区公众参与机制内涵及适用意义

公众参与机制是指在行政立法和决策过程中，政府相关主体通过允许、鼓励利害关系人和一般社会公众，就立法和决策所涉及的与利益相关或者涉及公共利益的重大问题，以提供信息、表达意见、发表评论、阐述利益诉求等方式参与立法和决策过程的一系列制度和机制。[2]这与传统政府大包大揽的大家长式的治理模式迥然不同。民族地区公众参与机制是调和民族矛盾的重要方式，它必须是一种有计划的行动；它通过政府部门和开发行动负责单位与少数民族公众之间双向交流，使公众能参加决策过程，了解少数民族公众的具体需求，可以在一定程度上防止和化解少数民族公民和政府各机构、各少数民族之间的冲突。其实就是进一步促进少数民族公众自治，赋予公众一定权力的同时，政府权力势必受到一定限制。民族地区的独立性、特殊性也决定了，应赋予少数民族更多权利进行自治参与到民族地区的法治社会建设之中。

---

① 周帅，宋佳骏.吉首大学，法学与公共管理学院。

美国著名人类学家克利福德·格尔茨认为，法律其实是地方知识，它的地方性不仅在于空间、时间、阶级及其他许多方面，更在于它的腔调，即对可能发生的事赋予一种地方通俗的定性，并将之连接到当地关于"可以不可以"的通俗观念。[3]民族地方知识在民族地方法治中具有基础性作用，体现了地方法治的个性特征。民族地区范围广泛，民族地区的法治社会建设不可能设定统一的模式，各民族地区必然要因地制宜地建设法治社会。民族地区各少数民族长期在此生活居住，生来既有的少数民族身份产生的强烈民族认同感使其熟知本民族文化、习俗。引导和完善民族地区公众参与机制，有利于民族地区通过引导公众参与自治，并将作为地方知识的民族文化和习俗与民族地区法治社会建设相融合，极大地促进和发展民族地区的法治社会建设。

二、湘西自治州行政立法公众参与机制现状

1957年，湘西土家族苗族自治州（以下简称湘西自治州）正式成立。湘西自治州位于湖南省西北部，州府设在吉首市，现辖龙山、永顺、保靖、花垣、凤凰、泸溪、古丈7县和吉首1市，全州共有90个乡、68个镇、7个街道办事处，1970个村委会、180个社区（居委会）。在境内居住着土家族、苗族、汉族、回族等43个民族，他们主要来源于中华人民共和国成立后支边干部或大中专毕业生分配及近十几年入境的个体工商户。[4]总的来说，湘西自治州各民族处于大杂居、小聚居的状态，土家族、苗族主要分布在交通闭塞的乡村，汉族及其他少数民族主要分布在河畔岔口、市镇墟场。该地区少数民族众多，不同民族之间民族信仰和文化存在着很大的差异。因此，湘西自治州的社会管理和社会治理变得困难重重。必须建立有效的机制促进各民族公众积极参与法治社会建设，现阶段的参与机制通过一些改进，增加其有效性和自治性才可以促进该自治州法治社会建设的发展。

随着社会主义法治社会建设的不断推进，我国民族地区的行政立法也正以专业化、正规化的趋势发展。由于少数民族地区实行民族自治的特殊性，民族地区的公众参与机制更加严格，规范性要求更高。实践中，少数民族公众通过信访、听证会、咨询委员会等各个渠道参与到民族地区行政立法中并且得到初步成效。但民族地区行政立法公众参与机制并不完善，民族矛盾依然存在。笔者通过对现阶段湘西自治州公众参与机制的具体情况进行研究，了解到湘西自治州公众参与的现状如下：

1. 政务信息公开

政务信息公开是指政府等主动将政府信息向社会公众或依申请而向特定的个人或组织公开的制度。法治社会的政府是开放的政府，开放应当是法治政府的典型状态，也是民族地区公众参与管理社会事务最主要的方式。根据《国务院办公厅关于印发 2017 年政务公开工作要点的通知》《中共湖南省委办公厅湖南省人民政府办公厅印发〈关于全面推进政务公开工作的实施意见〉的通知》，湘西自治州政府制定了《2017 年全州政务公开政务服务重点任务分解方案》的方案中共具体规定了九点政务公开的具体方式方法，从管理、产业、消费、扶贫到医疗、农业、食品、教育涉及政务信息公开的各个领域。同时还规定了对各级政府相关机构政务信息公开进行监督，对不作为、弄虚作假、隐瞒实情、欺骗公众，造成严重社会影响的，要依纪依法追究相关单位和人员责任。首先，湘西自治州政务信息公开的方式主要通过政府网站，张贴政府公告栏等，主要是通过网络公布。其次，从方案可看出湘西自治州政府政务信息公开表面看似涵盖范围之广，实则实施难度大、针对性有限，且多数规定是完全依照国务院、湖南省政务公开文件规定，并未结合本自治州的民族特点，因地制宜地做出具体的规定，有流于形式之嫌。

2. 公众投诉举报

投诉、举报是指公众对具有违法违规行为的政府工作人员或政府部门向专门的监督部门或上一级机关进行投诉、举报的行为。投诉、举报是公众参与行政立法的重要途径之一。但是在 2016 年 8 月《湘西州作风大整顿网上调查的报告》中表明在开展作风大整顿活动以来，湘西自治州全面制定了制度规范，出台了"五个一律免职""七不准"，并在全州各大媒体进行广泛宣传，利用先进手段对各单位部门进行明察暗访，并开通了举报电话。事实上公众之所以不知道投诉的渠道表面上看是政府宣传有限，实际上是参与投诉机制的不公平，政府想要谁参与进来其才会了解参与的渠道，因而获得投诉的权利。而不知道投诉渠道的少数民族公众实际上是被剥夺了投诉的权利，同时，也剥夺了一定的参与社会治理的权利。而政府对所获得的公众参与情况也不够重视，解决意见只有加大宣传力度，而事实上只依靠现有机制即使再加大宣传力度也无法改变现状。以上湘西自治州政府工作报告中公众投诉、举报的参与现状一定程度上反映了湘西自治州少数民族公众参与社会治理权利的不平衡和参与的有限。

3. 公众网络问政

问政是 2008 年开始兴起的，是指网民通过网络问政了解政策、建言献策。公众通过提问的方式参与了解政府的立法行政工作。湘西自治州也紧随社会发展的潮流建立了网络问政。在湘西自治州问政首页公众问题中最新的问题是2018年5月11日提出的，其内容是，有关居民生活用水异常问题去哪个行政部门咨询。笔者以往印象中的问政问题多为影响较大的，比如，2009年的"番禺焚烧垃圾""广州亚运会城市建设"等议题。而湘西州问政首页的问题反映了公众对其行政参与的不知。然而，据笔者统计湘西州问政的问题中多数是最基本的行政参与问题，而问政问题政府网络发言人答复多不具体，难以直接解决问题。问政首页将问政分类为州长信箱、建言献策、微博留言等，但实际所有的问题都混在一起，对于不同种类并无明确的分类区分。新兴网络媒体的迅速发展使公众逐渐了解政府政务、参与政府对民族地方社会治理的主要途径，但这一途径实际发挥的作用远远不够，没有进一步扩大公众参与社会治理的范围，在完善公众参与社会治理机制上需要结合本地民族特色来进行创新。

三、民族地区公众参与机制存在的问题

民族地区与我国其他地区最大的区别是少数民族多，不同民族文化丰富，地方管理以实行少数民族自治制度为主。因此我国各个少数民族地区公众参与机制的实践模式具有一定的区域性和特殊性，如果对少数民族自治权把握失当有可能产生忽视公众知情权、信息公开流于形式、排斥公众社会自治、削弱地方个性与特色、抑制公众参与社会治理的积极性和创造性的风险。[5]通过以上对湘西自治州法治社会建设中公众参与社会治理现状的分析发现，现阶段公众参与机制制度下民族地区公众实际参与社会治理较少，根本无法实现法治社会所倡导的公众自治。究其原因主要是民族地区的公众参与机制并不完善，还存在以下一些带有典型性的问题。

1. 政务信息公开不足

少数民族地区公众要参与社会治理，首先要了解政府的政务信息，有知情权才有可能行使提出意见的权利，才有可能获得参与法治社会治理的渠道。但是当前公众对政府社会治理的政务信息获得不足。首先，民族地区政府政务信息公开范围有限，民族地区公众无法及时甚至根本无法从政府所谓的信息公开中获取有效的政府政务信息，大多数的民族地区公众无法通过了解政府政务信息参与到社会治理之中。民族地区一般经济落后，而政府重点以网络的方式公开政务信息，而实际上大多数的民族地区公众根本不会上网，故难以通过网络获取政务信息。而以政府公告栏公布政务信息的，政府公告栏一般设置在政府机关办公大楼内部，

而这些区域一般公众也很难进入，故也无法通过公告栏获取政务信息。这就反映了实践中政府信息的公开方式实际上也无法真正使公众了解到政府信息。其次，政府信息公开的内容有限，形式化严重，不具有地方特色。政府往往多公布的是一些大的框架性的文件信息，具体实施方案细则不明确。政务信息公开的内容也是完全遵照上级机关的指示，很少有结合民族地区特色方式公开政府信息。上级机关的规定是普遍性适用的规则，而民族地区不考虑本地区特色适用普遍规则，必然有可能与本地区的实际情况有所冲突。政府政务信息公开的不足使设立公众参与机制不能面向大多数的少数民族公众，因此这些机制得到的意见和建议也不能代表大多数少数民族的利益和要求。这样的行政立法并不能充分体现符合民意，也没有做到从所有民族公众利益出发。最后，政府政务信息公开内容流于形式，不具体，也没有结合民族地区特点。

2. 参与机制存在不公平现象

多数民族地区公众参与机制中存在不平衡现象，潜在地规定了具有参与权的主体，限制了参与者的身份，实际上并不是面向所有的少数民族公众，因而这些规定和限制是极不合理的。一般来讲，参与者的选择应遵循"均衡性"的要求，使各少数民族公众在社会治理过程中通过参与机制进行动态调节、相互补充、相互协调，从而达到优化配置状态，产生社会治理整体聚合能动效应的过程。但是实践中民族地方政府考虑到民族地方社会治理的复杂性，为了将风险降到最低限度，避免不必要的失误，更多偏向于"审慎性民主"的思维。[6]通过不公平的方式限制参与主体，直接剥夺了部分少数民族公众应有的参与权，一定程度上导致了政府仅以少数的民族公众意见来代表所有的民族地区公众的意见，仅采纳政府想要的与政府一致的少数意见而忽视了大多数民族地区公众表达的真实想法和意见。所以民族地区社会治理的公众参与机制不能使所有民族公众得到公平的待遇。

3. 公众参与机制的参与范围有限

民族地区政府社会治理并没有做到完全的公开透明。首先，公众通过参与机制参与到的社会治理只能是有限的方面。行政法的基本原则之一——正当程序原则的内容要求政府应该依法公开行政。但是许多情况下，行政立法并不能完全地向公众公开，政府做到的完全程序原则不够深入彻底。政府所允许公众参与监察的范围是由政府机关设定的，在信息不相对称、适当规避的情况下，公众能够监察的内容、监察的深度和监察的实际意义就比较狭隘。其次，少数民族公众的意见建议在政府社会治理过程中作用有限，大多仅起到咨询、参考的作用。由于国家对公众参与社会自治的推行要求民族地区必须考虑少数民族公众意见，故政府多通过形式化的设定推出一些少数民族公众参与的渠道，但事实上即使各民族公众参与进来并说明自己的需求和建议，但最终决定权仍属于政府，有时政府甚至连采纳或不采纳公众意见的理由都不予明确说明。[7]因此参与机制本身参与监察的有限性导致公众参与社会治理也存在有限性，所以公众真正行使的社会治理参与权是很有限的。

4. 参与机制宣传有限，公众参与度不高，民意缺失

当前公众参与社会治理工作从本质上对公众参与机制宣传有限，参与机制内的推动力度不够。具体表现在公众参与率低，通过分析以上湘西自治州的现状，大多数的民族地区公众甚至不知道如何投诉，向哪个部门投诉。公众参与流于形式，浮于表面，公众参与监督的效益没有完全体现。尽管目前不少政府部门逐步推行各类公众参与式的监察活动，但是很多只是流于形式，公众参与监察的召集形式、监察方式、相关信息提供、问题处理等缺乏详细可行的公众参与操作机制。公众对于个别参与机制活动也认为只是流于形式的"作秀"行为，参与积极性较低，自我争取的意识很弱。尽管公众对于社会治理参与权有一定的理解，但是由于缺乏对参与机制的了解，在自我意识上公众并不重视身边的公众机制组织的参与活动，同时社会责任意识低，对于公众监察的合法性、法赋民权的认识很不足。故现有公众参与机制无法体现民意，民意极度缺失。

四、民族地方公众参与机制的完善

针对现阶段民族地区公众参与机制不够完善，因而产生的上述种种问题，公众参与机制应该跟上时代的脚步不断进行完善创新。中国当前公众参与的主要领域有三层面：立法决策层面、政府管理层面和基层治理层面。政府可以从这三方面出发使公众参与工作有序推进，步步深入，不断以创新的方法改进公众参与机制，积极动员公众从被动到主动地通过不同的参与机制参与社会治理中，发挥自治权，完善确立公众参与机制。具体方法如下。

1. 在立法决策层面完善公众参与机制，设立"比例参与"制度

为完善公众参与机制，中央与民族地方之间关系的纵向的法律制度设计十分重要。民族地方公众参与机制制度的完善必须依赖于中央与地方关系的法律制度供给。中央设定一个完整的公众参与机制的体系框架，而民族地方则需在此基础上结合本民族地区的地方特色设定具体的公众参与机制。这样设计出来的公众参与机制才可以自上而下成为一个完整的体系，既有中央法治保驾护航，又有民族

地方法治结合当地特色实施的优势。具体的公众参与机制体系设计可结合十九大以来大力宣传的公众自治，还民以权。[8]而民族地方在贯彻中央制度的同时结合本地特色，像湘西州一类的民族地方，少数民族众多，为增加公众参与机制的效力，建议可以确立"比例参与"制度，有利于民族地方贯彻为代表各方权益的少数民族公众获得最大的权益。"比例参与"有两层含义，一层含义就是在行政立法参与机制中设立兼顾行政目标的实现和各方少数民族公众权益的保护，保持二者处于适度比例的制度。这样就可以使行政目标最大实现的同时最大限度地保护各方公众的权益。另一层含义是，建立少数民族公众按比例参与社会治理制度，保证各少数民族公众无论人数多少都可以实际参与到社会治理中维护自己的权益，杜绝参与机制少数民族公众参与的不平衡、不公平现象。

2. 在政府管理层面上，重塑民族地区政府与社会关系，健全参与机制中的审核、复议程序

应当着手构建服务型政府和自治型社会的新型社会治理结构。从民族地区政府与社会关系的层面促进民族地区公众参与机制的良性发展。主要通过对政府的权力进行规范和推进社会自治同时进行。构建公众参与监督政府行为与建立严格的政府行为规范相结合。将民族地区政府权力真正关进制度的笼子，一方面要求政府完善建立公众参与机制的监督制度，具体细化公众监督的内容，监督制度可结合地方特色确立切实可行的公众监督制度；上级机关确定下级机关公众参与机制实施过程中地方政府有所作为的正向激励和负向问责机制，由上级机关和民族地方公众共同监督。另一方面推进社会自治，突破传统的自上而下的社会治理模式，推行自上而下与自下而上相结合的社会治理模式。为推行自治完善民族地区公众参与机制，要建立公众参与机制中的审核和复议程序。要求对参与机制参与者的身份应该以严格合法的程序进行审核，并以合理合法的方式确定参与者的参与资格。对于参与机制中可能存在不合理的限制参与者身份的现象，被限制参与者可以通过参与机制中的复议程序维护自己参与的权利。政府应当通过更健全的程序审核公众的意见和建议。当政府通过"审慎性民主"做出不采纳公众意见的决定后，应当给予相应公众合法的理由。未被采纳意见的公众也可以通过参与机制的复议程序重新提出意见和建议。[9]这样可以使公众在参与机制中获得公平的待遇。为推进公众参与，应激活多元主体有序参与。现阶段我国民族地区仍然是体制回应性主导的法治建设模式，民族地区政府需要正确认识参与地方法治建设的主体。而民族地区的公民以及法人、社会组织都是推动社会自治的原动力，因此，重构民族地区法治建设的多元主体参与治理模式，激发公民、法人等多元主体参与社会治理的热情尤为重要。

3. 基层治理层面，促进传统观念转变，推进政府信息公开，扩大公众社会治理参与范围

政府信息公开制度，是当代各国正在普遍推行的一项制度。我国要实现行政管理体制公正透明这一目标，也必须走政府信息公开法治化的道路。要求民族地区政府积极地进行公共信息公开、公共决策公开以及其他公共行政行为内容的公开。鉴于湘西自治州政府政务公开的现状不容乐观，建议民族地区采取可行的方法自上而下确立政府政务公开体系，确保民族地区公众真正对政府政务行为的具体情况进行了解。《条例》规定，除了行政机关主动公开的政府信息外，公民、法人或者其他组织还可以根据自身生产、生活、科研等特殊需要，向国务院部门、地方各级人民政府及县级以上地方人民政府部门申请获取相关政府信息，有关政府机关对于其申请要求应当做出答复。根据条例的内容民族地方社会治理公开可以通过灵活的方式，政府政务信息分类公开，提高信息公开效率，解决信息不对称问题。建立信息公开监督机制，由公众监督，避免政府政务信息公开不足的现象，使公民通过参与机制更多地参与到社会治理中去。[10]基层治理层面扩大参与机制的宣传，提高公众参与度。政府应按照公开、民主、务实的要求建立社会治理公众参与工作机制。为推进和提高公众参与度工作，制定出具体的信访举报处理规定、效能建设制度、首问责任制、社会督察员工作制度等一系列信访监察管理规定，明确公众监察管理部门、督办部门以及处理责任人，形成了受理登记、领导签批、转交办理、限时反馈、包案督办、跟踪回访的工作机制并将公众监察纳入各类考核。实行实名参与制度并逐一对行政立法参与机制的参与公众进行回访，听取参与公众的意见。

五、结语

民族地区公众参与机制的完善是推进依法治国、推进社会自治的重要组成部分，必须通过对参与机制体系的完善使少数民族地区公众实际参与社会治理，真正拥有社会治理的权利。这样才有利于发挥民族地区地方特色，促进少数民族地区的法治社会建立和发展。

参考文献

[1] 张晓明.深化依法治国实践建设社会主义法治国家[N].人民日报，2017-12-26(7).

[2] 代水平.行政立法公众参与机制的完善[J].西安电子科技大学学报，2011(4).

[3] （美）Clifford Geertz.地方知识[M].杨德睿，译.北京：商务印书馆，2016.

[4] 国务院关于设置湘西土家族苗族自治州撤销湘西苗族自治州的决定[J].湖南政报，1957(10).

[5] 朱未易.我国地方法制建设的实践、问题及其路径[J].政法论丛，2017(3).

[6] 周雪光.权威体制与有效治理：当代中国国家治理的制度逻辑[J].开放时代，2011(10).

[7] 马琼丽.当代中国行政中的公众参与研究[D].云南大学，2013-12-1.

[8] 燕博.大数据背景下行政监督的公众参与机制构建研究[D].湘潭大学，2017-5-22.

[9] 刘小康.政府信息公开的审视：基于行政决策公众参与的视角[J].中国行政管理，2015(8).

[10] 黄洪旺.我国公众立法参与的制度化研究[D].福建师范大学，2012-4-2.

成都市多民族社区治理研究

吴碧君[①]

  随着城镇化不断走向纵深，少数民族，尤其是流动少数民族日益成为内地城市治理中规模不断扩大、类型不断增多的常态存在。这一治理新常态，在国内转型提速及全球化、信息化、网络化与极端民族主义、恐怖主义不断叠加的国际新形势下，使城市民族宗教工作越来越关系国家治理全局，其敏感性、复杂性、战略特殊性越来越需要城市治理各方提升自身从观念到机制体制的动态性、差异性、包容性、协调性和整合性。作为西部首位城市的成都，地处国家"一带一路"倡议的重要节点，作为五省藏区各族同胞流动汇聚之首要城市，其城市民族宗教工作及其相关社会治理必将面临阶段性甚至是结构性的调整，需要全面加强、全面创新作为城市民族工作之基础工程、核心工程的多民族社区治理。

  基于此，本研究以座谈、访谈和问卷的方式对成都市多民族社区治理的现状和问题进行深入调查。对象涵盖成都市多民族社区中流动与常住的少数民族群众、城市多民族社区的汉族群众、基层社区干部、街道（乡镇）干部和区（市）县相关职能部门干部等，延伸性覆盖社区社会组织、物业管理从业人员、社区基层党员。调研部门涉及多民族社区所在乡（镇）及区（市）县党委及民政、民宗、工商、环保、食药监、卫生、教育、城管、公安等政府职能部门，延伸性涉及甘阿凉三州人民政府驻蓉办事处、阿坝州驻蓉稳控组、成都阿坝州商会等。立足成都城市多民族社区类型和要素分布状况，调研组选择武侯、金牛、双流、郫县、都江堰三个圈层的十余个社区做了重点座谈和访谈。问卷调查分少数民族群众、汉族群众和基层干部三类调查对象分别展开，总共发放问卷590份，有效问卷532份。其中，针对少数民族群众发放主题问卷300份，有效问卷272份；针对汉族群众发放问卷230份，有效问卷207份；针对基层干部发放问卷60份，有效问卷53份。通过三套主题问卷的调查与比较，透过三个角度——亲历者（少数民族群众）、观察者（汉族群众）、管理者（基层干部），结合访谈情况，从社区参与、公共服务享有、利益诉求、社会态度等方面综合研判成都市多民族社区治理面临的

---

① 吴碧君，西南民族大学社会学与心理学学院，副教授。

问题及原因，并在此基础上提出策略性建议。

一、成都城市多民族社区治理现状、问题及原因

成都包括55个少数民族在内的常住人口20.8万，约占全市人口总数的0.9%，其中，藏、回、彝、羌族人口均在万人以上。藏族人口在都江堰最多，有7000多人；彝族人口武侯最多，有2000多人，民族地区各类驻蓉办事机构100余个[①]。

调研显示，成都城市多民族社区治理，在网格化、民生服务、基层党建等方面正在出现一些具有比较优势的特点。1.网格化为平台的精细化治理架构初步形成。虽然在实际操作中多少有些倾向于"管理"，但网格化作为实现治理精细化的一个平台性构架，正在多民族社区治理中得到探索性改进。2.以民生服务为杠杆的多元共治格局趋于巩固。社会化、法治化是整个民族工作的必然方向。城市民族工作社会化，意味着城市多民族社区治理必须引入社会各方面力量参与；由以"部门推进"为主，转变为以"社会推进"为主。目前，成都城市多民族社区普遍结合自身管理实际，搭建了以区（县）民宗局牵头或督导，其他职能部门分工负责，以社区为载体，社工及各类社会组织（包括少数民族社会组织）共同参与的工作机制和综合平台。3.以社区党建为支点的社区自治实践在探索中不断丰富。多民族社区，居民诉求多元多样，单靠社区自身的力量很难甚至不可能有满意度较高的回应。社区党组织，是党在社区的战斗堡垒，更是社区治理得以合目的、合规律地展开的组织保障。调研显示，以社区党建为工作支点的社区自治实践，在多民族社区自治的创新探索中，充分强调社区党组织在社区地域性、群众性、公益性、社会性等各项工作中的领导地位，对多民族社区治理中的矛盾化解，民情民意的收集、引导、回应都有越来越显著的主导性。

框架初成的背后，仍存在一些全国普遍性与区域特殊性相交织，阶段性与长期性相渗透及宏观政策、法律法规与机制体制相纠合的问题。

从政府视角看，主要包括四个方面。"一元多头"的城市民族工作管理框架，造成部门之间协同、协作、协力不畅。这在管理运行上，突出表现在以统战、民宗部门的"柔性"管理思路与城管、公安部门的"刚性"管理思路对冲，而民政、教育、卫生等部门，则在两者之间按事定调参与相关管理。维稳导向的管理与城市民族工作法治化、社会化之间的矛盾在部分领域较为突出。一方面，基于少数民族的特殊政策与流入地城市管理各职能部门之间的政策常有不一致甚至矛盾，

---

① 数据来源于成都市委统战部2017年工作报告。

为了息事宁人以确保"稳定",管理者不得不突破政策法规的界线而做出妥协,以满足流入者的"特殊"需求;另一方面,在纠纷处理机制上,维稳导向也常常使法律法规虚化。对此,管理者往往不得不在"妥协"或"过度执法"中进行选择,从而导致"依法"管理的双重失效,使城市民族工作的方式方法很难走出"临时化"的陷阱。不同层级的干部队伍对城市多民族社区治理的理论与政策把握、执行有差异。虽然各级各类管理者对宏观民族关系和社会治理都与中央政策保持一致,但在具体工作的落实过程中,却表现出了短期目标、手段、态度与长远目标的不一致,甚至悖反。

从社区治理视角看,城市民族工作在关系治理、服务治理、多元主体共同和相互治理等方面都有不同程度的问题:社区民族关系相对疏离,对嵌入性社会结构的空间互嵌格局的构建有明显负面性。不少汉族对当前民族关系的评价比较消极,并表示只要条件允许,将搬离现住的多民族社区。这也就意味着,嵌入性社区的空间建构任重道远。对社区少数民族的需求了解不足,管理与服务针对性不强,存在服务错位、缺位同时存在的问题。同时,受户籍体制、零散就业、人口流动等因素影响,社区公共服务的供给,对外来少数民族存在着覆盖面不广、需求满足错位等系列问题。多民族社区民族事务治理"主体"不强。在民族工作责任重、范围广、难度大的多民族社区,基于社区民族工作的专业(专职)人员和经费配备相对缺乏。在此情况下,民族和涉民族的宗教政策很难在社区治理中得到真正落实。社会组织在社区治理中的主体性不强。尽管随着政府购买服务的兴起发展,部分社区公共服务项目通过政府购买的方式提供给少数民族群众,但是未形成系统性和规模性,未出台具体指导意见和引导扶持培育政策,社区在哪些项目可以由社会中介组织承担并不十分明确。民族志愿服务团体也缺少引导和组织,志愿服务缺少专业性,也没有形成常态化。这与党委政府民族工作机构薄弱、队伍不足形成了双短板。

二、提升成都城市多民族社区治理能力的对策建议

城市民族工作及作为其基础的多民族社区治理的进步,宏观上有赖于国家治理现代化的整体推进,中观上有赖于地方各级党委政府对党的相关理论和政策全面透彻的把握及在此基础上的政策实施,微观上有赖于所有民族工作者执行理念和执行能力的不断进步。

（一）以切实加强顶层设计为统摄，全面提升各级党委政府的治理能力

1.研究编制《成都市城市民族工作条例》，明确城市民族工作的定位

法治化，是城市民族工作最根本的取向。符合新形势下成都城市民族工作需要的法律法规，是推进该领域法治化进程的基础。调研组建议，以研究制定《成都市城市民族工作条例》为契机，从顶层制度上优化设计，加强市委、市政府对全市民族工作的统筹协调和宏观指导，真正形成党委领导、政府负责、各职能部门密切配合、全社会通力合作的城市民族工作大格局。

2.在国家治理体系现代化的战略视野下，切实推进城市民族工作机构及人才队伍建设

在市委市政府统筹下，出台更具执行刚性的指导性文件，尽快解决区、县民宗机构和人员配置方面的问题。以各级党校、行政学院、社会主义学院及其他培训机构为平台，进一步完善区县、街道和社区主要负责人及相关人员（包括社区工作人员）的培训机制。创新人才选拔、使用、培养、交流机制，按综合人口比例和服务半径等因素配备少数民族干部。

3.以全面加强联合执法机制建设为抓手，切实提升基层城市民族工作机构的执法能力

可考虑在市委市政府统筹下，进一步完善执法的联动机制，切实推进民族工作领域的执法队伍和执法能力建设。

（1）切实提升多部门联合行动的有效性，规范民族工作执法队伍的建设和运行机制，切实保障执法队伍的专门性、专业性。可考虑在区县和街道一级，分别成立民族工作执法大队、分队，并规范其队伍人员构成和运行方式，切实保证执法有力、执法规范。进一步完善和创新民宗、统战、公安、综治、工商等部门的联合执法与信息共享机制，建立健全矛盾调处、情报互通、治安联防、打击犯罪的联合机制。

（2）进一步落实从区县、街道到社区的三级网络的建设和运行机制，尽快做大做强社区民族工作的基层防火墙。在少数民族管理任务较重的社区，进一步健全、规范少数民族法律援助中心，健全少数民族法律顾问制度，同时构建少数民族法律救助网络服务平台或社区法律援助服务站，在维护少数民族合法权益的同时，打击披着"民族"外衣的违法犯罪活动，以切实推进民族事务法治化进程。

（3）以专项整治小旅馆等社区安全隐患为契机，推进多民族社区的精细化。

鉴于武侯、金牛等分布社区以各种方式私设小旅馆的现象较为严重，且存在明显安全隐患，建议在市职能部门统筹协调下，尽快实施专项整治；同时，针对少数民族流动人口短暂居留的实际需求，探索以服务实现管理的廉价食宿示范点，切实消除小旅馆可能存在的各种隐患。鉴于部分商业街区藏彝维等少数民族流动人口无序化的商业活动已成为治理难点的现实，建议以需求调研为基础，以社区自治为方向，在少数民族志愿团队的帮助下，探索分时段、分区域的自治化商务经营管理，适当提升城市多民族社区治理的包容度。

（二）以切实推进还权赋能为指向，促进社区社会组织（尤其是少数民族社会组织）的培育和发展

1. 把孵化、培育、发展社会组织（尤其是少数民族社会组织）作为推进城市民族工作、完善城市多民族社区治理格局的战略步骤

可借鉴东南沿海地区的一些做法，参考成都锦江区孵化、培育社会组织的经验，在多民族社区发展微组织。在少数民族流动人口相对集中的社区建立了民族工作室，重点区县可成立民族团结促进会，指导重点社区成立有驻辖区机关、团体、企事业单位等参加的民族工作协调议事会。在此框架下，以协会为纽带，协助民族工作部门开展社区服务和管理工作，承接诸如协助党委政府开展民族政策宣传、组织法律法规培训宣讲、策划开展民族特色的文体活动。加强辖区少数民族人口的自我教育和自我引导，促进少数民族最大限度地参与社区公共生活并融入主流社会。

2. 加大对多民族社区社会组织的政策和财政扶持力度，完善其承接职能工作机制

研究出台推进多民族社区社会组织承接政府少数民族服务职能转移工作实施方案，同时，政府应建立扶持参与少数民族服务的社会组织发展专项资金，对各项社会事业资金、公共服务与管理资金实行"费随事转"，列入社会组织发展专项资金，更加科学合理地优化公共财政的支出结构，设立专项财政资金，使政府购买少数民族服务成为公共财政的常态支出。

（三）以创新社区党建为枢纽，建立健全多民族社区公共服务精细化、精准化的机制体制

1. 立足社区党建创新，切实健全多民族社区公共服务体系

全面落实党员社区"双报到"，充分利用党员，尤其是少数民族党员和流动的

少数民族党员的带头作用,引导社区少数民族居民参与社区公共事务和公共服务。

从完善多民族社区治理框架入手,打造社区服务"微平台":利用互联网,创新就业扶持机制,探索创新少数民族就业、教育、社会保障、社会救助等服务管理综合机制;依托社区社会组织和其他教育资源,创新素质提升平台。资助少数民族居民参加学习培训,提升知识技能。举办社区民族艺术节,增进民族间的交流交往。

坚持在两地党委、政府的统一领导下,进一步加强与民族地区的联系、交流和协作,加强互访,定期召开工作联席会议,交流工作,总结经验,共同商讨加强少数民族流动人员的服务管理工作。将民族地区驻蓉机构纳入城市民族工作网络,充分发挥流出地政府及职能部门、派驻机构的积极作用,切实做好少数民族流动人口进城务工经商前的政策法规和职业技能培训。

2. 推进多民族社区民生服务及管理的精细化

依托社区治理综合化、网格化、信息化平台,推动城市少数民族工作进平台、进网格,服务管理综合化、信息化。整合公安、人力资源和社会保障、来蓉人员服务管理等部门行政资源,通过户籍、居住、就业登记等途径,科学掌握城市辖区少数民族常住人口和流动人口的基本情况。同时,将多民族社区对少数民族的服务和管理能力纳入城市治理体系和治理能力建设,进一步明确城市民族工作的服务范围和管理职责,推动相关政府部门从原来处于配合民族工作部门开展管理服务工作的从属地位,向执法主体地位转变,成为政府绩效考核和执法监督以及社会监督的对象。

在多民族社区探索开设"微窗口",设立面向少数民族的"绿色通道",提供就业创业、办证办事、社会保障等服务窗口,满足少数民族群众特殊需求;利用互联网,以社区生活圈为单元,建立社区少数民族QQ群、微信群,针对性宣传民族政策、城市法规,为少数民族居民提供办事指引咨询;利用这样的信息平台,提高民族事务分类处理、分类服务的能力,健全城市民族工作信息反应机制和突发事件应对预案。

3. 以多样化社区公共文化建设和文化服务为抓手,促进社区少数民族人口的文化融入

以社区为平台,全面、立体、系统加强宣传与教育,逐步消除城市居民对少数民族人口的歧视和偏见,在城市日常生活中杜绝"拒住""拒载""拒租"等现象发生,为少数民族人员的城市融入营造一个更良好的社会环境。

切实加强区县文化部门为少数民族人口文化服务的意识和能力,鼓励各类公共传媒以及公共文化机构提供更多少数民族人口需要和欢迎的公共文化产品和服务项目，引导社区社会组织策划、实施各类民族文化活动。

（四）以做实社区参与为支点，自治化少数民族人口的城市融入

1. 从不断完善社区议事制度入手，探索多元有效的少数民族社区治理参与方式

可考虑根据成都市近年来少数民族人口规模扩大的现实情况，争取在各级人大代表、政协委员中适当增加人大代表和政协委员名额，提高少数民族人口在城市民主政治生活中的话语权。同时，加强社会传媒的舆论聚焦和舆论引导，通过各类公共传媒，多关注策划城市民族题材，传播民族团结进步正能量，推动涉及民族关系、民族交往和少数民族群众利益的公共事务进入决策视野，更好地使少数民族群众的合法权益得到有效表达和实现。

2. 探索创新少数民族社区治理参与的平台构建

要完善利益诉求表达机制和合法权益保障机制，引导少数民族群众依法有序表达诉求，维护少数民族群众的合法权益。积极培育引导社区少数民族居民的家园意识和参与意识，调动少数民族居民自觉投身社区公共事务，提倡社区成员间的睦邻互助精神，促进社区多民族之间的融洽共处和融合交流。同时，通过多种形式为少数民族居民拓宽参与渠道，如健全和完善基层协商渠道，发挥社区事务咨询委员会、居民议事会等机构的作用，吸纳少数民族居民等利益相关方参加协商。

生态移民社区治理文献综述

杨 竹[①]

从20世纪80年代开始至今，在中国的一些地区，由于生态环境恶劣或为了生态环境保护等，大量当地居民在政府的组织下迁移到新的居住点，形成了一定规模的生态移民。经济欠发达、地质灾害频发的西南民族地区是实施生态移民工程的重要区域，生态移民是地方政府经济社会发展规划中的重要内容。贵州扶贫生态移民工程2012年开始启动，至今已建成住房10万余套，搬迁扶贫生态移民42万人，仅2014年在155个生态移民安置点基本建成4.29万套住房，17.2万移民搬进新居，整村搬迁是主要移民形式。尤其是2013年习近平提出"精准扶贫"思想以来，易地搬迁安置成为实现"精准扶贫"目标的手段之一，"十三五"期间将要完成1000万人口搬迁任务。云南省制订了《云南省易地扶贫搬迁三年行动计划》，计划从2016年开始，通过3年努力，投入600亿元，基本完成30万户、100万人和3000个以上安置点新村建设的易地扶贫搬迁任务。在"十三五"期间，四川主要针对四大连片特困地区，要完成116万人易地搬迁脱贫任务，贵州则将搬迁农村贫困人口142万人。从整个西南地区来看，因为贫穷或生态环境恶劣等原因，已经有数十万生态移民成功迁出原住地，而即将迁移的生态移民数量将达到数百万，生态移民将形成一个庞大的群体。[②]

中国农村2006年取消农业税后，农村社区建设进入"统筹城乡发展"的新阶段。全国各地正在开展新农村社区建设，其目标逐渐明确为构建合作共同体，引导村民过一种共同体化的现代社区生活。[③]在新时期农村社区建设不断加强的背景下，生态移民社区作为农村社区的一种，由政府统一规划居住、服务设施和布局产业而建成的，具有不同于传统农村社区的特点，是新农村社区建设的重要组成部分。

农村社区建设是新时期农村改革发展的重要内容。党的十六大以来，加强和

[①] 杨竹，女，贵州民族大学副教授，贵州民族大学博士生。
[②] 贵州省水库和生态移民局宣传信息处.图解贵州省扶贫生态移民"三年攻坚行动计划"[EB]. http://www.gzsskhstymj.gov.cn/contents/9107/31953.html, 2015-02-26.
[③] 刘祖云，孔德斌.共同体视角下的新农村社区建设[J].学习与探索，2013(08)：59-63.

创新社会管理和社区治理便逐渐成为我们党和政府治国理政的重要任务。[1]"农村社区建设"概念则是2006年党的十六届六中全会在《关于构建社会主义和谐社会若干重要问题的决定》中首次明确提出,"积极推进农村社区建设,健全新型社区管理和服务体制,把社区建设成为管理有序、服务完善、文明祥和的社会生活共同体"。党的十七大报告重申了"把城乡社区建设成为管理有序、服务完善、文明祥和的社会生活共同体"的目标。党的十七届三中全会又进一步明确提出要"加强农村社区建设,保持农村社会和谐稳定"。可以说,农村社区建设是新时期国家政权建设对农村治理转型的客观需要。[2]作为再造的农村社区,生态移民社区拥有机遇,也面临挑战。

一、生态移民及社区治理的概念界定

（一）生态移民的界定

关于生态移民的界定并不统一,其侧重点存在差异。葛根高娃、乌云巴图强调生态移民的自发性,认为生态移民是指由生态环境恶化,导致人们的短期或长期生存利益受到损害,从而迫使人们更换生活地点、调整生活方式的一种经济行为。[3]刘学敏则强调生态移民的政府主导性,认为生态移民就是从改善和保护生态环境、发展经济出发,把原来位于环境脆弱地区高度分散的人口,通过移民的方式集中起来,形成新的村镇,在生态脆弱地区达到人口、资源、环境和经济社会的协调发展。[4]有的学者则侧重生态移民的多重目标,如方兵和彭志光认为,生态移民从保护生态脆弱区的生态环境出发,既考虑移民能致富奔小康,又不能破坏迁入地近期和长远生态环境,同时保护迁入地原居民利益不受损害,是多目标移民。[5]为了将生态移民与其他移民区别开来,包智明的定义着重突出生态元素,认为生态移民是因为生态环境恶化或为了改善和保护生态环境所发生的迁移活动,以及由此活动而产生的迁移人口。[6]

---

[1] 郑杭生,黄家亮.论我国社区治理的双重困境与创新之维:基于北京市社区管理体制改革实践的分析[J].东岳论丛,2012(01):23-29.
[2] 李增元.农村社区建设:治理转型与共同体构建[J].东南学术,2009(03):26-31.
[3] 葛根高娃,乌云巴图.内蒙古牧区生态移民的概念、问题与对策[J].蒙古社会科学,2003(2):38-39.
[4] 刘学敏.西北地区生态移民的效果与问题探讨[J].中国农村经济,2002(4):47-65.
[5] 方兵,彭志光.生态移民:西部脱贫与生态环境保护新思路[M].南宁:广西人民出版社,2002.
[6] 包智明.关于生态移民的定义、分类及若干问题[J].中央民族大学学报,2006(1):27-31.

总的看来，生态环境的恶化或改善是生态移民的重要原因，也是判断生态移民的基本指标。但是，生态环境脆弱或恶化通常都伴随经济发展滞后，因此政府在进行生态移民的时候，经济因素也是同时需要进行考虑的重要指标，由此而导致的迁移人口就成为生态移民。

（二）治理与社区治理的界定

"治理（governerce）"最初被视为"统治（goverment）"的同义词，但1989年世界银行在《撒哈拉以南非洲：从危机到可持续增长》中提出"治理危机"一词后，这一概念不仅得到广泛应用，而且其内涵也发生了变化。治理理论的创始者之一美国学者詹姆斯·罗西瑙将治理定义为"一系列活动领域里的管理机制，它们虽未得到正式授权，却能有效发挥作用。与统治不同，治理指的是一种由共同的目标支持的活动，这些管理活动的主体未必是政府，也无须依靠国家的强制力量来实现"[1]。格里·斯托克认为治理是统治方式的一种新发展，其中的公私部门之间以及公私部门各自的内部的界线均趋于模糊，它的本质在于它所偏重的统治机制并不依靠政府的权威或制裁。[2]全球治理委员会于1995年在《我们的全球之家》研究报告中指出，治理是各种公共或私人机构在管理共同事务时所采用的方式总和，是在调和各种社会冲突和利益矛盾时采取联合行动的持续性过程。[3]

近年来，国内学者对治理的关注也日渐增加。俞可平将治理定义为"在一个既定的范围内运用权威维持秩序，满足公众的需要。治理的目的是指在各种不同的制度关系中运用权力去引导、控制和规范公民的各种活动，以最大限度地增进公共利益"[4]。毛寿龙则将治理形象地描述为指政府对于公共事务只是掌舵而不划桨，不直接介入。治理介于负责统治的政治与负责具体事务的管理之间，它是对于以韦伯的官僚制理论为基础的传统行政的替代。[5]总之，治理是和统治、管理不一样的公共事务处理方式，注重治理主体之间的合作与协商，而政府在其中的作用更多是间接引导，而非直接控制。

社区治理是治理理论在社区建设中的运用，是在一定区域范围内政府与社区

---

[1] 詹姆斯·罗西瑙. 没有政府的治理[M]. 张胜军, 刘小林, 译. 南昌：江西人民出版社, 2001：5.
[2] 格里·斯托克. 作为理论的治理：五个论点[J]. 华夏风, 译. 国际社会科学杂志（中文版）, 1999（01）：23-32.
[3] 全球治理委员会. 我们的全球伙伴关系[M]. 牛津大学出版社, 1995：23. 转引自 俞可平. 治理与善治[M]. 北京：社会科学文献出版社, 2009.
[4] 俞可平. 治理与善治[M]. 北京：社会科学文献出版社, 2009：4.
[5] 毛寿龙. 西方政府的治道变革[M]. 北京：中国人民大学出版社, 1998：7.

组织、社区公民共同管理社区公共事务的活动。[1]中国的社区建设于20世纪80年代在城市启动并大规模展开,近年来逐渐扩展到农村。在这样一个背景下,农村社区治理的概念得以提出。或者也可以说,社区治理是新时期农村社区建设的重要模式。关于农村社区治理的界定,学者们的侧重点各有不同。李凯中侧重农村各种组织的治理主体地位,认为"农村社区治理就是在宪法和法律框架下,农村各种合法组织依照自己的性质和职能,协调政府治理目标和行为者利益期待,积极参与经济、政治、文化建设和公益活动,在相应领域承担起自主与自治的管理职责"[2]。沈亚南则强调农村社区职能,认为农村社区治理模式以建立农村公共服务体系为目标,从基层乡镇一级政府的职能退位到农村社区的职能到位,从基层政府的职能缺位到农村社区的职能补位,是中国农村治理方式的又一创举。[3]胡宗山虽没明确提出农村社区治理概念,但其所提的农村社区建设概念在内涵上与农村社区治理是一致的,就是指在行政村的地理区域范围内,在各级党委、政府的统一领导和民政部门的协调指导下,由村党组织和村委会组织通过直接民主和自我管理的方式,依靠政府、社会和村民自身等多方面的资源和力量,推动农村基础设施、环境治理、社会保障和公共产品体系建设,强化各项公共管理与服务功能,加强农村精神文明建设,不断提高农村社区成员物质文化生活水平的过程。[4]总之,从治理理念、治理主体、治理方式、治理效果等综合来看,农村社区治理都不同于传统的农村社区管理模式。

生态移民社区是全部或主要由生态移民所构成的社区,在行政区划上大多处于农村地区,因此可算是农村社区的一种。到目前为止,还没有学者对生态移民社区治理进行界定,但结合社区治理的一般界定来看,可以认为,生态移民社区治理是治理理论在生态移民社区建设中的运用,是在生态移民行政村的地理区域范围内,依靠多种资源和力量,由政府、社区组织和村民合作,共同参与社区公共事务的活动。

二、生态移民社区治理问题

现有研究多认为生态移民带来了社区治理的困难。有学者从社会冲突的视角出发,认为生态移民过程中存在的利益之争、文化差异因素会带来社区冲突,进

---

[1] 魏娜. 我国城市社区治理模式:发展演变与制度创新[J]. 中国人民大学学报, 2003(01): 135-140.
[2] 李凯中. 农民组织化与农村社区治理[J]. 社会科学论坛, 2006(12): 70.
[3] 沈亚南. 近年来中国农村社区化治理模式研究述评[J]. 经济研究导刊, 2008(15): 50-51.
[4] 胡宗山. 农村社区建设——内涵、任务与方法[J]. 中国民政, 2008(3): 17-18.

而影响到生态移民的稳定性。[①]有学者从文化适应的角度出发，认为后移民时期的一个重要问题是社区文化重建，认为文化不适即生存技能失效、人际交往不畅和生活方式的异质性，是移民融入迁入地社区的最大障碍。[②][③]有学者侧重考察社区治理的条件，如高静则以宁夏红寺堡开发区为例，认为宁夏生态移民社区建设存在移民社区规模设置不合理、组织建设滞后、服务设施不配套、建设资金不足以及社区建设人才匮乏等问题。[④]还有学者从归属感的角度来研究，高梅、付少平都提出生态移民社区建设中突出的问题有社区成员归属感不强，社区居民参与社区事务的参与度不高。[⑤][⑥]

但是，也有学者提出了相反观点，认为生态移民有助于推进村庄治理。宁华宗以黔江生态移民工程为例，从空间理论视角出发，认为生态移民是空间再造的基本手段，可以推进乡村空间区隔整合，建设拥有美好环境和美好生活的美丽乡村，实现乡村秩序的和谐发展与良性共生。[⑦]

总的来看，多数学者认为生态移民的社区治理存在特殊困难，如文化冲突、社区归属感差、社区建设水平低等。尽管有学者看到了生态移民对于推进村庄治理有利的一面，但由于移民所带来的社区治理难题也是不容忽视的。因此，针对生态移民社区的特殊情况，推行合理的治理策略，实现生态移民社区的和谐发展是国家大力推进新农村社区建设背景下生态移民社区建设的重要内容。

三、生态移民社区治理策略

针对生态移民社区的特殊情况，学者们从不同角度提出了生态移民社区治理策略。一些学者侧重社区治理过程中文化、制度等的作用。戴庆中以霍米·巴巴的混杂性理论为指引，提出少数民族生态移民社区文化重建的图景可以呈现"杂

---

① 于存海.论西部生态贫困、生态移民与社区整合[J].内蒙古社会科学（汉文版），2004(01)：128-133.
② 戴庆中.混杂与融合：少数民族生态移民社区文化重建图景研究[J].贵州社会科学，2013(12)：138-143.
③ 杨未.构建少数民族生态移民社区的"杂糅空间"[J].贵州社会科学，2015(04)：74-78.
④ 高静，王文棣.宁夏红寺堡生态移民社区建设问题研究[J].山西农业大学学报（社会科学版），2013(03)：277-281.
⑤ 高梅.宁夏红寺堡区生态移民城市化社区发展调研[J].北方民族大学学报：哲学社会科学版，2013(05)：73-76.
⑥ 付少平.创新陕南移民社区社会治理的探讨[J].新西部（理论版），2014(32)：21-22.
⑦ 宁华宗.治理空间的再造：边远山区乡村治理的新路径：以黔江生态移民工程为例[J].社会主义研究，2004(06)：145-151.

糅空间",各族群文化在其中混杂融合,移民社区可以成为一个经过混杂与融合但却没有同质化,兼具异质性和杂合性的文化共同体。在这种视角指引下,文化的多样性并不必然带来矛盾,而是衍变为一个新的文化共同体,这为多民族混居的生态移民社区建设提供了一个具有启发性的思路。[1]于存海则从社区整合的视角出发,认为通过移民政策、管理、法制、教育等制度性整合策略[2]和社区组织、社区文化、社区教育等非制度性整合策略来消融社区冲突。[3]

还有些学者则综合社区治理的硬件、软件两方面条件来讨论治理策略。宁华宗以空间理论为指导,提出以空间再造为手段,以空间正义价值为诉求,推进乡村空间区隔整合,让生活和环境更美好。[4]高静等针对生态移民社区建设存在的问题,提出从社区组织建设、社区服务设施、社区建设资金以及社区人才队伍建设几个途径入手,以促进生态移民社区的建设和发展。[5]

总的来看,生态移民社区治理既面临一般社区治理所遇到的困难,同时还存在由于移民而带来的特殊问题。因此,生态移民社区治理政策有其侧重点,对如何解决社区冲突、文化差异等问题更为关注。如能遵循社区治理的理念和方法,生态移民并不必然带来冲突和破坏,反而还可能因为拥有更多资源成为改善农村社区治理水平的契机。

四、新农村社区建设:生态移民社区治理的新契机

随着中国农村的进一步开放与流动,农村社区治理由此迈向新时期。新型农村社区是指既有别于传统的行政村,又不同于城市社区,它是由若干个行政村合并在一起,统一规划,统一建设,或者是由一个行政村建设而成,形成的新型社区。[6]生态移民社区也是由政府统一规划、统一建设而成的新型社区,也可以说,生态移民社区是新农村社区的一种类型。

---

[1] 戴庆中.混杂与融合:少数民族生态移民社区文化重建图景研究[J].贵州社会科学,2013(12):138-143.
[2] 于存海.论西部生态贫困、生态移民与社区整合[J].内蒙古社会科学(汉文版),2004(01):128-133.
[3] 于存海.论生态移民中的非制度化社区整合策略[J].内蒙古社会科学(汉文版),2005(05):124-128.
[4] 宁华宗.治理空间的再造:边远山区乡村治理的新路径:以黔江生态移民工程为例[J].社会主义研究,2004(06):145-151.
[5] 高静,王文棣.宁夏红寺堡生态移民社区建设问题研究[J].山西农业大学学报(社会科学版),2013(03):277-281.
[6] 赵浪.论新型农村社区治理困境[J].浙江万里学院学报,2013(11):63-66.

徐勇认为，随着现代国家的建构，外部性因素日益向乡村社会渗透，农村社区不再是自然状态，更是一种国家规划性制度变迁的产物，表现出开放性、流动性、变化性和异质性的特点。[①]生态移民社区集中体现了新农村社区的这种特点，作为国家规划性制度的产物，其开放性、流动性、变化性、异质性等特质更为突出。成员性质的差异及共同体性质与传统农村社区相比有极大差异。[②]但是，就像李增元指出的那样，乡村社会外在日益开放、流动，内部却呈现出"村社不分、政经合一""内在束缚、外在排斥"的显著特征，由此引发了农村社区治理各类问题与矛盾。[③]综观中国乡村治理结构的历史，国家权力与乡村社会自治权力一直没有形成良性互动关系，乡村治理结构的未来走向就是推进国家基层治理体系和治理能力现代化。[④]生态移民社区作为新农村社区的一类，同样面临这个问题，而且因为文化冲突、社会适应等特殊困难的存在，社会治理的难度有所加大。

对于如何建设新农村社区，徐勇认为要创新农村基层管理体制，整合资源，完善服务，实现上下互动、城乡一体，并建构起政府公共管理与社区自我管理良性互动，公共服务与社区自我服务相互补充的新型制度平台。[⑤]与普通农村社区相比，生态移民社区有专项建设资金和相关扶持政策，因此可享有更多资源用于社区建设。但是，新农村社区建设并不是简单的基础设施建设，更为核心和关键的是人的问题。刘祖云等就指出培育新型农民是新农村社区建设的关键，也是科学发展观在新农村社区建设中的生动体现和必然要求。在农村异质性、流动性、开放性都日益加大的背景下，农民的合作、协商等能力更显重要，这也是新农村建设的要求。生态移民社区治理过程也是一个培育农民合作、协商能力的过程，在个体层面能提升个体素质，在社区层面能减少社区冲突，增进社区的和谐与文明。

因此，生态移民社区在新农村社区建设的指引下，借生态移民之机整合各方资源，采用社区治理的理念和方法来建设社区，除了加强社区基础设施建设外，政府更要放权，在共同参与公共事务的过程中培育社区农民的合作、协商、民主等精神和能力，真正实现新农村社区建设的目标。

---

① 徐勇.在社会主义新农村建设中推进农村社区建设[J].江汉论坛，2007(04)：12-15.
② 刘祖云、孔德斌.共同体视角下的新农村社区建设[J].学习与探索，2013(08)：59-63.
③ 李增元.开放、流动社会中的农村社区治理改革与创新[J].社会主义研究，2014(02)：121-127.
④ 尤琳，陈世伟.国家治理能力视角下中国乡村治理结构的历史变迁[J].社会主义研究，2014(06)：111-118.
⑤ 徐勇.在社会主义新农村建设中推进农村社区建设[J].江汉论坛，2007(04)：12-15.

贵州民族地区公共安全治理问题研究

邹先菊[①]

一、引言

习近平总书记提出，公共安全连着千家万户，确保公共安全事关人民群众生命财产安全，事关改革发展稳定大局。（2015）民族地区的公共安全是民族地区社会治理的主要内容之一，是促进构建和谐民族关系的重要举措。因此，对民族地区的公共安全治理现状的研究，显得尤为重要。事实上，近几年来，贵州省的黔南、黔东南、黔西南三个自治州按照中央、省委省政府关于社会治理创新的总体部署，在公共安全方面进行了较多大胆实践，取得了显著成效。

但当前是国家加快经济结构转型和迈向小康的决胜阶段，各种突发事件和引发风险的因素较多，加上民族地区的公共安全有较明显的民族特点，因此，了解民族地区公共安全治理的现状、存在的问题，对于优化公共安全体系，提升民族地区公共安全治理能力和治理水平有较大意义。本文在对三个自治州进行实地调研的基础上，通过对三个州在公共安全治理方面的主要做法进行梳理，分析公共安全体系存在的问题，在此基础上提出对策建议。

二、贵州民族地区公共安全治理的主要做法

黔东南州、黔南州和黔西南作为贵州三个民族自治州，公共安全具有特殊性和复杂性。国家稳定、民族团结、经济快速发展，是党和人民对民族地区的共同追求。据贵州省三个自治州在公共安全方面的安全感指数，我们可以看出黔东南与黔南自治州的公众安全感指数均在97%以上，位于全省第一方阵。具体情况如表1。

[①] 邹先菊，贵州民族大学社会学专业博士研究生，研究方向：民族地区社会工作。

表1 2012－2016年黔东南与黔南自治州公众安全感[1]

	2012年	2013年	2014年	2015年	2016年
黔东南自治州	94.22%	-	-	97.02%	97.64%
黔南自治州	-	95.61%	97.76%	97.35%	97%以上

从上表可以看出，到2016年，黔东南自治州的公共安全感指数上升到97.64%，黔南自治州也保持在97%以上。那么，三个自治州在公共安全的建设方面是如何进行的。根据调研，我们大致从如下方面进行概述。

（一）统筹有限资源，完善安防体系

随着社会转型的不断深入，公共安全也面临着更多挑战。生产安全、出行安全、人口安全等都呈现出新特点。相关部门利用有限资源，为人民安居乐业保驾护航，是一项巨大的工程。人生而自由，但却无时不处在枷锁之中，枷锁限制了自由，但是也保障了安全。公共安全防控体系的构建，就像这个"枷锁"，但却不仅仅是枷锁，除了保障安全、建立良好的社会秩序之外，还建立了依法执政的框架。在这个公共安全防控体系中，人民的公共安全、生命安全都得到了最大程度的保障。公共安全防控体系主要包括社会面巡逻防控网、视频监控技防网、城市社区治安防控网、重点行业安全防控网、网络信息防控网、农村治安防控网。公共安全防控体系的建立从各方面、各领域的空间进行了全面的管控，在一定程度上构建了牢固的防控空间，确保了公共安全，提升了公众安全感。

（二）分类管理，重点监管

重点领域主要是指可能危害公共安全的行业，如矿山、煤矿、危爆物品等领域。主要采取安全隐患排查整治机制、建立健全消防治理体系，积极消除隐患，保障公共生命财产安全。加强对重点人口的管理，是公共安全有效管理的"另一只手"。既要全面管控，又要重点监管，只有这样，才能有效控制安全隐患。如黔南州对特殊人员进行妥善安置和救助，做到"吸附在基层，稳控在基层"，严防漏管失控、脱离视线。重点人口重新违法犯罪率仅为0.32%。黔东南州则对重点管控的人口进行了分类分级管理，有效降低了违法事件发生率。

---

[1] 文中的数据来自对黔南、黔东南和黔西南州的州公安局调研数据。

（三）实施智能监控，打造网络平台

黔南州运用视联网大数据平台，对重点人员进行监控；建立人脸识别系统，对维稳、涉邪人员进行实时比对、预警，采取全数据采集，汇聚整合海量数据信息。黔东南州则推进 50 个智慧安防农村村寨、50 个智慧安防小区、100 个智慧单位，实现"科技围城""科技围镇""科技围村""科技围户"目标，将智能感知技术应用到各个领域；推行天网工程，在各空间区域依托监控技术，实现及时的实时监控，保证了网络数据平台的有效性、实时性。

（四）进行网格管理，营造与民共建模式

网格化管理是对所在区域进行细分，进行精细化管理。每一个网格都设有网格员，并在农村网格管理单位中设立治安中心户长、巡逻联防队员、治保主任。黔西南州从 2014 年开始着手全面推行网格化管理，截至 2016 年 10 月，全州各县（市、新区）共划定网格 2971 个，网格覆盖率 99.69%，实现了与民共商、与民共识、与民共建、与民共享、与民共担，群众齐发力，齐心协力筑平安的安全格局。如假如其中某一户遭遇突发情况需要帮助时，拨打 6995 求助，左邻右舍、治安中心户长、巡逻联防队员、治保主任都能够第一时间赶来相助。黔东南州也在社区警务中设置了网格员、警务助理，构建了警民联勤联动治安网。此外，黔东南州还推行了社区戒毒、社区矫正、社区反恐等举措，为维护公共安全起到了积极作用。

（五）结合村规民约，规范村民行为

民族地区的社会治理的特殊性、复杂性，就在于民族文化的多样性与复杂性。村规民约作为民族文化的一部分，在社会治理中发挥着重要的作用。如黔东南自治州华寨村用村规民约对村民进行了引导与规范，"两委"主导、村民执约，在全村上下营造了"我签的合约我遵守"的诚信共识。除此之外，还有苗、侗族都认可的"3 个 120"，即 120 斤酒、120 斤米、120 斤肉，"3 个 120"的惩罚很普遍，用于偷盗、失火等方面的惩罚。例如，谁家失火了，失火的主人必须买 120 斤酒、120 斤米、120 斤肉来请全寨的人吃饭，并写检讨书张贴在村委会公示栏，这种惩罚叫作"洗寨"。通过这样的惩罚，违约的村民不仅钱财受损失，而且也丢面子，从而更加注意约束自身的行为，对于其他村民也是一个警示提醒。通过村规民约，村民自觉地树立了行为规范，有力地保障了公共安全，也自然而然地构建了和谐家园。

三、贵州民族地区公共安全体系存在的问题

随着经济社会的高速发展，贵州民族地区发展形势复杂多变，改革发展稳定任务艰巨而繁重，各类矛盾纠纷和问题日益凸显。公共安全体系建设依然存在很多问题，引发影响公共安全事件的因素仍然存在，这些因素减缓公共安全体系建设速度。存在问题主要集中体现在社会治安管理、道路交通管理和消防安全管理三个方面。

（一）社会治安管理——治安防控体系较弱

在发展与落后并存的形势下，贵州民族地区治安管理工作总体上平稳可控，但仍有新情况和新问题亟待解决。治安维稳在公共安全体系建设中仍是不可忽视的问题。

第一，山地林权归属、就业安置等问题纠纷隐患较大，群体性上访事件增多。2017年上半年黔南州到州群体性上访事件22件，与2016年同期增长57%，计691人次，与2016年同期增长83%；到省群体性上访事件47件，与2016年同期增长21%，计589人次，与2016年同期增长21%。

第二，治安防控系统建设不平衡。黔南州"天网工程"建设不平衡问题突出，惠水县"天网工程"建设滞后于福泉、龙里两市县两期，其功能在治安防控中没有得到有效发挥。2017年1月至5月，黔南州发生多发性侵财案件立案3406起，破获672起，破案率仅为19.73%。

第三，政法基层基础薄弱，影响整体治安防控。全省公安机关警力配置较低，平均水平仅为万分之十二，警力不足，长期连续超负荷工作问题突出。除此之外，司法体制改革后法院、检察院也存在辅助人员不足、待遇等问题。事多人少，职能作用不能更好发挥，制约了社会治安综合治理工作的正常开展。

（二）道路交通安全管理——安全隐患点多面广

贵州属喀斯特地貌区，受到山地丘陵地理因素制约，道路线路复杂，坡陡弯急，高速公路桥梁隧道占比高；气候复杂多变，多雨、多雾以及频繁出现凝冻，极易引起山体滑坡、路面湿滑积水、路基塌方等行车安全隐患；经济欠发达，道路隐患治理率低、治理进度慢，道路安全防护基础设施建设不同步。交通安全方面安全隐患点多面广，随着规划通车里程的不断增加，道路安全隐患也在逐年增

多。截至2017年6月底，黔东南州通过验收通车公路里程2.95万公里（辖区内781.1公里的高速公路共有桥梁710座，隧道158个）。2012年至2017年间共发生道路交通事故57185起，造成1802人死亡，4118人受伤，直接经济损失7599.23万元。共发生死亡3人以上较大交通事故35起，死亡135人，其中，死亡5人以上的重大道路交通事故8起，死亡63人。

民族地区节庆活动内容丰富多彩，民间自发组织的活动众多。民间活动举办基本上处于自发无组织状态，活动参与者出行方式复杂混乱，交通组织处于无序状态，群死群伤交通事故隐患大。据统计，黔东南州每年民间自行举办万人以上的民间活动达64次以上。道路交通"共同参与、齐抓共管"管理机制未形成，道路交通安全社会化管理作用得不到充分发挥；责任主体部门安全制度形同虚设，安全主体责任落实不到位。榕江县"12.31"赶集面包车超员行驶致10人死亡、2人重伤事故，丹寨县"5.8"农用车违法载人事故，从江县"2·2"客运车辆违规跨线经营致12人死亡、22人受伤事故。监管职责不到位、主体责任不落实是造成事故惨剧的主因。

（三）消防安全管理——责任落实不明确，安全意识较低

尽管在农村火灾防控工作中做出巨大努力，但由于农村点多面广，消防基础设施建设较为薄弱，安全责任落实还存在一定欠缺，群众安全责任意识不足，造成农村小火亡人、火烧连营的问题没有得到遏制。主要体现在：一是基层组织责任落实不到位，部分基层组织对农村消防工作认识不足，履行职责不到位，消防巡查检查、培训演练机制没有真正执行；二是欠缺长效管理机制，后续管理不到位，整改后的隐患出现反弹，未解决消防问题；三是农村群众自防自救能力差，青壮年大量出外务工，留守老、弱、病、残，识灾防灾能力弱；四是消防经费不足，无法顾及边、散、小村寨；五是先天性隐患多，交通不便；六是用电安全知识缺乏。据贵州省统计局2017年公布的数据，2016年贵州共发生火灾4008起，直接经济损失8416万元。

四、加强和创新贵州民族地区公共安全治理的对策建议

（一）依托"大数据""天网工程"，建立治安防控体系

依托"大数据"平台和"天网工程"建设项目，建立健全完善各县、市城区主干道、重点乡镇、重点区域、重点单位、重点路段、治安电子卡口、部位高清

电子视频监控设施建设等运用,实现全覆盖。打造融服务维稳、反恐、侦查、交管等功能于一体的综合性智能化平台,在治安防控中得到有效发挥。在提高社会治理整体水平上多做工作,切实维护社会和谐安定。精准施策,着力营造良好的社会氛围,努力让人民群众在每一起纠纷案件中感受到公平正义,巩固和提升人民群众安全感、满意度。不断提升工作现代智能化水平,推进社会治安防控立体化建设。

(二)以"农村板块"为抓手,对道路交通安全综合治理

公安交警部门加大路面执法力度,互相通勤,实施联勤执法管控。针对不同季节的气候特点提前做预案准备,持续开展对以客运车、农村面包车、低速货车、摩托车为重点的交通违法整治,严厉查处无牌无证、超员、超速、违法载人、酒后驾驶、飙车等严重交通违法行为。对民间节庆活动开展排查,在活动开展前组织有关部门提前介入,重大活动认真制订安保工作方案预案。提前踩点,进行道路交通安全风险评估,精准部署,切实做好活动期间的道路安全组织。合理规划管制,抓好农村赶集、婚丧嫁娶、民间节事活动、春节走亲访友等重点时段路面监控和安全劝导。

(三)理顺农村消防管理体系,进一步提升农村防控能力

为进一步理顺农村消防管理体系,提升农村火灾防控能力,可以从以下几个方面进一步抓好农村消防惠民工程落实:一是从顶层设计出发,在省、州、县、乡成立农村消防专门管理机构,理顺农村消防管理体系;二是大力推动应急救援力量和装备建设任务,对村落消防进行安全改造,进一步夯实农村火灾防控基础;三是推动木质连片建筑村寨完成制高点监测建设,配备预警系统,落实消防巡更员安全监测值班制度;四是对重点村寨建立专职消防队,配备消防车辆、器材;五是全面推广电气火灾监控大数据建设,全面打造村寨火灾立体防控体系。

(四)依托民族特点,规范村规民约

民族地区的首要特点就是民族性,民族性主要体现在人口、民族种类、民族文化等方面。对民族特点进行深入分析,对于发展民族旅游、培养共同的民族认同,建立和谐的民族关系,进而进一步进行社会治理提供支撑。贵州三个民族自治州作为贵州省主要的少数民族地区,他们在公共安全治理过程中不仅本着民族平等、民族团结、协同发展的理念,更重要的是充分了解民族文化、了解各种民

族风俗，并通过村规民约进行有效的巩固，使得民族地区本身固有的民族习惯、民族道德都为公共安全治理服务。

新型城镇化发展与治理现代化

新型城镇化进程中城市
民族关系问题研究

——以安顺市为例

陆元元[①]

一、引言

中国城镇化的发展高度和发展速度在世界各国城镇发展中史无前例,城镇化道路将使中国处于从传统乡城二元结构向城市社会结构转型的社会变迁期。[②]新时代背景下,结构性的城市化问题和创新式的城市化路径将决定一个国家的命运,现届中国政府将"新城镇化"作为中国未来30年发展的重要动力。[③]

"新型城镇化"必然是要以人为核心,均衡考量城市"人的素质与文化行为""产业与就业""生活与质量""制度与政策""文化与传承"以及"土地—自然环境空间形态"六者之间的和谐发展关系,摒弃单一的发展模式,[④]在发展经济产业的同时,谋求实现以人的现代化为核心的城镇化发展模式,这样必然推进少数民族城市市民生活方式的根本变革。新型城镇化发展的"内生性"规律也要求必须将少数民族特色文化城市作为中国城市化发展的典范和样本,这是中国多样化的多层次的城镇化健康与成功的前提之一。

贵州是少数民族聚居的省份,也是少数民族特色文化相互融合的省份,民族地区贫困问题较为突出的省份。自实施西部大开发战略以来,贵州各项事业发展迅速,尤其是少数民族事业。但是一些民族地区少数民族贫困群众数量多,贫困程度严重,造成贵州省脱贫攻坚难度大,工作任务严峻。因此,必须加快贵州省

[①] 陆元元,贵州民族大学社会学专业博士研究生,研究方向:民族地区社会工作。
[②] 张鸿雁.中国新型城市城镇理论与战略实践创新[J].社会学研究,2013(3):1.
[③] 李克强.协调推进城镇化是实现现代化的重大战略选择[J].行政管理改革,2012(11):4-10.
[④] 张丽君.民族地区新型城镇化机制与路径研究[M].北京:中国经济出版社,2015:15.

各方面设施的建立、指标的分配、法治的建设、监督体制的完善等方面的有效持续进行。贵州省各相关单位认真贯彻落实中共中央坚持发展少数民族地区政策，加快促进民族地区和人口较少民族发展，巩固和稳定平等、团结、互助、和谐的各民族间的关系，促进贵州民族地区各民族之间交往交流和交融，进一步推动贵州民族地区的经济跨越发展和社会和谐进步，努力把贵州建成为各民族凝聚力加强、各民族进步速度加快、各民族富强成效显著的多民族发展示范区，确保到2020年与全国同步建成全面小康社会步调一致。

安顺市，寓意"国泰民安、风调雨顺"，[①]距贵州省省会城市贵阳市仅90公里，是贵州省新型城镇化的经济、文化、社会重要发展城市之一。现有43个少数民族聚居于安顺市，具有少数民族特色文化保存相对完整，多数村落仍然留存特色鲜明、浓郁淳朴的多民族风情等特点。2014年，贵州省安顺市委、市政府正式出台建设民族团结进步繁荣发展示范区实施意见，将镇宁、关岭、紫云三个自治县和十一个民族乡建设成民族团结进步繁荣发展示范区。[②]加快建立改善安顺市少数民族地区基本生产生活条件，加强培育安顺市特色民族文化优势产业，坚持着力实施贵州省脱贫攻坚战略部署，认真贯彻落实安顺市民族区域自治相关法律及惠民政策成为安顺市示范点的重要工作内容。安顺不仅作为民族关系和谐城市示范点，而且更是作为国家新型城镇化试点。近年来，安顺市把小城镇建设作为山地特色新型城镇化的建设重点规划项目，在摸索如何加快推动安顺特色经济社会发展道路时，探索出具有自身特色的"一分三向"新型城镇化建设模式：在新型城镇化进程中，以城镇型基础设施和公共服务设施是否延伸到位来划分城镇人口和农村人口，通过"城镇村"服务功能完善、产业支撑能力增强、路网通达性提升，逐步引导农业转移人口"向市区、向县城和重点镇、向美丽乡村"三级载体集中。[③]安顺市从自然环境、地理位置、民族地域特色等方面的自身发展角度出发，加强着力建设安顺地区特色文化示范小城镇，建立以城带乡、乡村联动、一体发展的新型城镇化重要载体。新型城镇化的载体创新性定位有利于整个安顺市城乡面貌加强持续改善，有利于加强特色产业与经济增长发展质量和效益密切结合，有利于民族地区少数民族百姓生活日益富足。

---

① 安顺市人民政府网.安顺介绍[EB/OL].[2018-06-02].http://www.anshun.gov.cn/zjas/asjj/asjj/201703/t20170322_2016512.html.
② 安顺市人民政府网.安顺建设民族团结进步繁荣发展示范区[EB/OL].2014-03-25.http://www.gzgov.gov.cn/xwdt/gzyw/201709/t20170926_1003795.html.
③ 安顺市人民政府网．安顺市打造山地特色新型城镇化示范区[EB/OL].[2017-12-21].http://www.gzgov.gov.cn/xwdt/dt_22/df/as/201712/t20171221_1086554.html.

随着安顺市新型城镇化进程加快，在中央促进民族地区发展相关政策领导下，偏远山区少数民族人口流入安顺市城镇规划的各个乡镇，少数民族人口流动意味着安顺市经济发展，是城镇化进步的必然结果和具体体现。加强少数民族地区民族间语言、文化、经济的交流与合作，增进各民族的了解和认同成为构建和谐城市民族关系工作的重中之重。少数民族人口众多的地区，在民族逐渐融合和相互认同的情况下，不可避免地产生一些影响民族关系的新情况和新问题。根据安顺市的现状，如何加强了解民族关系的新情况，如何正确认识安顺市民族关系问题，如何提出解决此问题的有效的、可实行的措施，是进一步巩固平等、文明、和谐的社会主义民族关系，是构建社会主义和谐社会，全体人民达到共同富裕的重点和难点。

本文以贵州省安顺市为例，以新型城镇化进程为背景，实地调查安顺市民族工作进展状况，结合安顺市民族地区少数民族人口成分构成、分布状况、流动趋势，分析现阶段民族关系的现状、特点及类型，提出当前构建和谐民族关系所存在的问题及相关的制约因素，尝试探索新型城镇化进程中安顺市构建城市和谐民族关系的有效路径。

一、新型城镇化与城市民族关系理论概述

（一）新型城镇化的含义及特征

1. 新型城镇化的含义

2012年，党的十八大报告第一次将城镇化作为国家战略提出，并明确提出"坚持走中国特色新型工业化、信息化、城镇化、农业现代化道路。推动信息化和工业化深度融合，工业化和城镇化良性互动，城镇化和农业现代化相互协调。促进工业化、信息化、城镇化、农业现代化同步发展"[①]。2013年12月12日召开的中央城镇化工作会议，标志着新型城镇化建设从国家角度正式起航。传统的城镇化建设以城市扩展为主，而忽视人的城镇化的倾向，在这一过程中，农民市民化进程缓慢，从而造成了土地城镇化快于人口城镇化，不仅如此，传统的城镇化建设还忽视了生态文明建设。新型城镇化则要求"集约、智能、绿色、低碳"，是全面的、协调的、可持续性的发展模式。《国家发展改革委办公厅关于印发第一批国家新型城镇化综合试点经验的通知》中指出，以促进人的城镇化为核心、以提高

---

① 汪光焘编. 中国城市状况报告（2014-2015）[M]. 北京：中国城市出版社，2014：13.

质量为导向的新型城镇化战略,是现代化的必由之路,也是乡村振兴战略和区域协调发展战略的有力支撑。①中国梦的提出,全面建成小康社会的战略目标,脱贫攻坚及乡村振兴战略的实施,都促使新型城镇化从"物"的发展转向"人"的发展,"人"成了城镇建设中的核心要素。在这一过程中,农民开始向市民转变,生产方式由传统向现代转变,公共服务设施以满足人们的物质文化需要和对美好生活的向往为目标,公共产品的供给也最大限度满足人民利益。

由此,本文认为,新型城镇化不仅包括传统意义上的农村人口向城镇的转移、经济的快速发展以及空间上城市群的发展,还包括在这一过程中,农业人口比重降低,工业、服务业人口比重上升,生产方式朝着规模化、集约化、市场化、现代化方向转变。此外,新型城镇化还体现在城乡协调发展、绿色发展,居民生活水平不断提升、幸福感的不断增强等方面。

2. 新型城镇化的特征

(1)具有明显的中国特色。新型城镇化是中国特色社会主义发展道路的选择,中国特色社会主义的发展道路基于中国独特的基本国情,从中国现有的自身条件出发,满足城乡居民物质与精神文化生活多样化发展的需要。新型城镇化也是中国特色社会主义实践的重要内容与途径,励志于改善各民族的生产与生活环境,一切的艰辛和努力都是为了广大人民群众谋福利,始终为人民群众的幸福生活而奋斗终身。

(2)与工业化齐头并进。新型城镇化离不开工业化,城镇化的发展与工业化的发展相辅相成。新型城镇化为增强各民族地区社会凝聚力提供良好载体,为工业化高水平发展提供支撑条件,工业化发展以建设绿色生态环境优良的高水平、高质量特色城镇化城市为基础,为新型城镇化创造强有力的经济基础。新型城镇化发展要与发展新型工业相匹配,所谓新型工业,是以发展"科技含量高、经济效益好、资源消耗低、环境污染少、劳动力密集"为核心的产业体系,以技术创新为动力、以人力资本为主导、以扩大内需为方向的工业经济结构。②根据各地区自身条件、发展进程、经济实力,新型工业化充分发挥科技引领作用,加快各个地区城镇基础设施建设的更新与发展的进程,改善当地人民群众的生活水平,为当地人民群众创造更多的就业岗位,引导一部分居民易地搬迁,缓解大城市以及

---

① 资料来源于国家发展改革委办公厅下发的《国家发展改革委办公厅关于印发第一批国家新型城镇化综合试点经验的通知》发改办规划〔2018〕496 号文件。
② 郭万超,黄江松,赵雅萍.中国特色新型城镇化道路研究[M].天津:天津人民出版社,2015:73.

中等城市的交通拥堵，减少大城市污染等问题。因此，新型城镇化建立在新型工业化发展的基础上，新型工业化依赖于新型城镇化的建设进度。

（3）与农业现代化协调发展。党的十八大报告提出，"以农业现代化促进农村繁荣，推动城镇发展、城镇化与农业现代化协调发展"[1]。在传统城镇化过程中，大量的农村人口进入城市，支撑了工业化、城镇化的发展，造成农业人口比重下降，在一定程度下牺牲了农村发展机会，剥夺了农村发展平等权利。农业现代化是农业发展的高级形态，主要包括农产品商品化、农业生产专业化、农业技术现代化等。新型城镇化可以为农业现代化提供人才、技术、资金等方面的相关支持，为农业规模化、机械化、专业化创造必要的条件。农业现代化的发展依赖于新型城镇化，新型城镇化支撑着农业现代化发展。

（4）需信息化引领。党的十八大报告还特别强调指出，"工业化、城镇化、农业现代化、信息化同步发展"。在当前信息化时代，各民族人民的生产作息、生活交往、信息获取等生存发展离不开网络的迅速普及，现偏远贫困乡村，交通的闭塞、信息的不流通导致乡村发展几乎处于停滞发展状态。为实现2020年奔小康目标，必须加大力度实施乡村振兴战略，通过加强新型城镇化的网络的设立，建立以信息化、知识化为内涵，用网络形式组织起来的，与新型工业化和农业现代化紧密结合的创新型小城镇。

（5）以人为本质的发展。新型城镇化的发展理念是以人为本。《国家新型城镇化规划（2014－2020年）》指出，新型城镇化要以人的城镇化为核心。新型城镇化要解决所有人的社会保障、就业等公共服务问题。加快改革户籍制度来打破城市化过程中农民与城镇居民享受福利不对等问题。除了制度化的改革，也要加强精神文化发展，即改变生活方式，改善精神文化生活。这些精神文化层面的发展是新型城镇化进程中长期缓慢转变的过程，需要各族人民的努力和共同参与。

3. 城市民族关系的内涵

关于什么是民族关系，不同的学者有不一样的阐释，如有学者认为民族关系是民族生存和发展过程中相关民族之间的相互交往、联系、影响和作用的关系。[2] 也有学者认为民族关系代表着各民族在政治、经济、文化、社会生活、民族心理等相互关系中的冲突与矛盾。[3] 陈智慧认为民族关系涵盖民族平等、民族团结、民

---

[1] 刘玉.农业现代化与城镇化协调发展研究[J].城市发展研究，2007（6）：37-40.
[2] 金炳镐.民族理论通论[M].北京：中央民族大学出版社，1994：262.
[3] 李大健.论发展民族关系与构建和谐社会[J].中央民族大学学报（哲学社会科学版），2010(4)：12-17.

族互助合作、民族和谐、民族发展方面。[1]还有学者认为城市民族关系是指发生在城市区域范围内的、民族内部与民族之间的、和平与矛盾并存但以和平为主的互动关系，是一种发生在所有城市民族成员之间的社会互动关系与可调控系统。[2]笔者认为城市民族关系是在城市发展过程，居住于城市的各个民族生存发展和博弈之间的社会交往关系的总称。

（二）新型城镇化对构建和谐城市民族关系的机遇与挑战

新型城镇化带来了农村人口向城镇的不断转移，带来了城市空间的重构，带来了城市经济的快速发展。这些改变，都使城市中的民族也呈现多样化的特点。农村人口不断进入城市，其中各个民族的人口都进入城市，在城镇化建设的过程中，以不同的方式成为城市中的市民。新型城镇化对构建和谐城市民族关系带来了新的机遇。就贵州地区而言，农村中较多的少数民族人口进入城市，他们在城市中工作、生活，从而促进了各民族之间的交流，打破了传统中各民族以血缘、地缘构建的空间壁垒，促进了和谐的城市民族关系。多元的民族结构形成了多元的民族文化，各民族文化的融合，有利于揭开各民族之间的神秘感、增进了解、化解纠纷。刻板印象也会随着多元民族文化的融入而慢慢消解，也在一定程度上自动地促进了和谐城市民族关系的构建。城镇化也是一个大平台，相同的民族，民族风俗、民族特色便得以聚集，可以为民族特色的发展提供平台，从而保障了城市中民族特色产业的发展。新型城镇化进程中，产业调整，使得第三产业的比重不断提高，从而提供了更多的服务业、手工业的就业机会。这些就业机会，对于进入城市中的各少数民族来说，是其获得经济来源的重要手段。从农村转移到城市，更多的是就业机会增多，可以获得经济收入，从而不断提高生活水平。新型城镇化使得农村中少数民族人口也不断进入城市，并在城市中获得市民化身份，并且经济水平不断提高，共享社会发展所带来的福利。这在一定程度上可以促进民族认同感，使各少数民族感受到国家繁荣、民族和谐，而各民族之间的不断交流，也增进了了解，各民族之间也日益形成彼此相依的命运共同体。

虽然，新型城镇化给构建和谐的城市民族关系带来了很多机遇，但也带来了一些挑战。

新型城镇化进程中，流入城市的少数民族增多，在一定程度上打破了固有的

---

① 陈智慧. 论我国城市化进程中的民族关系[J]. 浙江社会科学，2011(3)：82-87.
② 汤夺先. 试论城市少数民族流动人口问题与城市民族关系[J]. 黑龙江民族丛刊，2008(1)：24-30.

民族结构，多元的民族结构使原来针对某一民族的治理可能失效，需要治理者根据新进入的各民族人口特点来进行治理，从而加大了城市的治理难度。

不同的民族有着不同的语言，他们之间的交流，可能一开始就存在语言不通的问题。而在城市市民化的融入过程中，他们有着不同的风俗习惯，这在一定程度上提高了他们之间产生矛盾的概率。民族矛盾的不断增多，不仅对于治理者是一种挑战，更重要的是容易激发民族之间的矛盾，影响和谐城市民族关系的构建。

新型城镇化强调城乡一体化，强调绿色发展，但这并不能保证，传统的民族文化特色不被破坏。传统的民族文化特色，从农村人口不断进入城市之时，就是一种原始状态的破坏。这是社会发展不可避免的过程。新型城镇化的过程，是一个更深刻、更快速的过程，也在一定程度上加大了对传统民族文化的保护难度。在快速发展的新型城镇化进程中，尽最大努力保护传统民族文化，是必须的，也是必要的。和谐城市民族关系的构建，是民族文化的魂，是民族关系的着力点，应当加以挖掘和保护。新型城镇化进程中，外来民族的流入，在一定程度影响了原有城市少数民族的各种利益。他们为了自身利益，对外来的少数民族有着"排他性"。而流入的少数民族对于"排他性"的歧视，对自身的民族信仰感增强，产生更强烈的利益诉求。他们之间的利益诉求差异很大，甚至存在着对立。这是新型城镇化中难以化解，但又不得不努力化解的矛盾。但他们的利益诉求，却是难以协调统一的，这是新型城镇化进程中和谐城市民族关系构建的重要内容，需要花费更多精力去完善。

二、新型城镇化进程中安顺市民族关系的现状

为了推进中共中央新型城镇化建设，发挥贵州新型城镇化潜力，提高贵州新型城镇化发展质量，促进贵州新型城镇化更均衡和充分的发展。省委省政府做了关于贵州新型城镇化的总体部署，进行了较多大胆的实践，如建设"山地特色新型城镇化示范区"。为确保实施贵州省政府出台的相关文件，安顺市结合当地民族地区发展实际，强化对少数民族贫困地区的政策扶持，推进精准扶贫，促进贫困地区加快发展，确保民贸民品优惠政策得到较好落实，加快推进民贸民品对民族地区经济社会发展的促进作用。加大对民族自治县、民族乡和民族村涉及易地扶贫搬迁群众的扶持力度，扎实推进了民族地区易地扶贫搬迁工作，从而取得显著成效。

（一）安顺市加快推进民族地区易地扶贫搬迁工作

根据相关部门统计，2017年，安顺市各县乡镇总人口302万人，安顺市城内总人口105万人，占总数的1/3。全市居住着汉族、布依族、苗族、回族、仡佬族、白族、彝族等43个民族，少数民族人口为19.8万人，占城市总人口的18.86%；少数民族流动人口为6970人，占流动人口的14.6%。①随着新型城镇化的发展，小城镇建设的推进，越来越多城市周边少数民族村寨进行了拆迁改造，越来越多的少数民族流入城市就业、求学等，少数民族流动人口的数量逐渐增多。因此，少数民族流动人口成为各级各部门关注的重点之一，少数民族流动人口的发展现状，对于构建新型城镇化进程中和谐城市民族关系具有重要作用。

在新型城镇化进程中，安顺市对部分少数民族村寨实施了易地扶贫搬迁方案，少数民族群众搬迁进入城镇，形成了民族社区。为了做好城市民族工作，让少数民族同胞更好地融入搬迁后的社区生活，安顺市制定了《安顺市民宗委2017年民族地区易地扶贫搬迁工作方案》，重点向易地扶贫搬迁群众倾斜，不断加大对民族地区易地扶贫搬迁点基础设施、产业发展的投入力度。安顺市民宗委还成立了民族地区易地扶贫搬迁工作领导小组，依据自身情况，明确易地扶贫搬迁工作职责，积极开展易地扶贫搬迁民族社区建设。2017年上半年，安顺市民宗委积极争取中央少数民族发展资金149万元，用于民族地区易地扶贫搬迁基础设施建设和传统手工艺产业扶持，涉及项目11个，其中基础设施建设项目7个，资金132万元，主要用于机耕道建设、群众活动广场建设、庭院硬化绿化、太阳能路灯安装等方面；传统手工艺项目4个，资金17万元，主要用于易地扶贫搬迁群众传统手工艺技能培训等方面。进一步改善了易地扶贫搬迁群众的人居环境，增强了群众的创业就业能力。②节日承载着各民族的文化血脉和思想精华，是传承和保护民族文化的宝贵资源，是民族团结的重要纽带。因此，积极建设民族节庆活动场所，在易地扶贫搬迁民族社区建设文化广场对民族团结具有重要意义。安顺市搬入城区的3个安置点中，2个安置点建设有文化广场；搬到园区的3个安置点中，2个有文化广场；搬到景区的1个安置点，建设有1个文化广场。③

---

① 资料来源于安顺市民族宗教事务委员会2018年4月5日调研材料。
② 资料来源于安顺市民族宗教事务委员会2018年5月25日调研材料。
③ 资料来源于安顺市民族宗教事务委员会2018年4月4日调研材料。

（二）安顺市民贸民品优惠政策落实情况良好

少数民族地区经济发展离不开民品民贸政策的落实，近年来，在贵州省民宗委的领导和支持下，安顺市民贸民品优惠政策得到较好的落实，对安顺市民族地区经济社会发展起到了积极作用。调查数据显示，安顺市获得国家民委认定的民品企业共 11 家。其中镇宁自治县 3 家，关岭自治县 2 家，西秀区 3 家，平坝区 1 家，开发区 1 家，黄果树旅游区 1 家。获得贵州省民宗委、贵州省财政厅、中国人民银行贵阳中心支行认定的民贸企业共 78 家。其中，镇宁自治县 29 家，关岭自治县 30 家，紫云自治县 19 家。2018 年第一季度，安顺市申请优惠利率贷款贴息的民品企业共 2 家，分别为贵州百灵企业集团制药股份有限公司、贵州牛来香实业有限公司，占民品企业的 18.18%。2 家企业申请流动资金优惠利率贷款余额共计 8.28 亿元，与 2017 年同期相比，增长 0.85%，贷款贴息共计 594.94 万元，与去年同期比相，增长 1%。同季度，安顺市申请优惠利率贷款贴息的民贸企业共 4 家（镇宁 2 家、关岭 1 家、紫云 1 家），分别为贵州柳江畜禽有限公司、紫云自治县土红坡茶业有限公司、镇宁大季节粮油开发有限公司、贵州云上刺梨花科技有限公司，占民贸企业的 5.13%，与 2017 年同期相比，增加 2 家。4 家企业申请流动资金优惠利率贷款余额共计 1.44 亿元，与 2017 年同期相比，增长 15.2%，贷款贴息累计 97.67 万元，与 2017 年同期比相，增长 11.6%。① 由此可见，安顺市民贸民品工作状况进展有序进行，但民品民贸相关企业数量有限。因此，引导金融机构树立培育企业发展、服务地方发展意识，促进双方合作共赢的发展意识。对符合优惠利率贷款发放条件的民贸民品企业，按照相关政策的要求，积极发放优惠利率贷款，培育和发展壮大民贸民品企业，并做好企业的优惠利率贷款贴息操作事宜，从而形成银行与企业相互支持、合作共赢的局面，助推民族贫困地区经济跨越式发展。

（三）安顺市脱贫攻坚工作持续推进

习近平总书记提出"全面建成小康社会，一个民族都不能少"。脱贫攻坚任务艰巨，尤其西部地区的贵州省情况特殊，少数民族群众长期居住在交通信息欠发达的地区，对国家的政策和党的群众路线理解不到位，需要当地政府把民族地区脱贫攻坚工作纳入民族工作的重中之重，不断夯实基础，整合资源，扎实有效开展工作，认真贯彻落实中央、省、市关于脱贫攻坚的重要战略部署。市民宗委先

---

① 资料来源于安顺市民族宗教事务委员会 2018 年 5 月 8 日调研材料。

后召开全市民宗系统脱贫攻坚工作会议,加强对科学治贫、精准扶贫、有效脱贫的思想认识,切实把扶贫工作相关会议精神落到实处。结合安顺市民族工作实际开展,研究制定了《安顺市关于加快少数民族特困地区发展推进精准扶贫的实施方案》,①加快少数民族特困地区发展推进精准脱贫工作的目标任务。为深入了解民族地区贫困现状,开展脱贫攻坚遍访民族贫困乡镇行动。全面掌握民族贫困乡镇的真实情况,为进一步解决民族乡镇的一些特殊困难和问题,支持民族地区加快脱贫攻坚步伐。积极争取中央少数民族发展资金2153万元,省级少数民族发展资金300万元,市级少数民族发展资金145万元。②加大对民族贫困地区的投入力度。深入开展脱贫攻坚宣传培训,转变贫困群众的等、靠、要思想,增强群众自我发展的内生动力。加快民族特色乡村旅游促脱贫攻坚目标建设,以民族歌舞、民族节庆、民族特色饮食、民族体育竞技等民族传统文化为载体,结合少数民族特色村寨优美的自然风光,大力开发旅游产业。通过旅游业带动了服务业、餐饮业、民族手工业的迅速发展。建立项目资金监管系统,督促扶贫资金落实到位,使少数民族发展资金真正惠及民族地区贫困群众。

三、新型城镇化城市进程中安顺市和谐民族关系存在的问题

民族关系问题实质上就是民族差别问题,城乡差别、地域差别也表现为民族差别。③少数民族进入城市,弥补了城市劳动力不足的问题,为城市的发展建设贡献了自己的一份力量,促进了城市经济的发展,加速了城市民族多元化和文化多样性趋势,但同时由于民族间的差异产生冲突,给城市管理工作、城市秩序维持、社会稳定发展、民族关系和谐和整个社会共同进步都带来一些难以避免的影响。安顺市当前民族工作中,民族关系的问题主要表现在以下几方面。

(一)区域经济差异大,民族之间经济利益纠纷增多

民族利益是民族关系的核心问题之一,更是民族关系发展的焦点问题。随着安顺市新型城镇化进程加快,城乡地区少数民族居民重点关注区域上经济发展上的不平衡,迫切要求加快本民族自身的经济、文化、社会的发展,具有资源优势的区域,各个城市、各个象征级各个村落民族群体间的经济收入差距逐渐扩大,

---

① 资料来源于安顺市民族宗教事务委员会2018年5月8日调研材料。
② 资料来源于安顺市民族宗教事务委员会2018年5月25日调研材料。
③ 李吉和. 中、东部地区城市民族关系研究[M]. 北京:民族出版社,2013:104.

易产生以民族特色文化浓厚的乡村旅游村寨,以经济收入、经济地位的隐形民族群体分层,导致民族地区各个村落之间产生隔阂而引发其他相关的经济利益问题。从安顺市的区域性上看,因历史和自然环境带来的经济社会发展水平、进程及发展能力的差异,安顺市西部与东部的各方面经济发展存在着明显的不平衡,在西部地区的两个AAAAA级旅游景区的带动下,安顺市西部地区经济、社会、发展速度比东部发展速度更迅速,使安顺东西部总体上经济收入差距拉大,很大程度上反映安顺旅游区地域性优势,使少数民族地区之间、行业之间存在较大的经济收入差距,导致经济方面民族问题的产生。随着安顺市城镇化的不断推进,越来越多的少数民族人口进入城镇,他们中的大多数进入城镇主要是想摆脱农村繁重的农活和改善自身的经济状况,随着各民族之间相互交往的机会增多,少数民族基础设施具体实施建设区域性推进,民族区域城乡经济收入差距逐渐扩大。经济利益是最容易引发民族矛盾的因素,因为人们对经济利益表现得更加敏感,经济利益遭受侵犯的时候不轻易善罢甘休,涉及经济利益问题时如若不能得到及时妥善解决的话,往往会发展成群体性民族政治事件,从而扩大群体冲突事态,引发民族间的纠纷和矛盾。

(二)民族群众权益难保护,政策落实与实际情况存在差距

新型城镇化中,少数民族人口流动问题是影响城市民族关系发展的一个重要因素,是构建和谐民族关系工作的重点与难点,社会经济文化的快速发展,越来越多的少数民族人口通过婚姻、教育、工作等许多原因而涌入城市,生活环境发生巨大改变。城市民族成分随少数民族的搬迁而逐渐增多,民族自身的民族文化特色也随之一起进入城市社会,增加城市民族文化的多元性,城市也为少数民族提供了更多丰富的资源、更多的机会和更高的平台。

但是由于户籍制度和民族地区特殊条件的限制,少数民族的合法权益在随他们进入城市无法得到妥善处理,比如,就业问题、子女受教育问题、居住环境问题等。民族政策下发到当地正确开展民族工作的时间是一个缓慢的过程,由中央牵头,省级、市级相关部门拟定相关方案,指导性文件、政策性文件的反复工作督查中,到达具体能落实和实施的时间逐渐延长。在少数民族地区易地扶贫搬迁中,安顺市遇到的困难之一包括少数项目资金落实进度缓慢,影响易地扶贫搬迁工作进程。少数民族地区的人民嵌入城市民族融合的环境中,不能享受与当地居民同等待遇,且由于少数民族群众因自身文化素质因素的限制,法律意识普遍淡薄,在遇到困难时未能及时寻求正确的法律的途径进行维权,而使用忍受与非法

抵抗的方式表达自己的不满。更有部分群众受不法分子鼓吹成立非法民族聚众组织，不积极支持各单位各部门行政工作，违反城市治安管理条例，甚至上升为民族群体冲突等恶意性事件。从而造成城市民族关系紧张，民族隔阂或民族歧视，不利于民族工作的有效展开，不利于民族关系和谐发展。

（三）民族文化相互碰撞，新型城镇化进程对当地民族文化的冲击

安顺市新型城镇化进程，民族文化随同少数民族流动人口一起进入城镇，各种少数民族文化相互交织，体现安顺市民族文化多样性。有部分地区长期居住在交通闭塞的边远山区乡村环境等原因，民族文化保存相对完好，这部分少数民族群众由于国家民族政策宣传、子女教育或城乡建设、扶贫搬迁等因素进入城镇或城市，由于各民族间文化的独特性和差异性，一些当地民族对其他民族饮食、服饰、婚丧嫁娶等民族文化不了解，总是把自己的文化作为衡量标准，认为自己的文化就是最好的最优秀的，认为其他民族文化都是不好的、落后的。在进行民族交流和互动过程中可能触碰到某些民族文化的忌讳而不自知，对民族间文化交流产生不利因素，影响民族彼此之间的情感。不同的民族具有不同的风俗习惯，婚丧嫁娶有自己的民族特色，尤其与汉族有明显区别。安顺市是汉族与少数民族聚居的城市，天空屯堡以明朝汉族文化保存完好而著名，周边地区多数为少数民族村落，特殊的历史背景、独特的地理环境、具有强烈色彩的多民族文化相互交织，使安顺市成为少数民族文化在城市生活中的一个缩影。安顺也成为一个在新型城镇化进程中少数民族文化在城市中得以保留、传承、发展的重要阵地。由于少数民族内部文化认同带有选择性，容易更倾向于认可自己民族内部的文化，所以在使民族内部凝聚力增强的同时，会阻碍与其他文化相融合的渠道。

四、新型城镇化进程中安顺市构建城市和谐民族关系的有效路径

安顺市自身的地理区位、自然环境和社会经济发展决定安顺市不可能走中东部发达地区传统的城镇化发展路径，根据安顺市自身发展战略目标、社会经济基础、自然地理环境等约束条件，科学合理选择符合安顺市实际的特色的城镇化发展路径。针对少数民族地区特色城镇化路径的发展指引，探究安顺市构建和谐民族关系的有效路径选择。

（一）新型绿色生态城乡规划路径选择，建立民族地区特色生态文化小城镇，改善少数民族生存环境，提升幸福感

新型城镇化所建构的城镇承担着重要的生态保障功能和职责，安顺市结合民族特色文化浓厚特点重点建设特色文化示范小城镇，大力调整经济产业结构，转变当地少数民族生产生活方式，创新安顺市环境保护机制，深度挖掘民族文化资源潜力，走绿色生态与民族文化相结合的城镇化发展道路。

安顺市要实现城镇化的绿色生态发展，就要转变城市发展路径理念，树立生态环境保护意识，逐渐完善生态卫生系统、生态安全格局和健全生态经济体系，引导少数民族地区群众自觉形成生态价值文化理念，强化群众生态保护行为模式，使生态保护理念成为各民族群众的自觉思想、意识和行为，有效实现安顺市全面可持续生态城镇化发展。安顺市是以汉族和布依族为主的少数民族聚居区，民族文化底蕴浓厚，文化形式丰富多样，充分发挥东部民族文化特色资源以及西部生态文化资源优势，充分挖掘两种资源的潜力与再生能力，不断促进两种优势资源齐头并进、融合发展。安顺现阶段的特色文化示范小城镇还处于初期准备阶段，民族文化真正开发利用在其中的项目甚少，旅游品质还处于初期的粗放式阶段，对特色小城镇的经济打动非常有限，建设特色小城镇示范旅游发展中应该充分挖掘和利用民族文化的内容，并把它融入民族地区基础设施建设、少数民族手工艺品开发、旅游特色文化小镇产品设计、当地民族旅游文化表演、生态民族文化城市规划建设等各个环节上，不断提升民族文化凝聚力，增强其对游客的吸引力，提升安顺市旅游业的发展水平和效益，增强旅游业对特色文化小镇经济的拉动。生态环境改善，经济收益的提升，民族群众生存环境质量提高，对增强民族幸福感，构建安顺市和谐民族关系的作用举足轻重。

（二）特色产业与当地产业结合的扶贫路径选择，促进民族地区经济与资源互动发展，提高民族群众实际收益

安顺市在按照国家和省的指示执行脱贫攻坚工作时强调，以特色产业发展促进精准扶贫，着力推进特色产业扶贫，促进少数民族地区乡村特色产业发展。特色产业扶贫是指少数民族地区依托自身的条件优势，科学合理地选择扶贫特色产业，提高民族地区贫困人口的自我发展能力和参与能力，实现区域特色小城镇发展带动扶贫，精准扶贫开发促进安顺地区发展的整体性扶贫模式。特色产业扶贫方式不仅可以推动安顺市经济发展和实现贫困人口整体脱贫，而且也可转换和优化当地特色文化产业机构，使原有的贫困人口能够融入文化产业经济的发展之中从而推动特色城镇化的发展进程。特色扶贫产业发展到一定阶段后，少数民族地区贫困人口的自我发展能力将有所提高，当地特色产业基础将进一步增强。当达到特色扶贫产业发展的中期阶段时，安顺市民族地区应因势利导，积极引导特色民族产业向更高层面发展，实现特色文化产业升级换代，促进安顺地区特色工业、特色农业、特色民族产业之间的联动融合，使带有区域性色彩的特色产业真正成为推动安顺市新型城镇化的支柱推动力。在特色民族文化产业方面，安顺市应通过创新制度推进招商引资、多元化入股方式，加快发展带动力强的龙头企业，鼓励当地龙头企业与地区的中型企业采取合资、合作及公司加农户的方式，提升企业引导能力。依托现有的民族"节庆"、民族服饰文化品牌和特色手工艺加工等特色农业产业基础。推进特色农业基地建设。大力推进以特色旅游业为支柱产业的特色化和高端化发展，实现安顺市旅游产业的联动与融合。实行"套票"景区捆绑销售制度，科学合理权重进行收益分配，根据市场追踪调查，权重灵活变动，促进安顺所有旅游景区的互动协作，实现多方共赢目标。

（三）交通网络辐射带动区域经济路径选择，实现安顺市城乡交通网络化和现代化，增强民族地区对外交往能力

安顺是贵州省下辖的地级市，位于贵州省中西部，距贵州省省会贵阳90公里。交通区位条件得天独厚的优势，对当地社会经济文化的发展起决定性的作用，然而，安顺西部与六盘水市接壤，具有典型的山区和地级市边界区域特征，民族区域人流、物流、资金流、信息流和生态流等生产要素的流动受到一定限制，安顺地理区位和自然条件决定了其过路性特征，为加强各民族之间的交往，应构建良好的现代化综合交通系统。积极培育和构建民族地区对外联系交通网络，促进安顺市内外人流、物流、资金流、信息流和生态流的发展，通过科学合理的引导与组织，促进区域内生产要素的聚集，从而加快安顺整体区域城镇化可持续发展。从安顺市目前的对外交通现状来看，湘黔、川黔和黔桂铁路穿过安顺，有来自北京、上海、重庆和广州等地的列车在安顺停靠。而贵昆铁矿更是贯穿安顺全境。贵黄高速使贵阳经安顺至黄果树仅需2小时，"黄果树"号旅游列车每日往返于贵阳和安顺两地，安顺黄果树机场距安顺市中心仅6公里，已经正式通航。

对外交通系统对安顺市的新型城镇化和民族经济文化发展总需求来说，远远不够。应结合民族区域特色文化发展战略目标定位，充分利用国家多重扶贫政策、优惠政策。积极争取重大交通建设项目，积极规划和利用交通主干道的重要交通轴，科学合理规划少数民族地区特色小城镇交通要点，加快实现以安顺市城区为中心，与各乡镇交通之间的衔接，加快实现安顺市公路网络现代化。让交通成为引导和支撑安顺城镇化发展的着力点，加快建成适合山地民族地区、交通结构完善、有机灵活的现代化山地型综合交通系统，促成以安顺城区与周边城镇高效对接的运输服务。加强安顺市城区和乡镇之间的民族经济文化的密切联系，促进人流、物流、信息流等生产要素的集聚，从而促进安顺新型城镇化的健康可持续发展。进而为构建和谐城市民族关系打下牢固的基础，促进各民族共同进步、共同发展、共同繁荣。

参考文献

[1] 安顺市人民政府网.安顺介绍[EB/OL].[2018-06-02].http://www.anshun.gov.cn/zjas/asjj/asjj/201703/t20170322_2016512.html.

[2] 安顺市人民政府网.安顺建设民族团结进步繁荣发展示范区[EB/OL].[2014-03-25] http://www.gzgov.gov.cn/xwdt/gzyw/201709/t20170926_1003795.html.

[3] 安顺市人民政府网.安顺市打造山地特色新型城镇化示范区[EB/OL].[2017-12-21] http://www.gzgov.gov.cn/xwdt/dt_22/df/as/201712/t20171221_1086554.html.

[4] 陈智慧.论我国城市化进程中的民族关系[J].浙江社会科学，2011(3).

[5] 郭万超，黄江松，赵雅萍.中国特色新型城镇化道路研究[M].天津：天津人民出版社，2015.

[6] 金炳镐.民族理论通论[M].北京：中央民族大学出版社，1994.

[7] 李吉和.中、东部地区城市民族关系研究[M].北京：民族出版社，2013.

[8] 李克强.协调推进城镇化是实现现代化的重大战略选择[J].行政管理改革，2012(11).

[9] 刘玉.《农业现代化与城镇化协调发展研究》[J].城市发展研究，2007,14(6).

[10] 李大健.论发展民族关系与构建和谐社会[J].中央民族大学学报（哲学社会科学版），2010(4).

[11] 汤夺先.试论城市少数民族流动人口问题与城市民族关系[J].黑龙江民族丛刊，2008(1).

SWOT 视角下新型城镇化发展现状分析

——以贵州省毕节市为例

周 素[①]

一、引言

　　李克强总理曾说:"城镇化不是简单的城市人口比例增加和面积扩张,而是要在产业支撑、人居环境、社会保障、生活方式等方面实现由乡村到城市的转变。"城镇化的发展促进了资源优化配置,扩大了内需,提升了公共服务水平;新型城镇化则要求"集约、智能、绿色、低碳",是全面的、协调的、可持续性的发展模式。2017年10月国家统计局副局长毛有丰曾说:"城镇化是现代化的必由之路,是我国最大的内需潜力和发展动能所在,对全面建设社会主义现代化国家意义重大。"毕节市近年来城镇化率快速提升,但城镇化质量有待提高。本文旨在立足客观实际,分析毕节市城镇化现状,为毕节市在城镇化进程中如何更好地推进和加快城镇化发展提供建议与思路,加强城镇化的理论研究,使毕节走出一条质量型增长道路,实现城镇化的合理发展。

二、新型城镇化的含义及特征

(一) 新型城镇化的含义

　　党的十八大提出"四化"同步发展战略,其中就包含了第一次作为国家发展战略的"城镇化"。同年的中央经济工作会议也第一次提出要将生态文明融入城镇化发展之中,传统的城镇化建设以城市扩展为主,而忽视人的城镇化的倾向,在这一过程中,农民市民化进程缓慢,从而造成了土地城镇化快于人口城镇化,不

[①] 周素,女,贵州民族大学2017级社会学硕士研究生。

仅如此，传统的城镇化建设还忽视了生态文明建设。新型城镇化则要求"集约、智能、绿色、低碳"，是全面的、协调的、可持续性的发展模式。《国家发展改革委办公厅关于印发第一批国家新型城镇化综合试点经验的通知》中指出，新型城镇化战略要以人为核心，提高城镇化质量，其是乡村振兴战略和区域协调发展战略的有力支撑。中国梦的提出，全面建成小康社会的战略目标，脱贫攻坚及乡村振兴战略的实施，都促使新型城镇化从"物"的发展转向"人"的发展，"人"成了城镇化建设中的核心要素。在这一过程中，农民开始向市民转变，生产方式由传统向现代转变，公共服务设施以满足人们的物质文化需要和对美好生活的向往为目标，公共产品的供给也最大限度满足人民的利益。

新型城镇化与传统的城镇化相比较，其"新"在于城镇化率提升的同时更加注重城镇化的质量，不仅仅是注重数量上的变化，并且坚持以人为本，走生态路线。其包含了传统意义上的农村人口向城镇的转移、发展经济及城市群的扩大的同时，还包含了工业、服务业人口比重上升，生产方式转变得更加产业化、现代化。在过去粗放式的生产和资源的利用导致了资源利用率低、环境的污染，新型城镇化明确地提出要走资源合理利用和环境保护路线。新型城镇化在合理布局上提出，大中小城市和小城镇协调发展。除此之外新型城镇化还体现在城乡统筹发展，走绿色、生态、低碳发展，不断满足居民生活、生产需求，增加居民幸福感等方面。

（二）新型城镇化的特征

1. 城乡协调发展

新型城镇化是为了构建和谐的城乡关系而产生，致力于弱化城乡二元结构，改变农村贫穷、落后的面貌。在新型城镇化进程中，农村人口转移到城市，并通过手工业、服务业的发展来改变生活方式，并且通过产业的规模化、集约化、市场化、现代化来不断促进经济的快速发展，从而不断提高人民的生活水平。城乡协调发展，是新型城镇化的基本特征，也是其本质特征。

2. 农村人口市民化

在传统城镇化过程中，农村人口大量进入城市，但并未解决农村人口的身份问题。但在新型城镇化过程中，农村人口的市民化，使其从身份上真正成为城市市民，而不是城市社会中的边缘人。新型城镇化水平的衡量标准之一是城镇人口占该地区总人口的比重，各地区都采取各种措施来使农村人口的身份市民化，农村人口市民化的不断合法、合理化，使得新型城镇化水平也不断提高。

3. 经济快速发展

经济快速发展是新型城镇化水平的又一重要特征。三大产业的调整、资源的优化配置，是新型城镇化的重要支柱。推进新型城镇化的重要一环，就是不断调整三大产业结构，而在产业调整的过程中，资源的优化配置将进一步促进经济的快速发展。

4. 城市建设快速发展

城市的基础设施建设是新型城镇化建设的外在特征。城镇化发展得如何，其基础设施建设可见一斑。城市建设作为新型城镇化建设的空间载体，现代化城镇的建设，是其主要特征。现代化的城市建设，要求布局合理、持续健康，不断满足人民的物质文化需要。

5. 绿色发展

新型城镇化与传统城镇化相比，最主要的特点之一就是新型城镇化以绿色发展为理念，摒弃了传统城镇化建设中以"城市发展"为核心而忽视对环境的保护的现象。新型城镇化建设秉持绿色、环保的发展理念，建设宜业又宜居的城镇。旅游小镇的兴起，就是新型城镇化建设的一个典范，既发展了经济，也合理开发了资源，给人们带来经济收入的同时，也带来了精神上的享受。

三、毕节市城镇化发展现状

（一）经济生活发展现状

毕节地区 2013 年至 2017 年地区生产总值分别是 2013 年 1041.9 亿元，2014 年 1266.7 亿元，2015 年 1461.3 亿元，2016 年 1625.8 亿元，2017 年 1841.6 亿元。2017 年按产业划分，第一产业 20.6 亿元，占地区生产总值比重为 20.6%；第二产业 37.6 亿元，占地区生产总值比重为 37.6%；第三产业 41.8 亿元，占地区生产总值比重为 41.8%。人均地区生产总值为 27690 元，比去年增加 3146 元。

表1 2013－2017年地区生产总值及增长速度

年份	地区生产总值（亿元）	同比上年增长率（%）
2013年	1041.9	15.3
2014年	1266.7	15.1
2015年	1461.3	14
2016年	1625.8	12.9
2017年	1841.6	11.7

资料来源：《毕节市2013至2017年国民经济和社会发展统计公报》，毕节市统计局

表2 2013－2017年三次产业占地区生产总值比重

年份	第一产业（%）	第二产业（%）	第三产业（%）
2013年	18.4	42.4	39.2
2014年	18.7	40.6	40.7
2015年	20.9	38.2	40.9
2016年	21.2	38.0	40.8
2017年	20.6	37.6	41.8

资料来源：《毕节市2013至2017年国民经济和社会发展统计公报》，毕节市统计局

（二）城市化率发展现状

毕节市2013年至2014年城镇化率分别为2013年占比31.67%；2014年占比33.97%；2015年占比30.90%；2016年占比40.00%；2017年占比41.20%，其中常住人口665.97万人，城镇人口274.51万人，乡村人口391.46万人。

表 3 2013—2017 年毕节市城镇化率

年份	常住人口（万人）	城镇人口（万人）	毕节市城镇化率（%）
2013 年	653.82	207.06	31.67
2014 年	654.12	222.20	33.97
2015 年	660.61	204.13	30.90
2016 年	664.18	265.67	40.00
2017 年	665.97	274.51	41.2

计算公式：**城镇化率** =地区城镇人口/地区总人口× 100%

资料来源：《毕节市 2013 至 2017 年国民经济和社会发展统计公报》，毕节市统计局

（三）毕节市人民生活状况

2017 年，城镇常住居民人均可支配收入为 27320 元，农村常住居民人均可支配收入分为 8473 元；2017 年，城镇常住居民人均消费支出 15736 元，农村常住居民人均消费支出 8072 元。其中食品烟酒占城镇常住居民消费支出比例 29.9%，占农村常住居民消费支出比例 33.3%。按照恩格尔系数，毕节市人民生活较富裕。

表 4 2017 年城乡常住居民人均可支配收入

指标名称	绝对数（元）	占可支配收入的比重（%）	比上年增长（%）
城镇常住居民人均可支配收入	27320	-	9.1
工资性收入	14096	51.6	3.6
经营净收入	6735	24.7	18.7
财产净收入	2330	8.5	20.6
转移净收入	4158	15.2	8.4
农村常住居民人均可支配收入	8473	-	10.5
工资性收入	3440	40.6	19.7
经营净收入	3302	39.0	-2.0
财产净收入	28	0.3	47.4
转移净收入	1700	20.1	21.2

资料来源：《毕节市 2017 年国民经济和社会发展统计公报》，毕节市统计局

表5 2017年城乡常住居民人均消费支出

指标名称	绝对数	占消费支出的比重（%）	比上年增长（%）
城镇常住居民人均消费支出	15736	-	11.2
食品烟酒	4699	29.9	0.6
衣着	1203	7.7	0.2
居住	3484	22.1	18.3
生活用品及服务	1226	7.8	31.5
医疗保健	858	5.5	23.4
交通通信	2168	13.8	30.0
教育文化娱乐	1747	11.1	2.7
其他用品与服务	351	2.2	4.4
农村常住居民人均消费支出	8072	-	11.3
食品烟酒	2689	33.3	-2.3
衣着	436	5.4	3.2
居住	1694	21.0	9.8
医疗保健	668	8.3	62.8
交通通信	938	11.6	39.0
教育文化娱乐	1126	14.0	21.1
其他用品与服务	95	1.2	-0.2

资料来源：《毕节市2017年国民经济和社会发展统计公报》，毕节市统计局

四、基于毕节市城镇化现状的SWOT分析

（一）优势分析

1. 区位交通优势

毕节市地处云贵高原，贵州省的西北部，占地面积26853平方公里，包含有七星关区、赫章县、大方县、金沙县、织金县、纳雍县、威宁县和黔西县。毕节东面有三个县（金沙、织金、黔西县）与本省的遵义、贵阳接壤，毕节南面有四个县（织金、纳雍、赫章、威宁县）与本省的六盘水市、安顺市相连接，毕节西面三县（威宁、赫章、毕节）与云南相通，毕节市北面七星关区接四川省。可看

出毕节市位于西南地区的中心位置，区位优势显著，是西南地区的交通要塞。毕节的交通日益完善，至 2017 年毕节市公路里程 3.19 万千米，其中高速公路里程 757 千米，农村也早已是村村通公路。铁道路线现已有两条，在建两条；已有铁路分别是内昆客运铁路（内江到昆明经威宁、织金县），织毕铁路（织金至毕节铁路）。在建中的有成贵客运专线，又称成贵高铁（成都东到贵阳东经毕节市七星关区，及大方县）；同时在建的还有"毕水兴"铁路（毕节到兴义经六盘水，黔西南州）。毕节航空交通，有毕节飞雄机场，其共开通了 21 条航线，可达城市 23 个。明显看出毕节不论是区位优势还是交通优势都十分显著，毕节市是未来西南地区重要的铁路枢纽城市和现代物流中心。

2. 资源优势

毕节市矿产储量大，种类丰富，已知矿产就有 60 多种，其中铜、铅、硫铁等矿产都是位居贵州榜首的，磷矿的储量在全国也是数一数二的，无烟优质煤的储量达 256 亿，占贵州全省的 48%，在西南以至全国储量都是靠前的。不仅如此，毕节的山地和良好的生态使得毕节的生物资源多样，已知动植物就有两千八百多种，农产品丰富，盛产竹荪、大蒜、辣椒、核桃、油菜等，烤烟产量占全省 40%，独特的山地地貌使得毕节还生产各类中草药，如天麻、杜仲、三七、五倍子等，它享有天然药园等声誉。水能资源也是极其丰富，水能可开发量为 160 万千瓦，火电和水电总开发量达 660 万千瓦。

3. 生态环境优势

毕节市最大的优势在于优美环境和清新空气。毕节市特殊的地理位置和自然环境造就了毕节独有的自然风光和旅游资源，毕节拥有世界上最大的天然花园：百里杜鹃、中国三大高原淡水湖之一草海、天下第一洞织金洞等一系列国家风景名胜区、国家自然保护区。全市森林面积 2127 万亩，并且毕节的 PM2.5 平均值都在 50 以下，空气怡人。陈敏尔省长曾经说过"空气就是人气，有了人气就有了财气"。在毕节可以看到青山绿水、星辰皓月，这些优势吸引着投资者和游客的到来，既发展了经济又保全了生态。毕节生态环境优势显著，且坚持着"既要金山银山，也要绿水青山"的绿色发展战略，打造着属于自己的生态品牌。

（二）劣势分析

1. 经济水平低，生产发展方式落后

虽然毕节 GDP 增长快，但由于起点过低，所以在城市建设这一块的财政压力还是很大，城市建设资金不足，导致城市的公共服务设施难以得到良好建设。在融资方面,毕节政府的融资渠道不稳定,以致资金投入也不稳定。毕节市2017年的生产总值1841.61亿元,但是相比贵阳市,其生产总值仅为贵阳的52%,同其他沿海一线、二线城市比较相差更远。

至2017年毕节市轻工业增加值为111亿元,仅占重工业的三分之一,由此可以看出毕节市的工业结构发展不均衡,层次较低,简单的资源开采和粗放的原材料加工比重大,重工业的占比并不利于社会经济的发展。首先,其加剧了资源的消耗;其次,因为重工业只需要很少量的劳动力,就业空间小,居民的就业率低。对社会经济发展较好的轻工业却没有得到有效的发展。农业方面,毕节市的农产品商业化和产业化较低,大部分农产品生产后都只有粗加工,这些原材料和粗加工的农产品和矿产品以低价售出,但居民生活需要的深加工品和消费品却又只能以高价从省外购买,造成毕节的入不敷出,导致毕节社会经济发展滞后。

2. 城镇化率低,城乡差距较大

毕节市城镇化快速发展,至2017年毕节市城镇化率达41.20%,但与全省平均水平46.02%比较稍有差距;与本省省会城市贵阳市的74.80%城镇化率相比较相差甚远。城镇化的滞后,使得毕节的农产品需求受到很大的抑制。毕节市特有的山地地貌使其拥有了特色农产品的同时,也因为山地切割地形带来了交通不便,阻碍了农产品与城市市场的联系,贵州农村虽然已经实现村村通公路,但是山路崎岖,农产品想进入市场依旧十分不便。加之毕节市以小农户为主,导致农业生产的专业化、规模化较低,农产品的商品化阻力大。农产品产业链的不完善导致农业生产积极性低,较低的收入导致农村相对活跃的人口,选择放弃土地向城市迁移,农村发展越发缓慢,增收缓慢使经济更加落后,贫困人口比重随之增加,城乡间的差距也越拉越大。

3. 城市基础设施滞后,不能满足市民需求

毕节市的城镇化建设中,城市的公共基础设施建设起步晚,资金缺口大,配套功能设施不完善,无法解决市民的各种生活的基本需求。就毕节的基础设施来说,如供水、供电、图书、医疗都是欠缺的,据笔者调查,单就供水这一项,毕节很多县或镇上的供水设施落后,许多地方至今没通自来水;其中包括七星关区某镇、纳雍县某镇和大方县某镇等,除此之外毕节市的所有基础设施均低于国家水平。在市民所需求的住房、行车、停车、就学、就医、休闲等设施方面,更是缺位,很多设施都无法满足市民需求。

（三）机会分析

1. 国家政策支持

毕节试验区自 1988 年成立以来，一直受党中央、国务院等的高度重视。首先，毕节试验区一直以来坚持经济开发建设、人口控制等国家的政策安排，发展颇有成果，在新时代下毕节市不仅仅重视经济发展同时也注重生态保护，将生态建设与经济开发齐头并进，生态保护中实施经济开发，经济开发中带动生态建设。全市全面发展，做到可持续的经济、生态发展。毕节试验区建设的这些年为毕节打下了夯实的基础，有利于毕节日后发展上升。其次，毕节享有国务院《关于西部大开发若干政策措施的实施意见》规定的《关于实施西部大开发若干政策措施的通知》等优惠政策措施，国家政策使得西部地区的吸引力、竞争力得到提高。与此同时，毕节对人才和科技的吸引力也得到了提升，加之毕节的资源丰富，可将其丰富的资源转变为经济优势。最后，2018 年是毕节试验区成立 30 周年，同时也是为 2020 年决胜同步小康关键的一年，党的十九大报告指出生态文明建设关乎民族和国家命运，毕节市是生态环境优美的脱贫主战场，应该抓住国家政策帮扶的机遇，做到百姓富、生态美，提高软硬城市基础条件对提升城镇化发展的效率及质量。

2. 产业转移的经济发展的机遇

经济全球化深深地影响着中国发展，推动着中国产业的变革与结构调整，在博鳌论坛中习近平主席提到中国的大门只会越开越大，中国在全球化中的影响力显著，同时因全球化的影响，为了国内和国际两个市场的发展，我国的产业发生大范围的转移，由东部的沿海发达地区转移到西部发展地区，因西部地区劳动力成本较低，资源丰富，土地宽广，所以在东部各方面资源紧张的情况下相关产业逐渐向中西部转移，转移涉及的行业面广。而毕节市作为西南地区的中心城市、交通要冲，更加应该抓住机遇，积极改善硬软件基础设施，做东部产业转移的受益者和助力者。

（四）威胁分析

1. 生态环境脆弱

毕节市是典型的喀斯特地貌，此种地貌生态脆弱，耕地指数低。如在建设中不注重生态保护，土地涵养水能力会更弱，耕地缩减；农田本就较少，如有石漠化农田便很难再恢复适耕性，农业的发展会受到很大的阻碍，影响市民的生活，使得农村靠务农的贫困人口更加贫困,如遇地质自然灾害生态恶化将会恶性循环,那时生态问题、贫困问题并发,将会严重阻碍社会发展,所以在城镇化的过程之中要把生态破坏降到最低,注重绿色发展,坚决不走先发展后治理的老路。

2.空间局限性

由于毕节处于山地城市,在山地的阻隔下空间的利用率更要做到合理的布局,毕节市平地、耕地、可开垦面积本就较少,无论是开展轻工业,扩大城镇范围,还是完善交通,都不免占用耕地,毕节教育较为落后,失去耕地的农民,被赶上楼房,很有可能会产生大量的失业问题,易地扶贫搬迁虽好,但要让这些农民搬迁后过上好日子,做到真正有质量的城镇化也是一大问题,做不好空间合理利用,到最后只会得不偿失,例如,一些县份上的空心工业园区即是如此,占领耕地,打造园区,但是却根本没有完整的产业链,最后变成了没有企业的空心工业园区,造成了资源的浪费和环境的破坏等现象。

五、加快推进毕节市新型城镇化发展的思路

基于上述分析可以得知,促进毕节市的城镇化发展,必须发挥毕节市区位交通、资源及生态环境优势,客观认识毕节市的经济水平低,城乡差距较大,城市基础设施较为落后等劣势,对生态环境和空间局限两方面的危险做好规避,利用好国家优惠政策和产业转移的机遇。以城市为基点,以产业为支撑,以交通为纽带,以生态环境为底线,充分学习运用新型城镇化的发展模式,做到以人为本,走一条城乡统筹、生态绿色发展的道路。笔者在此提出以下几个坚持作为推进毕节市城镇化发展的思路。

(一)坚持合理布局规划,产业整合

毕节市市域城镇体系规划的缺位,导致发展不均衡,为避免区域发展失衡,我们必须在城镇规划时以可持续发展为指导,注重城镇布局的全面性、系统性和合理性,布局时应做到宏观的科学的协调,完善基础设施的同时避免设施的重复带来的浪费,政府应做到新时代下的服务型政府,提高城市管理服务水平,做好城市的供水、排水、污水处理等与人民生活息息相关的基础设施的建设与管理。

城镇化率高速发展的同时,更需注重城镇化的质量,产业发展作为城镇化的动力,其整合与发展尤为重要,对工业、农业、服务业、高科技产业都要做好调节、管理,利用好毕节资源优势做好特色产业的培育,重视工业园区的建设,利

用工业推进城镇建设，增强农产品的专业化与商业化，提升特色农产品市场竞争力，做好工农互惠，并加大以特色旅游为引领的现代服务业的发展力度，鼓励支持高科技技术行业的创立与就业，打造毕节独特的优势产业。

（二）坚持做好以人为本的城乡统筹

毕节市域内城乡发展不协调明显，所以在城镇化布局规划时，对城乡的经济发展和基础设施建造要坚持走城乡一体化的发展。不孤立地追求城市的大，要坚持大中小和小城镇的合理布局，积极推动以小城镇为首的乡村发展，以小城镇建设促进城乡一体化发展，以城镇带动乡村发展，工业促进农业发展。

改革和发展中受城乡二元结构的影响，出现了特殊的人群城乡农民工，目前毕节市外出务工农民以占农村人口总收入50%。尽管政府部门已经采取不少措施希望农民工回乡务工发展。以人为本的城镇化即是要推进城市经济和各行各业的发展尤其是服务业的发展，为返乡的农民工创造就业机会，要改善农民工境遇，要在住房保障、医疗社保、养老保险等方面为农民工在本市能够安家提供基本条件；使农民工享受公平的公共服务，减少其后顾之忧；在全市的发展上走集中化路线，集中乡村散居人群，做社区集中便于管理，做耕地集中便于农产品商品化，做工业向园区集中便于经营，做到城乡共享平台、资源。

（三）坚持文化引领发展

毕节市具有悠久的历史文化的同时民风浓郁，并且还是古夜郎政治经济文化中心和古人类文化的发源地，毕节民族包括彝族、苗族、回族等世居少数民族17个，以彝族阿西里西、苗族滚山珠等为代表的民族风情多姿多彩，并且红军长征时途经毕节，在毕节设立了中华苏维埃川滇黔省革命委员会，毕节人民积极参与革命，为毕节沉淀了深厚的红色文化。所以在毕节市的城镇化发展之中，我们应该保护利用好历史文化，挖掘民族民间文化，弘扬红色文化，依赖文化来塑造独特的毕节城镇文化。首先，将文化定位作为城乡规划的必备内容，准确定位、长远谋划，充分体现各地的地域特点、文化内涵，充分发挥历史名城、历史建筑、优秀传统文化的作用。其次，在城镇的建设中应该融入特有的民族特色，打造有民族特色的建筑、别具一格的城市风貌，做独特的、个性的毕节城市。最后，要发展好城镇文化产业，做到文化产业工业化，提供精神产品，满足人们的文化需要。加强文化产业链的完善，鼓励制作影视音像，印售图书报刊，民族建筑建造、装潢，民族服饰设计或是舞蹈演出、戏剧表演等文化行业的发展。

（四）坚持独特的山地特色，生态、绿色路线

毕节属于山地城市，环境优美，更应该坚持走好生态绿色路线，利用好山地资源，特别是山地特色农业资源这一独特优势，充分利用供给侧，改革农业产业结构，推进农产品的生产专业化和销售商业化，以促进农村发展和农民增收。积极发展毕节独具特色的中草药、烟草及果蔬等农副产品生产及加工产业，建特色基地、强龙头企业，拓市场空间，让特色更特，让优势更优。毕节山清水秀，拥有很多的旅游资源，毕节市在生态、绿色这条路上应充分发挥得天独厚的自然风光资源优势，将毕节打造成养生、度假、旅游胜地。以大方九洞天、百里杜鹃、织金打鸡洞、威宁草海、赫章韭菜坪等自然风光为基础，加强完善旅游服务设施，提高旅游景区知名度，提升旅游综合服务水平，重视培育旅游业，将其作为毕节经济的发展的战略性支柱产业。

毕节应区别于一些以工业化为主导的城市，大力发展旅游业，创造一个属于新时代的新型城镇化城市，以旅游业为主的新型城镇化，它可以使旅游区农民转化成旅游区管理、服务人员，在开发旅游区时也可以将农民转变为股民，让农民以土地、人力、资金等入股，与此同时，农民还能够展开一些旅游区兼职的副业，如做民宿、农家乐、餐饮等。农民将拥有多重产业身份，这样既可提高农民收益，又可留住农民在乡创业。重点是旅游业与社会各方的关联度高，且其是低污染、低能耗的产业，有助于生态保护，毕节生态系统脆弱，发展旅游业可以很好地利用山地、溶洞等天然资源的同时，对其进行开发保护；旅游业还可作为依托，利用景区消费、人群聚集等促进就地城镇化；利用旅游业我们甚至可以消除城乡差距，实现城乡统筹，旅游业带来的是农民的转型和较高的收益，产业化的旅游将基础设施建设和公共服务设施建设完善，而农民的劳动力加上政府及开发商的资金投入正好解决了建设所需要的条件，就地城镇化不但成本低，且将有可持续的收益，提高了居民生活水平的同时拥有了环境优美的城镇，真正走出一条生态、绿色发展路线。

参考文献

[1] 蔡昉.走出一条以人为核心的城镇化道路[J].决策探索（下半月），2017(02).
[2] 董友涛.广西走新型城镇化道路优化产业经济布局理论与实证研究[J].创新，2008(02).

[3] 亢莹莹.新型城镇化的理论与实施[J].学理论，2015(36).

[4] 李辉.城镇化道路研究综述[J].绿色环保建材，2017(09).

[5] 刘继媛.关于城镇失业人员再就业的困境及对策研究[D].中央民族大学，2010.

[6] 沙莎，刘小滨.新型城镇化中旅游业的促进作用[D].旅游纵览(下半月)，2015.

[7] 帅亮乾.毕节试验区产业结构调整实证分析[D].特区经济，2011.

[8] 王树华，张平.西藏产业结构优化与主导产业选择[D].西藏研究，2008.

[9] 徐代云，季芳.新型城镇化道路的顶层设计及其实现路径[J].人民论坛，2013(20).

[10] 院淑敏.新型城镇化条件下城市地质工作转型与发展方向[D].城市地质，2014.

[11] 周舟.探索新型绿色城镇化道路——论生态文明视角下的城镇化建设[J].改革与开放，2015(07).

[12] 张中为，宋爱林.新型城镇化道路与商业银行金融支持[J].商，2013(08).

[13] 周长欢.新型城镇化的内涵与基本特征[J].全国商情，2016(36).

[14] 赵书茂.我国新型城镇化道路的探索与实践[J].河南科学，2015(06).

[15] 郑会霞.新型城镇化道路的顶层设计及其实现路径[J].赤峰学院学报(自然科学版)，2014(13).

民族地区新型城镇化研究

——以贵州省为例

朱绍豪[①] 肖志鹏[②]

一、引言

城镇化水平的高低已经成为衡量一个国家和地区社会经济发展水平的重要标志，也是衡量一个国家或地区管理水平与社会文明程度的核心标准。中国正处于城镇化蓬勃发展的上升阶段，提高新型城镇化水平，对于拉动内需增长、推动国民经济升级转型、提升城乡产业经济结构、促进国民经济良性循环和社会协调健康发展，都具有重大的前瞻性与现实意义。[③]截至2015年年底，我国城镇化率达到56.10%。

党的十八大提出，要走新型城镇化道路，党中央就深入推进新型城镇化建设做出了一系列重大决策部署。民族地区由于自然地理、历史因素等方面的限制与制约，城镇化发展严重滞后，城镇化水平低，与全国平均水平比，更是相差甚远。总体而言，我国民族地区城镇化经过几十年的发展，经历了短暂春天、颠簸徘徊、正轨发展、全面发展等几个阶段，现在进入新型城镇化的战略实施阶段。在新的历史时期，推进民族地区新型城镇化，不仅关系着民族地区的反贫困大业，对于我国在2020年全面建成小康社会，也具有重要的战略意义。发展民族地区的新型城镇化要坚持以创新、协调、绿色、开放、共享的新发展理念为引领，要遵循科学规律，加强顶层设计，统筹推进相关配套改革，鼓励民族地区因地制宜、突出特色、大胆创新，积极引导社会参与，推进民族地区新型城镇化持续健康发展。在全面建成小康社会的背景下，研究民族地区新型城镇化的建设也显得尤为重要。

---

① 朱绍豪，男，贵州盘州市人，贵州民族大学民社学院民族地区行政管理硕士，研究方向：民族地区政府改革与社会治理研究。
② 肖志鹏，华中师范大学国家文化产业研究中心中国语言文学专业博士研究生。
③ 王弘,蔡彭真,贺立龙.关于民族地区新型城镇化的探讨[J].贵州民族研究,2013(2):97-100.

二、民族地区城镇化发展现状——以贵州省为例

党的十八大报告指出,坚持走中国特色新型城镇化道路。贵州省委、省政府大力加快推进全省新型城镇化建设,打造经济发展的升级版。加快推进城镇化带动战略,对实现 2020 年贵州与全国同步建成小康社会具有重要意义。贵州是中国多民族聚居的省份。全省共有民族 56 个,各民族在省内 88 个县(市、区、特区)均有分布。全省民族构成仍以汉族为主体,共分布有 55 个少数民族,其中世居民族有汉族、苗族、布依族、侗族、土家族、彝族、仡佬族、水族、回族、白族、瑶族、壮族、畲族、毛南族、满族、蒙古族、仫佬族、羌族等 18 个民族。[1]贵州省多民族分布为民族地区新型城镇化的研究提供了得天独厚的天然条件。贵州省城镇化发展现状主要有以下几个方面。

(一)城镇规模明显扩大,城镇化进程加速推进

一是城镇人口迅速增加。2015 年全省城镇人口为 1403.57 万人,比 2010 年增加 227.32 万人,城镇化率由 2010 年的 33.81%提高到 2015 年的 40.01%,2011—2015 年年均提高 1.55 个百分点。二是城市规模不断扩大。城市建成区面积由 2010 年的 973 平方千米增加到 2015 年的 1380 平方千米,占全省总面积的比重由 0.55%提高到 0.78%。三是城市基础设施建设进一步完善。2015 年全省城市人均道路面积 9.3 平方米,比 2010 年增加 3.07 平方米;供水综合生产能力由 2010 年的 352 万立方米/日增加到 2015 年的 371 万立方米/日;燃气普及率由 2010 年的 54.5%提高到 2015 年的 60.3%;城市电话用户由 2010 年的 248.24 万户增加到 2015 年的 261.36 万户,占全省电话用户的 77.07%。

(二)固定资产投资高速增长,城镇环境进一步优化

全社会固定资产投资力度加大,支撑了城镇化的快速发展。2015 年全省全社会固定资产投资 13103.86 亿元,是 2010 年的 4.11 倍。其中,房地产开发投资由 2010 年的 556.69 亿元增加到 2015 年的 2187.67 亿元。城市环境和城镇面貌明显改观。人均公园绿地面积由 2010 年的 5.33 平方米增加到 7.9 平方米,城市污水日处理能力由 2010 年的 170 万立方米增加到 2015 年的 196 万立方米,生活垃圾无害化处理率由 2010 年的 45.4%上升为 2015 年的 72.6%,城镇居民人均住宅面积

---

[1] http://baike.so.com/doc/2134952-2258891.html。

由 2010 年的 27.42 平方米增加到 2015 年的 36.58 平方米。

（三）城镇居民生活水平大幅提高，就业拉动作用明显

随着城镇化进程加快，城镇居民生活水平大幅度提高，生活条件不断改善。城镇居民人均可支配收入由 2010 年的 14142.74 元增加到 2015 年的 22548.21 元，人均消费性支出从 2010 年的 10058.29 元增加到 2015 年的 15254.64 元。城镇就业增长明显。全省城镇就业人员从 2010 年的 525.76 万人增加到 2015 年的 690.28 万人。全社会就业人口中，第一产业就业人员比重由 2010 年的 68.3%下降至 61.32%，第二、三产业就业人员比重由 2010 年的 11.49%和 20.21%分别上升至 2015 年的 15.26%和 23.42%。

三、贵州省新型城镇化城镇化面临的突出问题

当前，贵州省正处于科学发展、后发赶超、同步小康的关键时期，新型城镇化进入新的发展阶段，同时面临一些独特问题和前所未有的挑战。

（一）城镇化水平低，与全国差距大

2014 年，贵州城镇化率比全国低 14.76 个百分点。分省份看，全国有 19 个省份城镇化率在 50%以上，最高的上海市为 89.60 %；10 个省份城镇化率在 40%～50%之间；贵州城镇化率列全国倒数第二。主要原因是大城市少，规模小。全省 9 个市（州），市区人口在 200 万人以上的只有贵阳市，100 万～200 万人的城市只有遵义市，50～100 万人的城市有 4 个（六盘水市、安顺市、铜仁市、凯里市），其余均不足 50 万人。

表 1　2010－2014 年贵州与全国城镇化水平比较　　　（单位：%）

年　份	全国	贵州	贵州比全国低
2010	49.95	33.81	16.14
2011	51.27	34.96	16.31
2012	52.57	36.41	16.16
2013	53.73	37.83	15.90
2014	54.77	40.01	14.76

（二）城镇化水平滞后于工业化

根据国际经验，当一国（地区）人均GDP超过3000美元时，其城市化率会超过50%；城镇化率与工业化率（工业增加值/GDP）的合理比值在1.4~2.5之间。就贵州情况看，2014年全省人均GDP达到26393元人民币，为4295美元，但城镇化率只有40.01%；城镇化率与工业化率比值为1.187，城镇化水平滞后于工业化水平。

表2 2010－2014年贵州城镇化率与工业化率比较

年 份	2010	2011	2012	2013	2014
城镇化率（%）	33.81	34.96	36.41	37.83	40.01
工业化率（%）	26.67	28.74	30.00	31.31	33.70
城镇化率/工业化率	1.268	1.216	1.213	1.208	1.187

（三）城镇化区域发展不平衡，地区差异大

2013年全省9个市州中，只有贵阳市城镇化率超过50%；遵义市、六盘水市、黔东南州和安顺市高于全省平均水平，但没有超过50%；黔南州、铜仁市、黔西南州和毕节市低于全省平均水平。全省城镇化水平最高的贵阳市，高于城镇化较低的毕节市38.07个百分点，差距太过明显。[1]

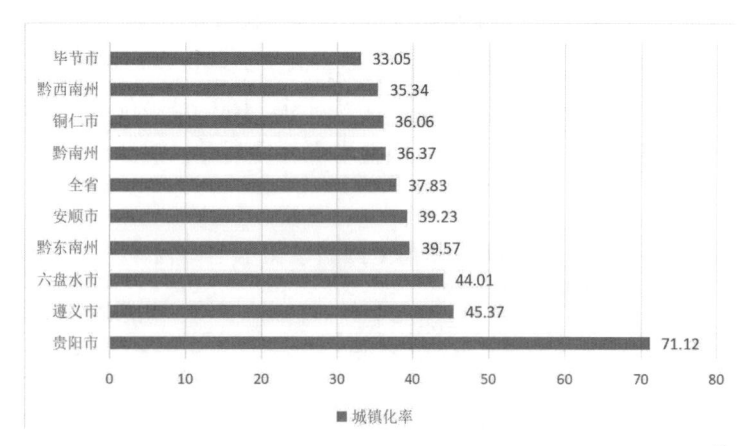

图1 2013年全省分市州城镇化率（单位：%）[2]

资料来源： 省城镇化建设领导小组检测核算数据

---

[1] http://www.gz.stats.gov.cn/Web62/News/20150706/22520.html。
[2] 资料来源：贵州省统计局。

（四）城镇中心区域与乡村的地理连接程度不高，辐射带动作用不强

根据国家统计局2008年制定的《统计上划分城乡的规定》，凡居住在属性为"城镇"的地域上的常住人口，均统计为城镇人口。在统计上认定城镇与乡村属性重要依据就是城区、镇区的实际建设及与周边村级区域连接的状况。目前国家认定为城镇的区域主要有以下几种类型：主城区、城乡接合区、镇中心区、镇乡结合区，特殊地域（包括独立工矿区、开发区、大专院校等）。当前全省城镇化水平的提升，除了城区规模扩张等因素外，很大程度上是依靠"乡改镇"等行政区划的调整手段以及农村人口向城镇人口流动而实现的，存在着基础薄弱，县城区、镇区对周边地区辐射带动作用不强，城镇基础设施连接不紧密的问题。

（五）投融资体系不健全

城镇化融资渠道比较单一，地方投融资问题还未纳入国家统一规划和制度安排，规范、稳定的投融资机制尚处于探索阶段。金融体系不健全，政策性金融与商业性金融界限不清，金融工具和模式单一；直接融资渠道有限，信贷支持政策、银行监管政策等与城镇化建设的资金需求、建设周期、投资风险控制等难以匹配。一些地方过度利用融资平台进行城镇建设融资，形成了较大规模的债务。

（六）服务体系亟待加强

几年来公共财政体系建设取得一定成就，公共产品和服务供给实现了跨越式增长，但因历史欠账过多，基本公共服务的规模和质量仍难以适应城镇化的需求。尤其是长期将公共服务、社会福利供给与户籍挂钩，导致基本公共服务城乡分割，造成进城农民难以融入城镇社会的现象。

四、构建新型城镇化的政策路径

探讨贵州省推进新型城镇化的建设，必须根据贵州省的自然条件、民族习俗、产业规划和特定地理位置，来制定科学的、可行的新型城镇化发展路径。

（一）以新型工业化为引擎，以农业现代化和信息化为支撑，走新型城镇化道路

加快推进一、二产业的转型升级，大力发展第三产业吸纳农村人口的转移，

为新型城镇化提供必要保障。壮大产业发展实力，增量与体质双抓。要促进支柱产业集群化发展，积极发展白酒、卷烟、茶叶、特色食品、中药等本地特色轻工和电子信息、装备制造等先进制造业产业集群；改造提升传统产业，做大做强能源支柱产业，改造提升原材料加工业；积极培育战略性新兴产业，加快培育节能环保、新一代信息技术、生物产业、新能源、新材料等产业发展；加快发展以生态文化旅游为主导的现代服务业，强化本地特色农业对城镇化的支撑作用。[①]

优化产业结构和城镇规划布局，促进产城融合发展。坚持"以产促城，以城兴产，产城融合"的原则。按照阶段化、差别化和层次化的思路推动产城深度融合。提高老城区产业升级，加快城市功能置换，提高产城融合质量。提升新区实体经济支撑，增强吸纳人口能力，增强多功能城市综合体建设与多业态互动经营，逐步引入城市社区化管理理念，促进新城区与老城区协调发展。提高产业园区产业聚集能力，促进区城互补融合，强化产业、生活与服务三元融合。启动绿色智能引擎，推动工业化和城镇化互促发展。瞄准绿色城镇化发展催生的节能环保产业、城市轨道交通、城市大数据、新能源汽车、绿色建筑、城市环境综合整治等新需求，加强对产业进行再培育和再定位，积极推动资源型产业的绿色发展，提高资源型产业精深加工水平，加大节能减排力度，推广节约型生产方式，不断推进传统工业经济系统绿色化，同时也要积极发展新型城镇化建设所需要的绿色智能产品，有效对接新型城镇化催生的新需求。

大力推动农业产业化经营，使山地特色农产品生产、加工、流通环节有机结合，形成种养加、产供销、贸工农一体化的经营格局，发展满足就地城镇基本生活需要的菜篮子产品。积极发展贵州优特农产品展示、农产品网上采购等新兴农业形态，培育有利于与文化旅游业融合发展的各种类型农业，为新型城镇化提供就业支撑。通过提高农业生产效率和农业结构调整释放农村剩余劳动力，化解城镇化的用工缺口，延长贵州省劳动力价格竞争优势。

加强信息基础设施建设，强化信息化对城镇化的支撑作用。强化信息网络、数据中心等信息基础设施建设，加快推广应用"物联网"技术，积极推进"八朵云"工程建设，实施智慧旅游、智慧医疗、智慧交通、平安城市、云计算服务中心和社会保障"一卡通"项目，支持贵阳和贵安新区率先推行升级智慧城市综合试点和专项建设示范。

---

① 汪阳红，卢伟，袁朱. 贵州省"十三五"山地特色新型城镇化发展思路[J]. 农村经济，2015（9）：68-70.

（二）大中小城镇协调发展，走多元化城镇化发展道路

突出发展以贵阳中心城市为省域发展核心，以贵安新区建设为先导和突破口，重点发展贵阳－安顺、遵义都市圈，壮大黔中城市圈。全面提升核心城市集聚、辐射能级，不断增强中心城市和中小城市的产业关联程度，推进都市圈基础设施一体化、基本公共服务共享、城市功能选择优化、要素有序流动，建设成为支撑贵州省城镇化的核心载体。

协调发展各类中小城镇。在两大核心城市圈的基础上，兼顾发展其他地州区域性中心城市、条件较好的小城市、县城和一批民族特色小城镇。积极发展和培育六盘水、毕节、兴义、都匀、凯里、铜仁等地区性城市，提高这些城市的承载功能和区域辐射带动能力。发挥中小城市和小城镇在吸纳农业人口转移、改善农村地区公共服务水平方面不可替代的作用，培育一批有潜力的中小城市，突出发展县域中心城镇，有选择地发展各具特色的小城镇。

推进大中小城镇优势互补、协同发展。构建大中小城市与小城镇优势互补、相互促进、特色鲜明的发展格局。强化大中城市的金融商务、商贸物流、科技研发、旅游文化、信息中介、健康服务等功能，发展专业化、社会化、市场化的生产生活型服务业；合理引导中小城市发展与其资源环境力相适应的资源加工型产业和劳动密集型产业发展与大城市功能互补的小城镇和沟通城市与广大农村地区的服务型小城镇，使贵州省的新型城镇化更加科学生动。

（三）城镇化发展与生态环境保护相协调，走绿色生态型城镇化道路

将发展的"创新、协调、绿色、开放、共享"五大理念与新型城镇化深度融合，综合考虑城镇化过程中的生态环境承载能力，推动大中城市人口适度集聚。将城镇化发展放入全省经济社会和生态系统中，综合考虑区域的人口、资源、经济、社会、产业和生态环境关系，按照区域环境承载力制定符合城镇化的发展规模、速度和格局的规划，有效防止大中城市人口过度集聚产生的"城市病"。坚持以人为本，保证生活空间和绿色生态空间并举，完善人口重点集聚区域环保基础设施建设，加强城镇环境治理和生态保护，建设环境优美、生态良性循环的生态宜居城镇。

充分采用城镇集中安置模式，推动生态脆弱地区移民搬迁。在省级层面，积极推动黔东南州、黔南州、黔西南州等生态脆弱地区人口向生态承载力较好的大中城市集聚。在市县层面，坚持以城镇集中安置模式为主，以其他模式为补充，

依托各地产业园区建设和二、三产业的发展，选择县城、重点乡镇政府所在地以及有条件的乡村旅游开发区，通过城镇化发展吸引和安置目前仍然勉强生活在高寒地带、边远山区、江河源头等生态脆弱地区的贫困人群，让其下山、进城、进镇，彻底改变其生存环境和谋生方式，从根本上杜绝其对生态环境的持续破坏，用城镇化推动生态环境的保护。

（四）城镇布局形态与地形地貌特点相适应，走科学集约型城镇化道路

采取集中—分散的发展模式，降低城镇建设和运营成本。把有限的人力、物力和财力集中投入自然地形条件好、开发成本低的贵安新区、贵阳市、遵义市等核心区域和其他区域性中心城市，而对于地处地形条件差、开发成本高的乡镇，积极通过撤乡并镇工作，逐步引导这些乡镇人口向中心城市转移。依托现状城镇的交通系统、公共服务设施和市政设施条件，从空间布局、土地利用、节约资源、节约投资和降低工程建设成本等方面降低城镇建设和运营成本。

针对全省不同地形条件，采取适宜各地方的开发模式。优先构建都市圈网络化发展，突出发展贵阳城市圈。在其他大中城市内部，引导城镇成片发展，形成有机组合的城镇形态，各城镇间各具特色与功能。小城镇根据高台地形、坡坝地形、谷盆地形、组合地形等特点，因地制宜地建功能齐全的新型城镇。

（五）加大各项制度改革创新力度，走高质量城镇化道路

有时候"县改市""乡改镇"等行政办法只是从表面上提高城镇化水平，并没有从根本上改变农村人口的生产方式和生活方式，甚至还可能因拆迁、征地等丧失土地，使人民生活水平有所下降，产生新的社会问题，影响全省社会的稳定和经济结构的改善。只有加大土地制度改革和创新力度，探索建立市场化的农村土地流转制度，培育农村土地使用权流转市场，使转让土地的农民获得到城市生存发展的资本，让得到土地的人获得更大的发展空间。[1]逐步实行以"土地换社保"的方式，从根本上解决征地农民的后顾之忧。只有加快建立完善全省城乡统一的社会保障体系，营造劳动力资源合理流动的政策环境和各类资本向城镇聚集的投融资环境，才能从根本上为推进新型城市化提供制度保障，最终实现新型城镇化的协调、健康和绿色发展的目标。

---

[1] 贵州省统计局.贵州城镇化发展分析，2015：7.

参考文献

[1] 王弘，蔡彭真，贺立龙.关于民族地区新型城镇化的探讨[J].贵州民族研究，2013，34(2).

[2] http://baike.so.com/doc/2134952-2258891.html.

[3] http://www.gz.stats.gov.cn/Web62/News/20150706/22520.html.

[4] 汪阳红，卢伟，袁朱.贵州省"十三五"山地特色新型城镇化发展思路[J].中国经贸导刊，2015(9).

[5] 贵州省统计局.贵州城镇化发展分析，2015.

生态文明建设与治理现代化

基于生态文明建设视域下的宁夏转型发展问题研究

王红艳[①]

资源压力和环境压力大是经济社会健康持续发展面临的最大障碍,如何解决困扰着党委、政府各级部门,成为区内外专家学者长期关注的重点问题。2016年7月习近平总书记视察宁夏时提出"努力实现经济繁荣、民族团结、环境优美、人民富裕,确保与全国同步建成全面小康社会",为宁夏发展指明了方向,即通过加强生态文明建设推动经济社会发展。

2017年自治区第十二次党代会进一步为宁夏发展指明方向和路径,即"深刻认识并准确把握发展面临的条件、内涵和阶段性要求的新特点、新变化。按照'五位一体'总体布局和'四个全面'战略布局要求,牢固树立和践行新发展理念,坚持稳中求进工作总基调,以供给侧结构性改革为主线大力实施创新驱动战略、脱贫富民战略、生态立区三大战略"。[②]

一、生态文明建设的提出及必要性

(一)生态文明建设的提出

生态文明建设是把可持续发展目标提升到绿色发展高度,关系人民福祉,关乎民族未来,关系到"两个一百年"奋斗目标和中华民族伟大复兴中国梦的实现。党中央、国务院高度重视生态文明建设,先后出台了一系列重大决策部署。2012年11月,党的十八大从新的历史起点出发,做出"大力推进生态文明建设"的战略决策,从10方面描绘出生态文明建设的宏伟蓝图。十八届三中全会对生态文明建设做出了全面部署,表明党对中国特色社会主义建设规律的认识更加深化,对

[①] 王红艳,自治区党校公共管理教研部教授,主要研究方向区域经济及公共经济学,宁夏行政学院,中共宁夏区委党校。
[②] 《宁夏回族自治区十二次党代会报告》2017.6.

生态文明建设的认识更加成熟。2015年10月，增强生态文明建设被写入国家五年规划。党的十九大报告进一步明确提出"加快生态文明体制改革，建设美丽中国"。

（二）建设生态文明，实施生态立区战略的必要性

1. 自然环境条件所决定

宁夏生态环境脆弱，气候干旱且年际变化大，导致资源量少而不稳，生态过程断续，自然资本薄弱。生态问题长期存在，生态资源承载力低、环境容量小，生态环境问题突出。为实现资源永续利用、生态环境长期保持和不断改善，迫切要求实施"生态立区"战略。

2. 处理人与自然关系的必然要求

宁夏经济欠发达、贫困面大，产业结构、经济模式和人民生活对自然资源依赖程度高，目前正处于工业化和城市化快速融合发展期。工业结构倚重倚能，资源消耗和能耗指标压力大，工业循环链不发育，工业园区的多链互补、技术经济耦合体系尚未全面建成，加之，城市化造成的大进大出的物质循环特别是垃圾污水处理、持续高强度的资源消耗等问题要求着眼于长期、科学、治本地解决。

3. 转变发展方式实现可持续发展的必然选择

在经济增长与环境保护矛盾面前，一味强调一方而不顾另外一方，不是生态文明建设的真正追求。生态文明在于用制度、科技、资本、文化等手段，通过转变发展方式，解决或缓解经济发展与环境保护的矛盾，把生态理念贯穿于一、二、三产业，统领全区产业发展，实现产业的生态化过程，这是生态立区战略的核心诉求。

4. 实现人民福祉的现实需要

随着群体性环境事件接连爆发，雾霾等大气污染以及水体污染、土壤污染、土地沙化、水土流失、盐渍化、生产力持续下降这些渐变性生态恶化从土地上"驱逐"人口，它们都以或明显或隐蔽的方式销蚀自然生态系统为人类提供的巨大服务功能和人类可以获得的福祉，解决这一问题同样需要实施生态立区战略。

二、宁夏经济社会发展状况

自治区十一次党代会以来，面对基础落后、发展不足以及结构性矛盾和转型发展压力巨大等困难，宁夏积极培育和发展经济增长新动力，实现了"十三五"良好开局。从宏观经济运行看，经济发展呈现出良好发展态势。2017年，实现生

产总产值3453.93亿元,比2016年增长7.8%,比全国高0.9个百分点。分行业看,第一产业增加值261.07亿元,增长4.3%,增速高于全国0.4个百分点,其中,特色优势农业比重达到85.5%。第二产业工业实现增加值1580.53亿元,增长7.0%,增速比全国高0.9个百分点,其中,实现工业增加值1096.30亿元,占第二产业近70%。近五年,虽然规模以上工业增速有所回落,但始终高于全国平均水平运行(详见表1),对整体经济增长的平均贡献水平仍在35.0%以上,支撑了地区经济社会的有效发展。第三产业增加值1612.33亿元,增长9.2%,增速比全国高1.2%,对经济增长的贡献率超过50%。[1]

表1 2012—2016年宁夏规模以上工业增速排位情况

年 份	全国(%)	宁夏(%)	全国排名	西部排名	西北排名
2012年	10.0	14.0	19	11	4
2013年	9.7	12.5	10	7	4
2014年	8.3	8.3	15	10	5
2015年	6.1	7.8	14	7	1
2016年	6.0	7.5	12	5	1

数据来源:《工业总量迈上新台阶 转型升级取得新进展》,十一次党代会以来全区经济社会发展成就系列报告之四,2017-03-17。

经济快速健康发展带来的是人民生活水平的显著提高和社会事业的长足进步,地区科技创新能力不断提升,连续多年将每年的70%以上财力用于改善民生。截至2017年,全区累计实现城镇新增就业、农村劳动力转移就业46.25万人和433.53万人;实现城乡居民大病保险全覆盖,全面推行医保支付制度改革;义务教育均衡发展水平居西部前列;城镇居民人均可支配收入和农村居民人均可支配收入年均增长9.4%与10.7%,实现了与经济增长同步提高。同时,生态文明建设全面推进,绿色发展进程明显加快。循环经济发展成效显著,资源利用效率明显提高;生态保护与修复力度持续加大,生态系统严重退化势头得到初步遏制;城乡生活环境得到改善,环境基础设施建设水平提高,生态保护屏障逐步加强,为保持经济平稳较快发展提供了有力支撑。

---

[1] 中共宁夏回族自治区委党校、宁夏回族自治区行政学院、宁夏回族自治区统计局.宁夏区情数据手册(2016—2017)[M].银川:阳光出版社,2017.

三、宁夏发展面临的困境

在取得成绩的同时，我们必须清醒地看到当前宁夏经济社会发展仍存在诸多薄弱环节，制约着地区持续健康有序发展。

（一）经济增长动力不足

投资增速继续回落，基础设施投资支撑明显。2017年全区固定资产投资增速回落，但基础设施投资增速明显，为26.1%。消费市场平稳运行，在限额以上商品零售中，生活类商品零售额增长较快。据银川海关统计，全年货物进出口总额341.29亿元，进口增长86.7%，远高于出口增长50.5%的速度。

（二）产业结构不合理，实体经济依然面临诸多困难

宁夏目前已基本形成门类齐全的工业体系，但从工业发展内部情况看，仍主要得益于传统高耗能工业的快速发展。电力、煤化工、电解铝、铁合金、电石金属镁、碳化硅等行业增加值占规模以上工业增加值的半壁江山。轻纺、医药等新兴产业虽然增速较快，但还没有挑起大梁。具有辐射带动作用强的龙头企业和科技含量高的重大项目偏少，暂时难以弥补退出产业的影响。生产性服务业、高端装备制造业、生物技术、节能环保等符合国家产业政策的行业尚未能形成主导型的增长新动力。第三产业发展品质不优，现代服务业水平较低。

偏重偏能的经济结构抗风险能力较弱，在目前市场需求不足、产能过剩和节能减排刚性任务约束下受到冲击影响较大，企业利润效益空间进一步被挤压。全区规模以上工业企业利润总量少，效率不高。2017年仅实现利润152.10亿元。从生产价格情况看，全区工业品出厂价格自2012年4月开始连续数十月下降，降幅一度高于全国平均水平。同时，工业产品价格的下降的影响向其他行业传导，导致农产品生产价格同比下降。从企业销售情况看，进入2015年以来，全区规模以上工业主营业务收入连续12个月负增长，增速比全国平均水平低4.6个百分点。

（三）资源产出效率低，节能降耗压力大

宁夏人均水资源占有量仅为黄河流域的1/3，全国的1/12。人均水资源可利用量仅有974m³，为全国平均值的1/2，人均水量或耕地亩均水量，仍为全国最少的省区之一，呈现资源型、工程型、水质型缺水并存的局面。劳动力、环境容量、资金、土地等瓶颈制约问题日趋严峻。以往靠廉价劳动力、大量物资消耗、土地

粗放投入污染、破坏生态环境、带动经济增长方式难以为继。保持工业平稳健康发展和完成"十三五"节能降耗目标任务使传统发展模式面临更大压力，化学需氧量、二氧化硫、氨氮和氮氧化物排放强度远远超过全国平均水平，单位资源的产出效率低（详见表2），能源消费弹性系数、电力消费弹性系数、人均发电量、人均用电量、人均能源消费量分别是全国的2.02、1.02、2.90、2.89、2.69倍。

表2 宁夏主要能耗指标与全国对比

指标	全国	宁夏
能源消费弹性系数	0.48	0.97
电力消费弹性系数	0.97	0.99
人均发电量（千瓦时）	3970	11540
人均用电量（千瓦时）	3920	11340
人均能源消费量（千克标准煤）	2770	7460

数据来源：（1）宁夏电力公司统计表数据；（2）《宁夏回族自治区2016年国民经济和社会发展统计公报》，宁夏回族自治区统计局、国家统计局宁夏调查总队；（3）《2016—2017宁夏区情数据手册》，黄河出版传媒集团，2017.6。

（四）科技创新能力弱

从全国横向情况看，宁夏经济增长与科技进步不相称，企业科技创新能力不容乐观，研发投入严重不足（详见表3）；企业主体地位缺失，能力弱；创新层次不高、核心技术、流动资金、人才缺乏；创新成果转化率低，成效不明显；创新服务能力弱，信息沟通不畅；高新技术企业少，大多数企业没有自己的技术研发中心，新产品开发滞后，缺乏拥有自主知识产权、能支撑全局、有较强影响力的优势产业和工业企业等。

表3　2010—2016年宁夏R&D支出统计表

年份	R&D经费（亿元）	同比增长（%）	R&D经费投入强度（%）
2010年	11.5	/	0.68
2011年	15.3	33.04	0.73
2012年	18.2	18.95	0.78
2013年	20.9	14.84	0.81
2014年	23.9	14.35	0.87
2015年	25.48	6.61	0.88
2016年	24.27	—	0.66

数据来源：《2017宁夏科技统计年鉴》，宁夏回族自治区统计局、宁夏回族自治区科技厅编。

四、用绿色发展理念引领宁夏发展转型升级

宁夏地处西部，总书记曾指出"发展不足仍是宁夏最大的实际"。党的十八大以来，绿色发展理念逐步深入人心，生态优先、环保先行战略的实施倒逼发展转型升级。

（一）树立生态文明理念，完善生态文明制度建设

生态文明是人们对待经济与环境矛盾的智慧，其核心是人对自然或环境的态度，反映在认知、决策、行为等方面。生态文明不仅包括"生态建设"和"生态保护"，它还包含着人在生存过程中与周围环境发生的作用，以及支配这些作用的态度和行为准则。牢固树立保护生态环境就是保护生产力、改善生态环境就是发展生产力的理念，坚决摒弃传统发展模式，积极倡导绿色生产消费方式，增强绿色生产消费意识、健全绿色生产消费制度、加强市场监管，完善生态文明制度体系，为宁夏的经济社会发展提供环境容量支撑和环境质量支撑，实现资源环境优势向经济优势转化。

（二）全方位推动政府绿色转型

在将经济增长与公平正义同时作为政府目标的前提下，提供绿色制度为绿色经济建设保驾护航，提供资金支持以解决绿色经济发展瓶颈，发展绿色教育以夯实绿色经济的公众基础。主要做法：着力构建绿色规划体系。坚持生态优先的理

念，以生态规划引领推动地区经济社会可持续发展。坚决执行空间规划，优化城乡、产业和生态空间布局，统筹推进城乡山川协调发展。优化城镇发展体系，提升城市治理水平，加快美丽乡村建设，让发展惠及群众、让生态促进经济、让服务覆盖城乡、让参与铸造和谐的目标。

建立完善绿色政绩考核机制。"十三五"时期经济社会发展已设置了"经济发展""创新驱动""民生福祉"和"资源环境"等四大主要指标，还应依据主体功能区不同定位，继续完善不同的绩效评价指标和政绩考核办法，在优化开发区域特别要强化经济结构、资源消耗、自主创新等评价指标的运用；在重点开发区域主要对经济增长、质量效益、工业化和城镇化水平以及相关领域自主创新等实行综合评价；在限制开发区域要突出对生态建设和环境保护的评价；在禁止开发区域则主要评价生态建设和环境保护。

（三）积极构建绿色产业体系

贯彻新发展理念，建设现代化经济体系，必须把发展经济的着力点放在实体经济上，提升供给体系质量水平，通过传统产业转型升级，实现经济由工业主导型的"二、三、一"格局向商贸物流和现代服务业引领型的"三、二、一"格局转变，推动工业由"重"向"轻"调整。具体做法：

一是明确转型发展方向，由物质消耗型向创新驱动型转、由污染破坏型向绿色低碳型转、由传统控制型向智能制造型转、由专注生产型向服务发展型转。

二是抓住转型发展关键点。大力发展绿色制造业，对工艺落后、产能低、能耗大、污染重的落后过剩产能坚决淘汰。着力发展新能源、新材料、先进装备制造及再制造、生物医药和生产性服务业；培育和壮大汽车、现代物流、大数据与电子信息产业、节能环保、现代金融等战略性新兴产业，提升层次，增强发展实力。

三是大力发展绿色农业及服务业。围绕"绿色、生态、有机、富硒"发展方向，促进休闲农业、观光农业发展。紧盯消费结构升级，制定鼓励全域旅游、楼宇经济、会展经济发展等政策，扩大消费需求，推动服务业发展提速、比重提高、水平提升。按照全域旅游发展要求，推动自然、人文、红色、生态等资源融合发展，统一开发生态旅游资源，进一步完善交通网络建设、打造民俗特色旅游小镇，旅游扶贫示范村，实现农民增收致富。

四是严格产业进入，健全退出机制。提高产业园准入门槛，政府部门设立标准对进入严格把关，从源头拒绝伪环保产业。同时对园区进行动态管理，促进优胜劣汰、升级换代。

（四）进一步推进供给侧结构性改革

在经济新常态背景下，供给侧结构性改革符合工业化中后期经济发展阶段性内在规律和发展形势要求。必须深入贯彻新发展理念，积极推进供给侧结构性改革。

第一，实施节能降耗、污染减排专项行动计划。抓住结构节能、技术节能、管理节能和行为节能四项措施，推进重点企业节能，培育壮大节能技术服务市场，强化能耗限额管理，降低单位产品能耗，对照全国同行业先进水平，实施重大节能工程。

第二，提升质量水平，实施质量强区战略。结合实践及时代要求，学习借鉴世界发达国家成功经验，从供给侧发力发挥企业质量主体作用，激发企业质量创新内生动力。同时，创新政府质量监管，提供质量升级提质有效保障；推动质量社会共治，营造质量升级良好氛围；加强质量技术基础建设，激发社会发展充足活力；加强质量技术基础建设，促进质量提档升级，推进地区经济社会全面健康有序发展。

第三，优化产业布局，引导产业健康发展。充分发挥国家战略层面给予宁夏的各项"先行先试"机会，凭借自身资源与禀赋优势，做好主导产业、新兴产业集聚，综合交易等区域经济与招商引资项目对接的顶层设计。做好重点领域工作。夯实基础，延伸产业链条。做强做大优势产业。培育主业突出、管理先进、有较强竞争力的企业集团。整合资源，在集聚发展上升级。通过行业协会、资产重组、整合现有企业资源，适时组建镁业集团、碳素集团和活性炭集团，推动现有产品结构基本雷同的生产企业协作经营、联合发展、利益共享。进一步转变政府职能，处理好与市场的关系。应给市场主体以最大的自由度，让其发挥在资源配置中的决定性作用。

（五）落实创新驱动发展战略

重视顶层设计，加强组织领导，形成创新合力。紧贴国内外市场需求，深入研究经济发展新常态下的新情况，提出新时期企业科技创新重点领域、路线图和时间表，制订创新驱动发展战略实施方案，做到研究学科、实验开发到推广应用三位一体。提升创新认识，充分调动企业积极性。以文化创新为核心，提升企业管理人员创新认识。坚持以市场为导向，突出企业主体作用。建立科技投入稳定增长长效机制。拓宽科技创新活动融资渠道，加大企业科技活动经费。通过政策引导和项目支持，促进企业形成高水平的研发体系，提高市场竞争力。实施人才培养工程，通过各种方式留住人才、培养人才、引进人才，为科技创新提供人才保障和智力支持。强化合作，全面提升企业科技创新能力。构建资源共享机制，构建科技信息共享平台，形成企业与不同科技活动单位协同发展。政府定期提供免费检索科技文献数据库，为企业提供更多有价值的信息。建立技术成果交易平台，实现人才、技术、资本、市场有效对接，推进重大科技成果转化的进程。

（六）拓展城市绿色发展空间

绿色的本质是人与自然和谐。绿色发展是城市转型发展的必然选择，必须通过在城市建设中引入绿色发展模式。这种模式是以低消耗、合理消费、低排放、生态资本不断增加为特征，是一种可持续的现代工业城市发展模式，是一种"资源—产品—污染排放"的循环性闭环式发展，能够彻底改变以资源过度消耗、生活过度消费、污染过度排放，进而形成能源输入低碳化、能源利用高效化的循环发展体系。绿色发展能够倡导健康、节约、适度消费的生活方式和消费模式，最终实现经济发展以绿色为方向、市民生活以绿色为理念、政府管理以绿色为蓝图的复合发展目标。

探析贵州发展健康旅游之森林健康旅游吧

杨娟娟 卯 会[①]

一、森林与健康旅游概述

森林越来越受到人们的喜爱，因为其具有丰富的自然景观、良好的生态环境、迷人的野生情趣和独特的健康功能。当今世界把绿色旅游发展放在四种旅游发展之首（绿色旅游、文化旅游、参与性旅游和休闲保健旅游），由于森林是地球上主要生态系统之一，森林旅游已成为发展绿色旅游的主体。森林资源评估（FRA）在2000年将"森林"定义为：森林包括天然森林和人工林，是树木最低高度为5米、森林覆盖率在10%以上、面积大于0.5公顷的陆地。在日本，森林指林木覆盖率达到30%以上且土地面积超过0.3公顷的陆地，树木最低高度为5米且林地宽度大于20米[1]。

森林旅游是森林、湿地、沙漠、野生动物资源、外来物质环境的依托，有观光、休闲、健身养生、文化、教育等旅游活动。森林旅游是绿色新兴产业的重要组成部分，是林业产业中最具活力、最具发展潜力的产业。中国拥有非常丰富的森林旅游资源，加快发展森林旅游是生态文明建设的重要任务，是促进现代林业发展和旅游产业升级转型的强大力量，是经济和社会发展的迫切需求，是实现兴林富民和兴旅富民的重要途径。中国第一个国家森林公园成立于1982年——湖南省张家界国家森林公园，中国森林公园和森林旅游已有30年的发展历史。中国森林公园和森林旅游业发展的30年，是扎实推进改革开放，不断提高人民生活水平，中国林业发展的重要历史阶段发生重大转变，森林旅游业是新兴产业在中国从无到有，从小到大，从弱到强。这就需要我们回溯历程，总结经验，寻找发展规律。毫无疑问，这是对新行业已经走过的30年历程的最好纪念，更是将森林旅游进一步做大做强的必修功课[2]。李世东、陈鑫峰[3]认为我国的森林旅游发展主要是森林

[①] 杨娟娟，黔南经济学院教师；卯会，贵阳人文科技学院教师。

公园发展，主要分为4个阶段，即1982到1990年张家界国家森林公园的建立是起步阶段，1992年到2000年国家林业局成立森林公园管理处是探索阶段，2001年四川瓦屋召开森林公园会议到2010年是快速发展阶段，2010年至今国家林业局（自然资源部）和国家旅游局（文化与旅游部）合作实施一系列措施推进旅游健康发展是提升阶段。

健康旅游是指能够增进身心健康，改善亚健康，有利于现代人消除第三状态的旅游活动。游客能够住在特殊的酒店内，享受到个性化的服务和得到专业咨询的信息回馈。游客要求旅游当地能够提供所有的改善身心的服务，包括健身、美容、营养、食疗、放松陶冶性情以及精神放松和调节等[4]。时尚旅游（2006）就现代旅游适合的体系，将健康旅游分为保健旅游、美容旅游和医疗旅游[5]。除了优化环境的功能外，森林的负氧离子和其他因素对人体新陈代谢、身体健康和抗衰老都有很大的帮助。2015年四川率先提出了森林舒适的概念，这是为了让人们在森林中寻求健康的生活。在过去的两年里，这一概念得到了广泛的公众关注，并于2017年被写入中央1号。健康旅游的主要类型有山地健康旅游、森林健康旅游、温泉健康旅游、医药健康旅游，共同促进其可持续有效发展。

通过以上分析，笔者认为，森林健康旅游主要是以森林资源为依托，森林旅游和健康旅游的一个融合。十八届五中全会提出了"健康中国"的口号，反映了人们渴望更美好的生活。森林健康最初是在欧洲兴起，后来在日本得到长足发展，它的自然养生迎合了我国人民对美好生活的向往的追求趋势。森林健康旅游是以森林生态环境为背景，以健康养生为目的，以森林资源为依托开发相应的旅游项目为基础，结合中国的养生文化，使旅游者获得强身健体、修身养性、陶冶情操、颐养心性、延年益寿等功效的旅游活动。

二、贵州森林健康旅游发展现状

贵州"森林健康旅游"发展还处在初探阶段；贵州森林公园资源丰富，据不完全统计贵州各种森林公园达60多处，近50多处已经开发成森林公园旅游经营，森林公园旅游开发已经非常成熟，著名的森林公园景点有凤凰山、云光山森林公园，毕节百里杜鹃世界著名，雷公山和景阳森林公园也非常成熟；梵净山为人间圣境；到2020年贵州省森林公园总数有望达到75个；但是贵州森林公园的开发经营大多以满足游客视觉体验的景观观赏森林旅游产品为主，多不具有或不完全具有满足健康体验的生态、环保、健康为目的的森林旅游产品；健康旅游需要满足人们"旅游活动中开展的所有环节、经历和居住地点都应该有助于游客保持或者改善身体健康和精神健康"的目的;只有梵净山森林公园,除了其本身具有得天独厚的自然条件:未被过度开发和破坏而又保有生物多样性、生态优美的自然条件(环境);还有其周边"环境"也符合(满足)森林健康旅游的条件,是人们理想的森林健康旅游产品(目的地);但是梵净山也还处在"自发"开发(规划)层面;其他的森林公园不是森林资源单一,就是过度开发,再有就是周边"环境"满足不了人们健康之需要,只能算是森林公园,满足人们视觉体验的景观观赏,不能称为森林健康旅游之产品。

在满足人们森林健康旅游方面,贵州森林公园旅游开发、经营还有很多需要努力解决的问题:要满足人们"健康"之需要,就必须在"玩、吃、住、行、感知"等各方面达到满足人们"健康"的要求条件,产品开发上要充分体现出:人性化、健康化、便捷化的特性。在制度、规范制定、管理、全局规划、人才的培养、森林产品及其延伸产品的开发等需要深入的研究、努力工作。

中国林业产业联合会森林医学与健康促进会理事长张蕾在关于"森林康养"的论述中提到,我国90%的国家级扶贫开发工作重点县分布在林区、山区和沙区,大力发展森林康养等林业特色产业是促进农民增收的有效途径,实现真正的脱贫致富。国家林业和草原局已着手布局发展森林健康产业,各级林业部门要充分考虑本地的资源禀赋和自然优势,积极扶持森林健康产业发展,推动多形式的适度规模经营,提高贫困人口的参与度和森林健康产业的覆盖面,促进林农增收致富,让更多的贫困人口依靠发展森林健康业实现脱贫致富。贵州正是处于偏远山区,更是符合发展森林健康旅游来脱贫致富。

三、贵州森林健康旅游发展中存在的问题

(一)基本问题

贵州属于多山地区,森林覆盖率达55%左右;具有得天独厚的森林健康旅游发展之基础条件。俗称贵州"八山一水一分田",通过贵州人民多年的生态环境治理,森林资源丰富多彩。但是贵州作为一个旅游大省,在森林健康旅游发展方面还存在许多不足,表现在:人才短缺,满足开发森林健康旅游产品的高素质的人才比较少,有待引进专业人才队伍;面对多样性的森林,突出其特性、满足健康旅游之需要的开发不具有先进性;政府政策指导、规范发展还比较落后、粗放;这是基础性的问题也是非常重要的问题;人才是发展的第一要素,高素质的人才

的短缺不能促进产业的有效发展。

还有交通方面，受制于贵州山高沟深，景观优美的副作用是交通困难，不利于健康旅游的发展；随着现代生活的发展，环境破坏也不利于健康旅游，加强生态文明建设，非常有必要；人们生活水平的提高离不开健康，健康离不开良好的生态环境。

管理体制建设滞后，人们的重视程度还不高，总体规划缺位；森林健康旅游是立体的、多方位的需求，必须总体规划，充分考虑森林旅游产品的"地理位置、周边环境（空气、气候、湿度等）、森林体量（规模）、林木种类（林体特性）、山水相依性等"方面，破坏了的要治理，保存有的要保护好。

产品开发（规划）上不能充分体现、满足健康的需要，很多森林旅游只处在自发开发状态，对开发地缺乏生态文明的总体布局和科学论证；只停留在满足"住"的初级阶段；资源的利用率较低，没有充分发挥作用。

（二）社会资本参与度不够，研究宣传不足

对于贵州森林健康旅游产业的发展现状，目前鼓励社会资本参与森林健康产业投资的政策缺失，特别是国有林业资源与社会资本嫁接的经营管理和利益分配机制有待明确。此外，作为刚刚起步的创新发展模式，森林健康产业的行业基础还比较薄弱，专业人才缺乏。相关学科教育滞后，复合型人才严重不足。森林康养师、体验师、讲解师、咨询师等专业人才认证缺乏。最关键的是，很多人还不了解森林健康旅游，甚至没听说过这一概念。马平说，森林康养在美国、德国、日韩等地已发展多年，是十分成熟的健康产业。而在国内，业界对于森林健康与生态旅游、退休养老、治病疗养、康复医疗的关系认识仍然不到位。对森林健康相关的资源利用、产业发展模式、发展前景、发展路径等的认识还比较模糊。国内从森林医学角度认知森林健康对人体代谢、强身健体、延缓衰老的作用，缺乏翔实数据支撑，没有系统研究成果，宣传力度还远远不够。

（三）对策建议

要示范建设森林健康旅游与医养结合，建立康养学院培养人才。到2020年，全省将建成一定数量森林健康小镇，起到产业发展示范。未来贵州将推进国际山地健康旅游示范区、国际阳光康养示范区、温泉健康旅游示范区、乌蒙山区森林康养示范区、医药健康旅游示范区建设，为产业发展积累经验。贵州要加大森林康养产业的政策扶持，包括加大各级财政投入力度，为林地使用审批开通绿色通

道，开展森林康养资源价值评估等。此外，要加强医养融合。在国际森林健康旅游示范区等生态康养示范区域率先开展生态康养处方试点，将以森林健康旅游为主体和重点的生态康养纳入治未病、康复、慢病、老年病等治疗处方，探索建立生态康养处方治疗医保支付制度。培养森林健康旅游管理人员和专业人才，是发展的重要基础。积极发展服务生态康养产业的中高等职业教育，建立森林健康旅游学院，支持省内有关高等院校和中职学校加强生态康养相关专业建设；加快建立相关从业资格认证体系。最后，可以把贵州现有的护林员都转化为森林健康旅游产业的相关人才，对护林员进行培养，以提升其技能，积极投入生态服务工作。当地居民收入大大提高，森林健康旅游在助力精准扶贫方面也发挥着重要作用。

四、以健康为目的的森林旅游产品打造

1.森林产品的选择

贵州森林产品具有多样性，但并不是所有的森林都能满足作为以健康为目的的森林旅游产品来开发；在满足人们健康旅游产品的森林的选择上，必须考虑：地理位置、周边环境（空气、气候、湿度等）、森林体量（规模）、林木种类（林体特性）、山水相依性等方面总体有机性；必须所有要素基本满足人们的健康需求才能进行开发，才能达到满足人们健康的森林旅游产品。

2.规划开发定位：要充分考虑"人性化、健康化、便捷化"之规划方案

人性化：要充分考虑人之多方面的、健康、必要的需求；在利用森林之特性的同时，充分考虑怎么"自然"地将人们现代生活元素融入森林之自然环境中去；人是时代化的动物，健康的需要是多方位的，如果只有原始森林的自然元素，没有现代的必要"工具"，那是"苦行僧的生活"，并不利于人的健康；所以在满足人们健康为目的的森林旅游产品的开发上，必须在保持森林固有的有利于人们健康的特有属性外，同时要有机地植入现代人们基本需求；产品要拥有"自然、朴实、人性、健康、便捷"之功能，才能有利于人们满足健康的需要。

健康化：保有足够森林体量和林木多样性，满足森林提供足够多的人们对植物产生有益有机物质及森林氧吧的特性外，人们在森林中的活动地必须阳光、空气清新、宁静；各种"设施"的开发布置满足人们"锻炼"而不劳累。

便捷化：森林之地往往远离都市繁华区，人们在享受森林环境给予的宁静、快乐的同时，出行、行动要便捷，繁杂的行动让人烦躁，不利于人们的健康；所以在打造森林旅游产品时也要充分考虑到人的"情绪"反应；"山路十八弯"景色

固然美丽,它适合视觉体验的景观森林旅游产品开发,却并不适合满足人们健康之目的的森林旅游产品需要。

3. 规划要点

一是以保护和优化森林生态系统为首要原则。森林健康旅游地区的规划设计,必须明确保护和优化森林生态系统的绝对优先地位。首先,应以生态容量作为主要参考值,科学测算林区的游客容量,以确保森林的可持续性,不能因游客进入而遭受不可逆的生态破坏。其次,要通过林相改造、物种配置、生态群落营造等合理适度的生态介入手段,优化森林生态系统的质量、容量和生物多样化程度,令其更加适合开展养生旅游活动和具有更强的旅游吸引力。

二是打造完善绿道系统以引导森林健康活动。森林健康旅游地区应构建四通八达的林间绿道系统,该系统的主要功能是引导游客开展各种各样的森林养生活动。首先,游客在绿道中漫步,就是在进行富氧呼吸的森林浴体验,达到强身健体的目的。其次,绿道沿线设置一系列主题活动节点,如林间瑜伽平台、林下水疗平台、香氛疗法花径等,供游客自主选择体验,有效延长其停留时间。最后,绿道沿线应配置齐全的公共服务设施,实现应急呼叫、慢行换乘、小坐休憩、净水补给等功能,保障游客的整体体验品质。

三是挖掘特色资源以形成品牌化差异卖点。森林健康旅游地区需要在本地特色物产和资源中优中选优,打造形成具有差异化吸引力的品牌养生产品,以在同质化竞争激烈的森林旅游市场中成功破局。以韩国最受推崇的森林养生旅游地区江原道和京畿道为例,其特别强调对森林物产的养生旅游开发,将各种药用食材全面融入户外健身、旅游餐饮、专业理疗和纪念购物等环节,通过林下采药、药膳食疗、药草汤浴、保健商品等门类深度挖掘游客消费市场,取得良好效果。

四是以专业化森林疗法保障游客的消费价值。森林健康旅游地区如想切实提高旅游经济绩效,在资源可持续性与价值变现之间寻求理想平衡,就必须坚持专业化发展原则。以日本的森林疗法设计标准为例,要求在森林疗法步道的入口处需标示疗法线路的必要信息,如线路的坡度、距离、运动量以及生物多样性信息等。这些线路的平均坡度通常在5°以下,步道平均宽度1.5~2米。在此基础上,还提出一系列指导性指标,包括林木平均直径为50厘米的林分,最适合密度为每公顷150~200株;林木平均直径为30厘米,最适合密度为每公顷400~500株等。即便如此,日本的森林疗法基地认证标准体系尚在不断完善中,其目前具有两个1级指标(自然社会指标和接待能力指标)、8个2级指标和28个3级指标。只有如此专业化的森林疗法标准体系,才能保障相关服务的客户价值。

五是以生活化公共设施和物业配置吸引重游。森林养生旅游地区需形成一个或若干个服务大本营，可依托现有城镇村落，也可新增建设度假社区等，这些社区的公共服务设施体系务必体现生活化特征，给人以宾至如归之感。在物业类型配置方面，不能简单堆积常规度假酒店、别墅与公寓，而要引入更专业的养生度假物业产品，如在度假村客房和度假居所内配置专门的理疗房间和设备，并提供养生管家服务等。由此，有效强化客户对本地的归属感，将其视为暂别喧嚣、恢复身心的寄托，从而促进其自觉自愿地不断重游乃至投资置业。

4. 产业融合，打造一站式服务

森林康养是围绕森林资源，深度挖掘森林价值的多元组合。它融入旅游、休闲、医疗、度假、娱乐、运动、养生、养老等健康服务新理念，带动旅游、酒店、餐饮、养老、医疗、康复、健身、交通、通信、互联网、电子商务、物流等行业共同发展。目前森林健康产业尚未形成特定的运营模式，但从现有市场情况看，目前中国森林健康旅游开发运营主要包含两种模式，最为常见是政府性经营管理模式。

森林健康要与之相关的产业深度融合。森林健康是大健康和森林旅游业高度融合的新板块、新模式、新业态，属于一个多元组合、产业共融、业态相生的主流商业综合体，也是经济新常态下的高能级创新引擎。借鉴国际经验，重点发展中国特色康养、旅游综合基地，促进森林康养、旅游与相关产业的协调发展，充分放大其协同带动作用，已成为"十三五"国家林业改革创新、转型升级的战略目标和标志性重大战略行动。

5. 智慧推进，将最新科技融入产业发展

产业发展离不开科技支撑，森林康养产业亦是如此。森林健康旅游依托森林，而森林所在地最大的特点是偏远、交通不便、信息不灵、渠道不畅。这是森林康养产业基地的最大特点，也是其弱点，我们必须把最新科技融入产业发展，推进森林健康持续发展。

一是运用云计算促进森林健康发展，把与森林健康有关的所有的信息、技术、产品、平台、渠道融合到一起，进而给大家提供森林健康服务，包括数据服务、信息服务、技术服务等各方面服务。二是运用物联网促进森林健康旅游发展。为森林健康基地的每一个产品、每一处地方甚至每一棵树都加上传感器，通过传感器了解每个地方、每个景点、每棵树、每个地点的负氧离子含量、温度、湿度、灰尘含量等。到森林健康基地里面，为体验者配上各种各样的穿戴设备后，其心跳、血压、体温等各方面数据都可被记载下来，传到森林健康中心，管理人员可就此判断体验者的情况，如果体验者出现不适可以及时发出预警等。三是运用移

动互联网促进森林健康发展。人们在体验森林健康过程中处于移动状态。移动互联网可随时随地为体验者服务，不受时间和空间限制。四是运用大数据促进森林健康发展。运用大数据可以做到精细化、精准化服务，大数据可以把每一个体验者每一个时间点的任何数据记录下来。将森林健康基地的每棵树每根草的数据都记录下来，通过大数据分析为体验者提供更为精细化的服务，为每一个到森林健康基地的人提供个性化的服务。五是运用智慧化技术促进森林健康发展。健康基地有什么，那个地方有野兽出现了怎么办，那个地方有悬崖怎么办，人们迷路了又该怎么办，无人机、机器人等都可以派上用场，还可以做服务、卫生；3D打印机可打印各种康养产品；VR导游可使体验者随时看到每一个景点，以及其实时动态情况。

贵州发展森林健康旅游要把这些先进的科学技术逐步融入森林健康产业。要建立一定数量的森林康养人家，进驻提供森林健康服务的各类企业、森林健康服务电商，各地区也要积极探索科技手段推进森林健康产业发展。通过大数据、智能化、移动互联网、云计算，可以使我们的森林健康旅游实现智慧化，提高森林健康水平，实现智慧森林健康。

五、贵州发展健康旅游的优势

（一）政策优势

1. 深化改革开放加快旅游业转型发展

发展康养旅游要政府重视，制定发展战略，成立相关部门完善监管体系。如苗药开发方面在贵州省出台的相关政策支持下，苗药加速产业化步伐，开发进程不断加快，科技含量迅速提高。争取加入全国"一带一路"国际健康旅游目的地，黔东南入选部分代表地区入选国家中医药健康旅游示范区创建单位，对贵州打造"世界中医药"的发展定位是一个历史性机遇，将加快推动旅游和中医药健康产业的深度融合发展，促进旅游产业转型升级。根据贵州康养旅游产业总体布局，积极探索中医药健康旅游发展的新理念、新模式，加快构建中医药健康旅游发展体系，认真挖掘整合民族医药和温泉等健康旅游资源，强力推动民族医药健康旅游重点项目建设，加大苗药、瑶族药浴健康旅游产品开发力度，强化贵州康养旅游宣传营销，借旅游之东风，推动民族医药走向世界。

2. 推进旅游业供给侧结构性改革

首先改革创新、开放发展，积极融入贵州开放型经济试验区，调整旅游产业结构为康养旅游的发展提供了基本原则。其次，战略导向、长短结合可以补教育医疗的短板，为贵州康养旅游提供了很大的发展空间。再次，品牌引领，"两端发力"需要打造精品旅游线路和高端旅游产品，可以和山地旅游结合发展山地康体养生旅游。最后，全域统筹、多业融合要树立"旅游+"的理念，如"旅游+康养""旅游+大数据""旅游+智慧"等。通过推进供给侧结构性改革，不断做大旅游供给总量，优化旅游供给结构，提升旅游供给效率，实现旅游业井喷式增长。

相关政府部门要出台财政、金融、税收、土地等方面的一系列政策，有效保障了中医药的产业发展；拓展空间，打造贵州康养旅游特色产品，走精品康养旅游路线，形成较高的市场知名度和美誉度；创新发展模式，拓展贵州康养旅游产业的链条，形成集中中药种植、医疗服务、健康养老、健康旅游为一体的综合发展的康养旅游产业链。

（二）文化优势

贵州17个世居少数民族蕴含丰富的民族民间康养文化。苗药"药王节"、布依族"六月六"、水族"端节"、瑶族"盘古节"等民族传统节日中都包含着各类健康元素，以温泉、疗养为目的的汤治已有上千年的历史，瑶浴保健等民族民间保健方法具有良好的疗效，众多自然信仰、禁忌习俗、节庆活动、饮食习惯，都渗透着"天人合一"健康养生理念。

贵州是"苗族的大本营"，主要聚居在贵州东南一带，苗族早期迁徙频繁，所到之处大多是人迹罕至的穷乡僻壤荒僻山区和瘴疠之乡，这种环境反而锻炼了苗族生存斗争的能力。苗族每年都有自己的"药王节"，随着社会的发展，苗药越来越被人们所熟知。由于这种原生态的自然环境因素，使得当地的植被、药物都得到了完整的保护。苗族人在同大自然的斗争中，为了更好地生存繁衍，使族群得到更好的发展，苗人很早就开始研究植物的药用价值，总结出多种治疗疾病的方法和用药经验，通过代代口口相传流传至今，形成今天的贵州苗药的独特配方，贵州苗药药业有限公司研制生产的"苗药"牌系列产品获尤里卡国际发明金奖。贵州医药园项目，将依托贵州特有的药业资源，大力发展生物医药、天然药物、民族药业，努力推进贵州药业、中药的产业化、规模化、国际化，市场前景广阔，能让我们把民族医药和康养旅游更好地结合起来。

贵州苗族医药配方是一大宝贵财富。苗医药至今在苗族群众的防病治病中仍发挥着重要作用，贵州是苗族医药文化沉淀最为深厚的地区。早在先秦的著述中，"苗"就是尝百草的神农的最早传人之一，西汉时有"古之医者曰苗父"的记载。

苗医药物品种繁多，包括植物、动物和矿物等1000多种。所用药物，疗效很高，且和中医有许多不同，"药色诡异，非方书所载，统称草药。"（光绪《凤凰通志·风俗》）有些药虽为中医本草书所载，运用也有很大不同，具有苗药独有的特点。在用药上主张"立方简要""一方一病""对症下药"，以单验方治病为主。苗医对药物应用的原则来源于生活的实践和几千年的用药经验，具有鲜明的民族特色。铜仁城市形象宣传语是"一代药王故里，千年养生福地"，以发展"药王"为代表的中医药养生保健的突破口，为贵州康养旅游的发展提供了很好的文化优势。

布依族"六月六"、水族"端节"、瑶族"盘古节"等民族传统节日中都包含着各类健康元素，可以开发建成集"医、教、研、养、游"为一体的康养旅游。"瑶族药浴"是从江县瑶族人民世代相传的一种独具特色的泡浴保健方式，2008年被列入国家非物质文化遗产。它以数十种中草药为原料，经特殊搭配，以三进三出的泡浴方式给沐浴者带来独特的享受和健康效果。该药浴通过疏通人体管道、排除毒素、药效修复三种途径来进行调理，据统计，瑶药方有188种，对47类疾病有疗效。打造一批省级中医药健康旅游示范基地，培育融合苗族、侗族、布依族、水族等民族文化的中医药健康旅游项目，深度开发针刺艾灸、拔罐药浴、医药疗养、药膳美食等养生保健旅游产品。积极开发适合老年人特点的体育健身、休闲旅游、健康养生、精神慰藉等养生度假产品，大力引进国内外社保基金以及国际著名养老机构开发养老社区项目。

（三）生态优势

贵州山水延绵、山水相依，青山绿水相映，入目皆是盛景，被誉为"天然大空调""大氧吧""大公园"，全省森林覆盖率超过50%，草原总面积428.7公顷，空气负离子丰富，森林负氧离子600~3000个/立方厘米，瀑布附近负氧离子高达40000~100000个/立方厘米，溪流、跌水旁负氧离子1000~10000个/立方厘米左右，市州中心城市水质达标率为100%，空气质量指数优良率高于90%，贵州纬度适宜、海拔适中地处北纬24°37′~29°13′之间，正处于有利于成长发育和长寿养生的优质生存区间；地处最适合人类生存、人体对大气压感觉最佳位置的500米到2000米海拔高度，有较为宽广、有助于新陈代谢加快的海拔1500米区域，贵州属亚热带湿润季风气候，全省大部分地区年平均温度在15℃左右，一年中大部分时间是处于凉舒适、舒适、热舒适三个等级，一年四季微风拂面，空气湿度适宜，省会贵阳市连续十年被评为"中国避暑之都"，六盘水市拥有"中国凉都"称号。

贵州属高原山地喀斯特地貌，是人类生活与各种动植物的理想栖居地，平均海拔约1000米，最低点为位于本区域内东南部的北盘江南端出县界（镇宁县）处，海拔356，最高点为西北部的赫章与水城交界的乌蒙山脉东段的韭菜坪，海拔2901米，相对高度差在500米以上。年平均气温在15℃左右，不同季节之间温度变化小，属于处亚热带却不炎热，地势高却不寒冷，因而被誉为"天然大空调"。目前，贵阳、六盘水市已提出"避暑旅游经济""避暑人居产业""避暑经济圈""避暑文化"等理念，建设具有影响力、驻留力的国际性避暑旅游胜地。水资源相对丰富，贵州年降水量为1100～1300毫米，每年雨量充沛，空气质量很好。贵州一片片原始森林守住了古老宁静的生活，并且在山间绿色植物的呼吸吐纳间，送出的是越来越多弥足珍贵的清新氧气。因此，许多旅行者呼贵州为"天然大氧吧"。2016中国森林氧吧论坛公布了第二批"中国森林氧吧"名单，贵州共有5个公园上榜，分别为贵州竹海国家森林公园、贵州龙架山国家森林公园、贵州习水国家森林公园、贵州长坡岭国家森林公园、贵州省贵阳市森林公园。"中国森林氧吧"遴选活动由国家林业和草原局《森林与人类》杂志社发起组织，旨在遴选推介提供森林体验、休闲养生的中国森林精华之地。六盘水全市森林覆盖率达到52.77%，空气负氧离子浓度高达每立方厘米2万个。清风徐来，几可"洗肺"。贵阳共有两个公园入选"森林氧吧"，其中，长坡岭国家级森林公园位于贵阳市白云区，公园总面积1075公顷，森林覆盖率达82.96%，有贵阳市"生态博物馆"之称。六盘水市地处黔中高原、滇东高原、广西丘陵和黔西北高原的过渡地带，位于贵州西部的乌蒙山腹地，平均海拔1750米，年平均气温13℃～14℃，因气候具有"凉爽、舒适、滋润、清新，紫外线辐射适中"的特点，没有天气气候学中的"夏天"，被国内知名气象学家称之为"凉都"。

参考文献

[1] 李卿.森林医学[M].北京：科学出版社，2013.

[2] 兰思仁，戴永务，沈必胜.中国森林公园和森林旅游的三十年[J].林业经济问题，2014，34(02).

[3] 李世东，陈鑫峰.中国森林公园与森林旅游发展轨迹研究[J].旅游学刊，2007(05).

[4] 郭鲁芳，虞丹丹.健康旅游探析[J].北京第二外国语学院学报，2005(03).

[5] 白鸥.健康旅游研究综述[J].旅游研究，2010(03).

社会工作参与社会治理的理论与实践

社会工作介入农村敬老院的服务型治理探析

——以道真县三区计划为例

王 敏[①]

党的十九大报告中强调:"在发展中补齐民生短板、促进社会公平正义,在幼有所育、学有所教、劳有所得、病有所医、老有所养、住有所居、弱有所扶上不断取得新发展。"近年来,农村人口老龄化程度日益加剧,高龄化、空巢化特征日渐突出。[②]相应地农村老人对养老服务的需求日益旺盛,农村养老服务市场供需矛盾突出。如何增加农村养老服务的有效供给,提升农村养老服务水平,已经成为地方政府的一项重要任务。农村敬老院是在农村实行"五保"的基础上发展起来的,是为老年人提供养老服务的非营利性组织,其管理作为一种自上而下的行政模式,受条件限制,提供的服务往往单一化,缺乏人性化的管理[③],无法满足敬老院老人精神上的需求。社会工作坚持人类福祉、社会和谐与社会公正的价值观,致力于解决贫弱群体和其他有需要群体的问题,尽力促进社会融合与和谐,追求社会公正这些与社会治理的基本价值一致,这使社会工作可以有较强动力参与社会治理。这时社会工作的介入,通过服务来促进社会治理,社会工作者与服务对象一起工作,与社会组织和政府协调努力解决问题,相对于之前的管控式,社会工作介入农村敬老院形成了服务型治理的新的治理机制。

---

① 王敏,贵州铁路技师学院教师。
② 吴佩芬.人口老龄化趋势下我国农村"空巢老人"养老困境及化解[J].南方论丛,2012(4):40-43.
③ 牟新渝.养老服务:从"社会管理"变"社会治理"[J].中国老年,2016(2):53.

一、服务型治理是农村敬老院治理创新的新探索

服务型治理是一些学者近年来在探讨社会治理体系现代化的背景下提出的新理念。著名学者王思斌从社会工作与社会治理创新的关系角度提出社会工作是"基础——服务型治理",并指出,"所谓服务型治理是指社会工作机构通过承接政府委托的服务任务,利用政府和社会资源向困难群体、特殊群体和有需要人士提供专业服务,缓解或解决他们在基本生活方面问题的社会治理行动。服务型治理的内涵在于:通过这种服务,可以解决服务对象的困难和基本生活问题,解决社会矛盾和社会问题,可以通过服务促进政府、社会、社会组织和服务对象之间的互相沟通、协商和共识,也有助于社会领域特别是社会保障领域公共秩序的形成"。在本文中,农村敬老院的服务型治理是相对于政府的行政管理而言的,意指社会工作团队通过承接政府委托的服务项目,向敬老院领域的服务对象提供专业服务,试图解决老年人在社会关系、社会活动、社会参与等方面的困难,提升敬老院老年服务水平。社会工作介入农村敬老院的服务型治理为敬老院的治理找到一个新视角,是探索敬老院发展治理的创新。提出敬老院的服务型治理理念,主要基于如下背景及现实。

(一)国家治理体制转型的宏观背景

2013年,中共十八届三中全会提出"推进国家治理体系和治理能力现代化"。自此,"社会治理"一词被提升到多个领域广泛应用,"治理"是在"管理"的基础上提出来的,之前,管理是政府的一项基本职能,社会治理是在管理的基础上进一步多元化发展。直到2015年,中共十八届五中全会提出党委领导、政府主导、社会协同、公众参与、法治保障的社会治理趋势,从而社会治理的社会化趋势进一步得到了凸显。以社会服务的方式介入农村敬老院的治理,让行政化的管理模式响应政策的号召,走向治理模式,提升敬老院的老年服务水平具有重大的实践意义。在这一背景下,提出社会工作介入农村敬老院的服务型治理的新理念,是一种有益的尝试。

(二)农村敬老院的老年服务水平亟待改善,养老问题突出

农村敬老院管理暂行办法总则提到,农村敬老院是农村福利事业机构,由乡镇人民政府负责管理,所需经费由乡镇统筹,而县级部门是乡镇的上级机构,民

政部门是敬老院事业的主管部门,负责对敬老院工作的业务指导[①],表明了机构受行政部门的管理,在敬老院的运作之中,不能随意更改硬性规定,而是听从安排,完成任务,无形中就形成了行政权对敬老院自主管理的侵蚀与渗透。农村敬老院的相关管理又被纳入县对乡镇的工作考核,乡镇的"维控型政权"[②](处于层层叠压下的乡镇政权特性)对上级的依附十分明显,当资金链一旦断开,农村敬老院的发展就会受到冲击,且敬老院管理存在漏洞,管理人员服务意识淡漠,对老年服务的观念认识不到位,管理服务水平低等问题亟待改善。但敬老院自身发展受限制,缺乏资源,自身无法提供更加完善的老年服务,这时作为拥有专业工作方法的社会工作,介入敬老院开展工作,无疑是提升敬老院老年服务的关键。

(三)社会工作服务型治理可以弥补管制型治理的缺陷,具有自身优势

社会工作秉持着助人自助的价值观、用科学的方法帮助有需要的、遭遇生活困境的人士,解决其基本生存问题、调适其与环境的关系、促进社会正义和社会进步的活动。[③]社会工作介入农村敬老院的服务型治理有其独特的优势。首先价值观念优势。社会工作秉持助人自助,以人为本,追求公平正义,促进社会和谐的价值观念,相较于政府的以管理为主、追求利益的最大化而言,社会工作介入敬老院,能提供更加人性化的服务;其次参与身份优势。社会工作作为非利益的一方,立场处于中立,既不偏向服务对象,也不偏向购买服务的一方,能正确客观地看问题,在这样一种中立的立场下处理事情,更符合全局性;最后,有一套专业工作方法的优势。社会工作具有一整套科学的助人方法,有其独特的小组工作方法、个案方法、社区方法等。这些了解服务对象需求的方法、资源动员和科学配置资源的方法、鼓励服务对象参与的方法,直接服务于服务对象,充分结合服务对象的需求而展开工作,能高效率地解决案主困难。

---

① 《农村敬老院管理暂行办法》总则.第六条.遵义市人民政府(2013)177号.http://baike.so.com/doc/2783153-2937604.html.
② 欧阳静."维控型"政权 多重结构中的乡镇政权特性[J].社会,2011(3):42-67.
③ 王思斌.我国诸社会工作之内涵及其比较分析[J].中国社会工作,1998(1):23-25.

二、道真自治县农村敬老院的基本状况

道真自治县概况：道真县是一个以仡佬族与苗族为主的自治县，位于黔北的边缘，与遵义的正安县和务川县相邻，与它接壤的是重庆的武隆、南川、彭水三县，全县总面积2156平方千米，现有人口35万，其中仡佬族17万人、苗族9万多人，辖14个乡（镇），79个行政村，4个社区居委会。①

道真自治县敬老院的总体概况：根据工作人员在实习期间收集总结的资料可得，全县有14所敬老院，现有30名管理人员和服务人员，目前已有1所创建成三星级敬老院，已新建和改扩建敬老院13所，投入资金3000余万元，共计1368张床位。全县共有五保户老人1063户1172人，男1020人，女152人，二级以上残疾135人，散居供养912人，集中供养260人，集中供养占总数的22.2%。②

敬老院的管理上，成立了院务委员会，由院长担任组长，下设膳食工作小组、劳动卫生小组、安全小组、纪律小组、纠纷调解小组、养殖小组等，由管理人员和一部分院民担任成员。配备了相应的服务管理人员30名，通过一系列规章制度：食堂管理制度、卫生制度、管理人员职责制度、院民守则、值班制度和财务管理制度等，对院内事务进行管理。如在财务管理上设立管理人员，根据财务管理的制度管理办法，加强对敬老院运作资金以及院民物资的管理，实行物资计入台账，实物实地保管。

敬老院的服务上，敬老院配备了相应的管理人员和服务人员，为院民提供的服务主要集中在吃、住、洗、医方面。吃方面，敬老院服务人员为院民提供饮食服务，每天按时提供一日三餐；住方面，敬老院为院民安置了电视和棋牌，供院民娱乐，室内未安装纱窗，存在卫生间不通风的现象，但能满足院民基本的住房保障；洗方面，敬老院院民年迈，行动不方便，敬老院服务人员根据老人实际情况，义务为老人清洗衣物床单；医方面，院民为五保户老人，身体素质下降，且年老多病，无收入来源，院民生病住院照料由敬老院负责，医疗费用由财政全额报销。总体上，敬老院运作存在着各个敬老院基础条件相差大，收养人员年龄大，服务项目单一，运作资金短缺等现象。

道真自治县农村敬老院老人的基本状况：

社会关系：老年人为五保和三无老人，进入敬老院后，脱离了原来的集体，

---

① 加强领导统筹规划 全力推进创新农村敬老院建设管理[R].道真县人民政府，2015-8-12.
② 来源于工作人员实习期间整理当地民政局的纸质材料。

进入一个新环境生活，院内工作人员在提供服务的过程中，只是提供维持老人吃饱穿暖的基本服务，与老人深入交谈的沟通互动较少。与院友的沟通也仅限于聊天串门，能够在生活等方面提供帮助的并不多见，而耳闻目睹的却是他们之间因为一点点微不足道的小事而产生的矛盾和纠纷。

社会活动：敬老院的娱乐活动局限于打纸牌、看电视，院内活动少，活动天地狭小。文化娱乐活动的枯燥、单调不能满足老人精神生活方面的追求。而老年人的文化有限，活动范围有限，接收到外界的信息有限，所以从外界寻找满足自身娱乐活动的资源有限，参与的机会就很少了。

社会参与：作为农村社会中最弱势的群体，由于年老体弱生理自然衰退及社会发展过程中出现的经济利益关系和分配原则的重新洗牌，使身背"五保户"标签的五保老人，普遍产生自卑心理，自我抑制，基本上退出社会生活，很少甚至不愿参与各种活动。

三、社会工作介入道真自治县敬老院的服务型治理状况

（一）"三区"社会工作专业人才专项计划介入敬老院提供服务的状况

贵州省民政厅日前启动2016年边远贫困地区、边疆民族地区和革命老区社会工作专业人才支持计划。在这一"三区计划"中，六盘水市盘县[①]，遵义市习水县、道真县，安顺市紫云县，毕节市纳雍县等11个县被选为受援助县。据了解，"三区计划"选派社工通过社工知识培训、文化宣传活动等服务方式，深入农村社区、福利院、敬老院、学校等领域，开展老年人、儿童青少年专业社工服务，发挥了专业社会工作在社会融入、能力提升、健康维护、社会救助等方面的积极作用，为当地培养社会工作专业人才，并推动当地专业社会工作发展。

道真仡佬族苗族自治县三区计划是一个政府购买社会工作服务的项目，通过推动社会工作发展，提升老年人服务水平。社会工作介入农村敬老院提供的服务主要包括初期、中期和后期三个阶段。

在初期阶段，进驻农村敬老院的两名三区社工负责所在敬老院的活动开展。首先通过院民大会正式与院民见面，与院民以及管理人员建立专业关系，其次是通过参与劳作，询问老人健康，与老人聊天的方式了解老人，在完善调查问卷的

---

① 2017年4月，撤销县级盘州市，由贵州省直管，六盘水代管。

时候，在聊天的过程中根据老人的诉说探索老人的生活背景，并初步做出需求评估报告。根据敬老院的实际情况以及服务小组制订的工作计划，在前期工作中，工作人员可逐步完善老人的个案资料，如老人健康档案的完善，在原有的基础上加以完善，最后将健康档案信息归档。

在中期阶段。首先，在介入时会根据制订的工作计划，工作人员可根据敬老院的实际情况灵活运作，结合四个敬老院的活动开展情况，开展的活动项目有以下五种：一是健身操，各个敬老院根据作息时间以及院民日常的休闲娱乐时间安排，有3所敬老院开展健身操的时间排在上午，1所敬老院的健身操时间排在下午。其中健身操开展较好的是洛龙敬老院，将健身操与奖惩制度相联系，制定了考勤制度，管理人员亲自带头监督做操，新装了按铃，每天准时响铃。后经发展，健身操在敬老院院民的带领下运行，其余敬老院在开展健身操过程中，出现了以下问题：管理人员不参与健身操，院民无组织性，敬老院运作资金不够，无法购买音响设备，每次做操由工作人员亲自去请院民，这无疑加大了三区社工的工作量，敬老院没有制定相应的制度，只靠奖品的利诱持续时间不长久，院民来去自由，且部分院民出现抵触情绪。二是电影展映，主题电影一周播放两次，在播放电影的过程中倡导老人思想的同步，引起共鸣，增强院民之间的思想交流，综合来看，院民对电影比较感兴趣，效果较好。三是兴趣小组，主要指纸牌兴趣小组，让更多不会打纸牌的老人学会打纸牌，然后评估其小组的成熟程度，最后组织老人进行打纸牌比赛，总共进行了六次活动，中途有老人退出，最终还是顺利完成了该活动。四是文明寝室评比：主要针对地面是否干净、床铺是否整齐、窗子和墙壁是否有乱涂乱画的痕迹、卫生间是否有异味、物品摆放是否整齐，依据做出的卫生评分细则，由敬老院工作人员和三区计划工作人员以及院民代表根据实际情况按照百分制打分，卫生小组长和其他院民参与评比，并监督打分。每周检查一次卫生，综合一个月的评比分数最终评出文明寝室，发放奖励物品。当然，每个敬老院的情况不同，存在着细节上的差异。综合来看，文明寝室卫生的开展，在规章制度已经上墙的敬老院持续进行，在规章制度没有上墙的敬老院被迫中途停止。五是红歌会。充分利用院民爱唱歌的优势条件，打造属于敬老院的院歌，加强院民对敬老院的归属感。仅有一个敬老院开展这个活动有一定的成效。

其次，会开展健康服务讲座。讲座内容主要涉及高血压知识讲座和互助讲座。在高血压知识讲座方面，每个敬老院顺利完成这项任务，通过讲解高血压的相关知识，对已患病老人宣讲日常健康维护的相关知识，对未患病老人进行预防性宣传。讲座开始以老人互相捶背的互助行为或者是播放视频的方式进入话题，中途还有穿插角色模拟的活动游戏，加深院民对高血压的了解。而在互助讲座中，将游戏与视频结合，引导老人对自身行为加以反省，逐渐转化自己的行为，从改变自身行为做起，从而增加院民之间的互助行为。

最后，会开展志愿服务与外部资源链接。涉及的内容有：一是中学生志愿者来源于敬老院附近的学校，利用每学期的素质拓展课，为敬老院老人提供服务，为老人唱歌跳舞，打扫卫生等，大学生志愿者是假期待在家的大学生，自愿组织一个团队义务性地为敬老院老人提供服务。二是请当地卫生服务站的医疗团队为老人做体检，在服务团队的带领下有序地为老人量血糖和血压，测量身高体重检查老人是否有肥胖症，做心电图检查排除老人有无心脏疾病的迹象，并发放药品，指导叮嘱老人正确使用药品的剂量，并针对性地对老人的疾病提出合理建议，且体检团队负责人表示定期到敬老院为老人检查，院民可以拨打负责人电话咨询或者由敬老院负责人统一陈述，医疗负责人统一回复。根据体检后体检团队定期主动上门为院民体检来看，确实兑现了当初的承诺。三是请义剪师傅定期到敬老院提供服务，方便行动不便的老人，如某敬老院的义剪师傅，其店面离敬老院只有500米，方便院民到店面免费理发。部分敬老院是社会上的爱心人士为敬老院购买一套理发工具，定期为院民理发。四是绿化花园倡议：这是三江敬老院完善院内建设的一个行动方案，三江敬老院基础设施齐全，结合乡镇情况以及可行性，做出了倡议社会人士为敬老院贡献花盆的方案，强化敬老院的绿化建设。

在后期阶段。将各项活动的策划、图片、摄像资料以及活动总结评估打包，有步骤地逐步向敬老院院民以及管理人员透露工作即将结束的消息，做好后期的工作交接，处理离别情绪。

（二）社会工作介入敬老院发挥服务型治理的角色和作用

社会工作在农村敬老院治理中扮演着"支持者""治疗者""整合者""协调者""倡导者"的角色，从不同的角度提供服务的作用，这种服务的作用有些是直接的，而有些是间接的，有助于农村敬老院的有效治理。

社会工作的"支持者"角色——给予老年人情感支持，提升面对困难和解决问题的能力。敬老院老人属于五保和三无老人，没有子女，社会地位低下，由于生活环境、经济条件受限，长期处于压抑状态，随着时间的积累，不愿与别人交流自己内心的想法，久而久之性格变得孤僻。这时社工的介入，为老年人提供情感支持，并予以心理上的理解和支持，定期与老人进行心灵上的沟通，鼓励老人表达自己内心的想法，使老人认识自我增强自信、解决问题的潜能，提升老人面对困难和解决问题的能力。

社会工作的"治疗者"角色——帮助老年人疏导心理压力，治疗心理伤痛，减少极端行为。社会工作者通过分析服务对象面临的困难或问题，运用小组工作的方法，通过小组集体活动的方式让具有相同或相似境遇的老年人相互交流面对困难的经验，从而使老年人树立战胜自卑的勇气，获得自信，坦然地面对生活和社会。不仅要了解案主的心理社会问题，而且要通过辅导，帮助案主自己去寻找解决问题的方法。

社会工作的"整合者"角色——整合社会资源，根据敬老院周边的资源，将政府组织、企事业单位、民间组织等外部系统资源和亲戚朋友以及社工发展的义工等非系统资源进行很好的整合，并通过整合让老人随时都能得到来自系统资源和非系统资源的关爱。真正能更好地实现人人享有健康，得到社会关爱，更好的社会参与，在敬老院开展的健身操以及花园倡议等活动，呈现出了社工对资源整合的成果。

社会工作的"协调者"角色——发挥第三方的平衡和协调作用。在提供老年服务中，社会工作者首先要与敬老院管理人员进行前期的沟通，了解系统资源，在提供服务过程中，要与服务对象进行沟通交流，遇到破坏秩序的成员，要协调成员认真倾听，为解决服务对象的多重问题，协调相关机构、组织所提供的服务，避免服务的重复和服务对象的困惑。

社会工作的"倡导者"角色——倡导爱护公共卫生。敬老院是老人们共同生活的家园，公共卫生关乎整个院内老人的健康，所以对公共卫生的爱护显得至关重要。而敬老院老人来自农村，大多文化程度低，对公共卫生的爱护观念落后，需要不断地提醒他们，并做出倡导，提高他们的公共卫生观念，才能更大程度上发挥老人之间的互助性。虽然社会工作介入农村敬老院发挥服务型治理具有一定的条件，但也面临一定的困难。

社会工作介入农村敬老院发挥服务型治理时，具有以下条件：一是有专业的工作方法。社会工作作为一门助人自助的专业，有着专业的工作手法，小组工作、个案工作等，直接间接地服务于敬老院的老年群体，其工作方法是独一无二的。二是有政府支持。社会工作介入农村敬老院，是源于政府购买服务，有政府的支持，在政府的支持下，社会工作进入敬老院提供服务，门槛高度降低，进入敬老院不会受到敬老院管理人员的拒绝。三是敬老院周边资源众多。敬老院处于乡镇的中心，周边有政府、红十字、学校等企事业单位，可以充分利用周边资源，通过资源整合，例如，周边的理发店、社区医院为敬老院老人提供义剪、义诊服务，学校提供关爱老人活动。只要有资源，就一定有所用。

虽然社会工作介入农村敬老院发挥服务型治理时具有以上条件，但是也同时面临以下困难：一是院民、工作管理人员的认知能力有限。社会工作产生于西方社会福利国家，进入中国发展的时间较晚，社会认可度低，且中国是有着传统封建文化的国家，人们的思想相对于自由的西方思想而言比较保守，接受新事物的过程缓慢，院民的文化程度有限，接受新事物的过程缓慢，年迈多病、行动不便成为策划活动常常需要考虑到的因素，再加上管理人员、院民以及相关部门对社会工作专业了解较少，专业知识认知能力有限，往往出现对活动的不支持，并认为参与活动是浪费时间的表现。二是工作人员自身专业文化素养不高，不能充分发挥社会工作的专业优势。现阶段中国对社会工作专业人才的培养主要集中在理论的学习，缺乏社工实务操作的训练，社工面临诸多的现实困难，难免会表现出退缩的行为。三是社会工作和政府部门对服务对象的侧重点不一样，得不到重视。社工要秉持专业理念，遵循案主的自愿原则，注重在过程中挖掘服务对象的潜力，注重人的重塑，赋予案主更多的人文关怀。但在挖掘案主潜力协助案主实现自我的发展是一个漫长的过程，显而易见，部门领导注重的是利益，是结果，作为人道主义的社工，则注重的是案主自身潜力的激发，是案主变化的过程，两者关注的重点不一样，社工在开展工作时往往得不到领导的重视。四是政权大院内难以开展工作。农村敬老院作为基层政权管辖的机构，社会工作嵌入农村敬老院开展工作，意味着社会工作进入政权的高墙大院开展工作，社会工作在中国语境下的权力制约中求得发展，犹如在夹缝中生存。[①]

四、思考社会工作介入农村敬老院的服务型治理

基于社会工作介入敬老院提供的老年服务，社会工作在农村敬老院治理中扮演着"支持者""治疗者""整合者""协调者""倡导者"的角色，从不同的角度提供服务的作用，进行服务型治理具备一定的条件：有专业的社工方法，有政府的支持，以及敬老院周边资源众多。有条件当然也存在一定的困难，例如，院民、工作管理人员的认知能力有限；工作人员自身专业文化素养不高，不能充分发挥社会工作的专业优势；社会工作和政府部门对服务对象的侧重点不一样，得不到重视；政权大院内难以开展工作。那么，基于以上分析，社会工作介入农村敬老院的服务型治理应该怎么做呢？

---

① 喻中.权力制约的中国语境[M].济南：山东人民出版社，2007：68-70.

首先需要融入农村敬老院，促使院民、管理人员尽早接纳社会工作这个身份。社会工作要开展工作，首先要初步了解进入的领域，并与服务对象建立基本的专业关系，社会工作提供的服务过程中也需要根据服务对象的真实需求来设计专业活动。然而，中国作为一种人情社会，只有取得人与人之间的信任，服务对象才会告知真实的情况。那么，社会工作介入农村敬老院，首先得快速融入农村敬老院，融入农村敬老院的现状，融入敬老院中习以为常的生活习惯，站在服务对象的立场思考事情的合理性，融入敬老院中老人的人际关系，只有做到这些融入，敬老院老人才能在更短的时间内认识社会工作者，接纳社会工作者，工作人员对于院民的了解才会更彻底，对之后的工作计划设定才能更加满足老年人的实际需求。

其次需要提供创新性的服务，改变一成不变的服务模式。农村敬老院的管理采取的是自上而下的管理模式，具有行政化的色彩，因此存在着院内资金来源单一化、服务人员意识淡漠等问题，而社会工作是一种倡导助人自助的专业方法。它拥有科学的价值观，能提供更加贴切老年人需求的服务，提供的是一种人性化的服务，强调的是助人过程中服务对象改变的过程，一切为服务对象的利益考虑，这与和谐社会的宗旨一致。且社会工作在提供服务的过程中，根据服务对象的需求，可以充分发挥社会工作的个案工作、小组工作等工作方法，站在老年人的立场，结合老年人的真实需求，解决老年人如社交困难、兴趣爱好、沟通交流等多种问题。

最后是培育社会工作人才，提升敬老院管理人员的管理水平。社会工作介入农村敬老院提供服务的过程中，要时刻留意具有可发展性的管理人才，挖掘院民潜能，挖掘领袖人物。将拥有知识文化、有带领能力、心系院民和创新能力的人才纳入观察中，培养他们的人文关怀精神，引导他们往科学价值观、追求公平正义等正确的价值观念靠近，并设定一个观察期，待观察期结束进行评估。这样一来，社会工作团队离开敬老院，院民也能实行良好的自我管理模式，实现自我管理、自我服务。

参考文献

[1] 丁艳.农村敬老院发展的困境[J].社会工作上半月：实务，2009(1).

[2] 牟新渝.养老服务：从"社会管理"变"社会治理"[J].中国老年，2016(2).

[3] 欧阳静."维控型"政权多重结构中的乡镇政权特性[J].2011(31).

[4] 王思斌.我国诸社会工作之内涵及其比较分析[J].中国社会工作，1998(1).

[5] 吴佩芬.人口老龄化趋势下我国农村"空巢老人"养老困境及化解[J].南方论丛,2012(4).

[6] 王思斌.社会工作在创新社会治理体系中的地位和作用[J].社会工作,2014(1).

[7] 王思斌.社会治理结构的进化与社会工作的服务型治理[J].北京大学学报(哲学社会科学版),2014(6).

[8] 王文佳,朱文娟.农村敬老院老年人生活满意度调查分析:以西村乡中心敬老院为例[J].中国市场,2017(25).

[9] 谢成宏.社会治理结构的进化与社会工作的服务型治理[J].科教文汇(中旬刊),2016(11).

[10] 喻中.权力制约的中国语境[M].济南:山东人民出版社,2007.

[11] 朱永强,徐华.服务型治理:城市流动摊贩治理的社会工作介入[J].宜春学院学报,2015(7).

社会工作介入留守儿童生命意识教育提升的探讨

赵 列 杨慧勤[①]

一、引言

针对留守儿童自杀事件的频频出现，引起了人们对留守儿童生存和发展的强烈关注。如 2010 年 7 月，陕西扶风出现五名留守儿童因喝下农药兑饮料严重中毒的事件；2014 年 1 月，安徽望江一位 9 岁儿童由于朝思暮想在外务工的父母不能回家过年，而在自家厕所自缢身亡的事件；接着 2015 年 6 月，贵州毕节发生四名留守儿童在家服农药中毒死亡的悲剧事件等。类似接连不断因留守儿童漠视生命而发生的事件，引起了社会各界较大的反响，留守儿童的生命意识教育存在什么问题？又如何通过社会工作方法介入提升留守儿童生命意识教育？将在本文找到答案。

二、文献回顾

（一）国外研究现状

通过对国外留守儿童文献的查阅，许多西方国家在城市化的发展进程中，也出现了大量农村劳动力向城市转移的现象，随之产生流动人口现象，在 19 世纪末，外国发达中的国家农村剩余劳动力大量转移，但是由于西方国家的国情与我国不同，因此在外国并没有出现农村留守儿童这个专有名词，也不存在着关于农村留守儿童的各方面特殊问题；而发展中国家因为着重经济的提高造成大量劳动力转移也有出现留守儿童问题，虽然外出务工的父母与子女会不在一起生活，但也并没有出现像中国这样父母与子女长期分离的现象。而国外关于生命教育的研究主

[①] 赵列，西安交通大学人文社会科学学院博士研究生；杨慧勤，贵州大学公共管理学院硕士研究生。

要：一是生命教育，二是死亡教育。

美国的杰·唐纳·华特士（J.Donald Walters）于 1968 年首次提出"Education for Life"（生命教育）；同年，在美国加州创办了第一所生命教育学校，主要是倡导与践行生命教育思想。Cynthia Andrews Scarcella（2013）对 2012 年美国亲属抚养的儿童的调查研究中，59%由祖父母抚养，19%由姑妈、阿姨等抚养，22%由其他亲属抚养。法国的阿尔贝特·施韦泽（Albert Schweitzer）视"敬畏生命"为"必然的、普遍的、绝对的伦理原理"，他强调指出，"有思想的人体验到的必然是像敬畏自己的生命意志一样敬畏所有的生命意志"。他指出现代人无视生命的现象日趋严重，在许多国家出现漠视、自杀甚至毁灭自己或他人生命的"生命乱象"的现象。因此，我们每个人都不得不痛切反思在现代社会，人的生命价值是否已经打折或者过期，生命是否还存有令人敬畏的尊严。在加拿大，早期成立了生命教育协会，主要致力于人道关怀、慈善救济、孤儿助养及生命教育，举办各类生命教育体验营。如 2011 年在四川大学附小清水河分校开展生命教育交流活动；2014 年在西南民族大学设立"助学助人关爱项目"资助大学生。在尼日利亚，Olayinka A. Abosede（2010）为了解决尼日利亚拉各斯城郊社区经济贫困母亲上班而又无力承担孩子日托费用的问题，提倡通过政府开展免费早期生命教育组织来解决 5 岁以下孩子的照顾问题，指出这是一种可持续改善贫困的举措。Preethi Menon（2013）通过对青少年的健康、生活方式等问卷调查发现，家庭生活教育和辅导是学校生命教育的基础。Catarina Ribeiro（2011）以调查研究的方式提出在巴西格兰德的 0~4 岁的儿童受害者的头部和脸部伤害多是由致命的外部原因引起的，如车祸，需要父母提高警惕，加强对儿童家庭环境的生命教育。在瑞典，早在一百年前，著名女教育家爱伦·凯出版了《儿童的世纪》一书，弘扬以儿童为幸福、以儿童为本位的教育观念，主要给他们讲人是怎么出生的，让孩子懂得什么是生命；此外，瑞典小学生还允许到太平间与遗体接触，亲身体验一个人死亡对自己、对亲人意味着什么。Wass Hannelore(2004)指出死亡教育应引起不同群体的关注，尤其是儿童青少年，家庭和学校应完善对死亡、丧亲、健康等基本知识的教育。在澳大利亚，生命教育主要缘起于反毒品。牧师 Rev.Ted Noffs 正式提出"生命教育"（Life Education）的概念，并于 1979 年在悉尼成立"生命教育中心"，协助学校进行反毒品教育。对青少年开展"生命教育"，培养他们积极、健康、向上的人生观，创设一个健康的生活环境。

美国《死亡教育》杂志创刊于 1977 年，Leviton 在首期刊文将死亡教育定义为"向社会大众传达适当的死亡相关知识，并因此造成人们在态度和行为上有所转变的一种持续的过程",到目前美国生命教育分为人格教育、迎接生命挑战的教育、情绪教育三类,已基本在全国各中小学生中得到普及。2012年,韩国《文化日报》曾报道,"'模拟葬礼'目前已从首尔市扩散到周围地区"。"模拟葬礼"在韩国有多种叫法,可称为"入棺体验",也可叫作"临终体验",主要环节有专家讲座、书写遗书、进入棺材模拟死亡等,让参加者通过体验更加珍爱生命,并以更积极健康的姿态面对生活,进而降低韩国的自杀率。此外,韩国这种关于生死的体验活动已经蔓延到了中小学。同年,据韩国《中央日报》报道,首尔市内某文化会馆内正在进行一个"公共美术·我的葬礼"特别展览,希望通过这种最直观的行为艺术,让孩子体验到生命的无常和珍贵,教育他们要珍惜健康,尊重生命。近年来,日本教育部部长在对全国民众介绍年度教育重点时指出,活出生命力要以"健康的身体""富有人性""扎实的学力"为三大支柱。更有日本的专家学者建议,要把中小学体验农村生活变为"必修课"。在俄罗斯,The Chinese hospital（2014）致力于挑战社会工作在运用到现代各方面生活中去的研究。分析对儿童的行为、心理态产生影响的因素,得出结论说由于父母外出,很容易让留在家中的孩子产生愤怒、不安、害怕、抗拒等负面情绪,所以,家庭对孩子认识生命起到关键的作用。在新西兰,生命教育是从非政府组织开始的,成立生命教育基金会,旨在"教会学生认识世界、个人与他人的奇妙之处,指引他们充分认识和发挥自己的潜能",服务对象是5~12岁的学生,服务范围包括校内和回家的功课,核心是教其"如何照顾身体"。在德国,对生命教育的理解分为"死亡的准备教育"和"善良教育"。其中"死亡的准备教育"重在引导人们以坦然、明智的态度面对死神的挑战;"善良教育"重视对学生善良品质的培养,主要内容有"爱护动物""同情弱者"和"宽容待人"。总之,国外生命教育的实践性很强,生命教育的研究主要是为了解决各种现实性问题而被提出的,研究的内容比较贴近生活,像法国、德国、新加坡、韩国等国家虽然没有明确提出生命教育概念,但在实际的教育过程中,生命教育的理念早已融入其中。

(二) 国内研究现状

通过国内相关研究的文献,留守儿童生命教育研究的现状,周汉平（2011）对留守儿童的概念界定,"留守"即是父母双双外出务工而导致"亲子分离"的家庭关系,而且"儿童"特指16周岁以下的未成年人;留守儿童就是我国农村地区因父母双双外出务工而守望着家园的16周岁以下的未成年人。我国留守儿童依存于农民工,要化解留守儿童现象只有从解决农民工问题入手,即通过解决农民工问题带动留守儿童现象的逐渐消除。2014年，陈勇、王巍燕研究指出我国农村留守儿童数量达6102.55万，其中57.2%的留守儿童是父母一方外出，42.8%的留守儿童是父母同时外出，其中留守儿童中的79.7%由爷爷奶奶或外公外婆抚养，13%的孩子托付给亲戚或朋友带。因此我国的留守儿童由家庭教育的缺失引发导致的一系列个人、家庭及社会问题越来越严重。由于随着市场经济发展规模的不断扩大和农村产业结构的滞后，大批的农村劳动力开始向城市转移，流动频率的逐渐增加，这使得儿童长期得不到父母的监护，使他们在情感态度、心理健康水平、思想道德品质上存在一定的缺失，从而弱化了农村留守儿童生命教育要求（彭德媛，2014）。周全德、齐建英（2012）提出在我国农村"留守儿童"问题集中地体现在城乡文明一体化这一社会转型中多种矛盾和冲突的教育问题，同时侧面反映了我国城市发展与乡村发展、经济发展与社会发展不协调的现状。冯奇荣（2011）从留守儿童溺水事件思考，提出"用体育手段对留守儿童进行生命安全教育，与学校、上级主管部门联合为儿童提供假期活动的场所，并倡导大学生志愿者加入对留守儿童体育技术的培训工作"。因此农村"留守儿童"问题需要通过实施综合治理的方式方法去加以妥善的解决。

王秋香（2012）认为家庭环境是儿童健康成长的重要环境因素，家庭文化氛围不佳，家庭心理环境残缺不全、家庭教育主体素质较差及教养方式不当，致使农村留守儿童健康成长面临困境，其思想素质、政治素质、道德品质、心理及行为等诸多方面会出现严重问题。孙玉静、张世爱（2014）指出孩子生命教育缺失的就是学校生命教育的缺失，家庭生命教育的缺位，复杂社会环境的影响以及自身原因。从而导致对生命的意义、尊重与珍惜自己与他人生命存在的价值观念薄弱的趋势。留守儿童由于委托监管人的精力不足或者其他原因，使得农村留守儿童的各方面教育得不到保证。同时，由于学校教育资源的匮乏和社会教育环境的不理想，使得留守儿童的教育问题的解决更为棘手（冯玉山，2014）。2013年，李梦娇概括总结出留守儿童亲情缺失对其人格健康的影响是导致对生命价值的认识偏颇直接原因。2011年，简福平调查发现农村中由于留守儿童生活的单调，以及加上文体娱乐活动的单一，结果导致不同程度的孤独感出现，引发对生命的扭曲认识。

蒋俊杰（2012）阐述了农村留守儿童由于长期未能与父母双方一起生活，导致其家庭教育缺失严重，造成留守儿童在身心、学习和成长上出现了失管、失教和失衡的问题，同时也引发了较严重的社会问题。从而建构社会工作介入农村留守儿童家庭教育服务模式的社会工作实务研究，从三方面展开：一是留守儿童家庭教育现状及问题分析；二是社会工介入运用个案工作、小组工作及社区工作在留守儿童家庭教育开展服务模式构建；三是社会工作在服务中分析留守儿童所处的资源和优势的特点，提出社会工作介入农村留守儿童家庭教育的服务模式。2012年，王为伟研究农村留守儿童教育问题，通过内因和外因相结合的分析方式，提出了切实可行的解决对策；同时在家庭、学校、社会和农村留守儿童的共同配合下来有效地解决村留守儿童教育的问题。赵来东（2014）分析了农村留守儿童安全教育问题的原因及影响因素，提供相关的对策和建议去改善我国农村留守儿童安全教育问题。从农村留守儿童的家庭安全教育情况、农村学校安全教育状况及农村社区安全教育状况三方面进行调查。杨琴（2012）结合当前我国"留守儿童"的研究现状和特点，在此基础上，对"留守儿童"教育中存在的主要问题做些分析和解剖，最后提出解决"留守儿童"教育问题的对策思路及建议，从城乡一体的角度，分层次、分阶段、分步骤来解决当前我国留守儿童问题。

（三）文献评论

通过国内外大量文献资料的梳理，加上近几年的留守儿童研究不难看出，针对类似问题的研究大多是按照"陈列问题现状——分析原因——提出对策建议"的研究思路。但就留守儿童出现的一系列原因，以专业社会工作的视角深入研究分析较少，社会工作服务模式介入的具体研究也不是很多。所以，本次研究则侧重于从这两方面进行展开：一是从不同角度把握留守儿童生命意识教育的现状和问题分析；二是从社会工作专业视角出发，在研究文献综述和实际应用的基础上，介入社会工作的优势视角和专业理论，来揭示留守儿童的生命意识教育缺失所带来的影响，提出相应对策建议。

三、研究设计

（一）研究目标

通过实地调查呈现留守儿童生命意识教育的问题现状，结合多方视角分析原因所在，引入社会工作中的个案工作和小组工作的方法与技巧，试图建立一个社会工作介入留守儿童生命意识提升的服务模式。目的在于促使留守儿童改变生命认知和行为，帮助增强生命意识，进而认识到生命存在的价值与意义，树立正确生命观，善待生命，完善人格，最终达到提升留守儿童的生命意识。同时，引起家庭、学校以及社会对留守儿童生命教育的重视，使人们意识到实施生命意识教育的必要性与紧迫性。

（二）研究路线

以贵州省 G 小学中因父母双方或一方常年在外打工，将孩子寄养在亲戚家一起生活的四至六年级的学生为调查对象。该小学所处地理位置和经济条件的原因，大多数父母进城务工来维持一家人的生计，也就产生了大量的留守儿童，且该校大多数学生又都来自该镇较远的村落，因此，留守儿童的安全成为一个较为严重的问题，对于西部欠发达地区的贵州是一个典型折射。

采用以问卷为主访谈为辅的方法。运用自编问卷对调查对象进行调查，内容分为三部分：一是留守儿童基本情况；二是留守儿童父母情况；三是留守儿童自身对生命认识状况、家庭（监护人）对生命的认知程度以及学校对生命意识教育的重视程度等。再结合对学校相关领导的访谈，了解学校学生中留守儿童的人数、比例和学校的安全设施、管理制度；再针对问题典型的个案进行深入访谈，更好地掌握留守儿童在自然生命和价值生命教育上存在的问题，有针对性地介入治疗。

发放 150 份问卷，有效回收 143 份，回收率 95.3%，符合再现系数(R>0.9)的标准。对回收问卷进行编号录入，所录数据运用 SPSS22.0 软件进行简单的描述分析、相关分析以及 T 检验，有针对性地设计小组计划书开展小组活动；以及相关访谈资料整理归纳，将留守儿童生命意识严重缺乏的个案，选进典型个案，介入个别服务治疗。

四、留守儿童生命意识教育存在的问题

留守儿童作为社会关注的弱势群体越来越进入人们的视野，与此同时，留守儿童在生命意识教育方面暴露出诸多问题，从留守儿童自身、监护人以及学校教育三方面有针对性地进行深入发掘存在的问题。

（一）留守儿童自身问题

留守儿童由于长期与父母分离，长时间面对父母不在身边而产生的一系列身体和心理上的问题。将其寄养在亲戚、朋友和祖辈们一起生活，导致他们很想念父母，但一般也不会告诉监管人，使他们心理脆弱，面对生活中的困难时，不能正确对待，出现困惑、迷茫、抑郁、烦恼等负面情绪，长期没人开导，逐渐形成孤僻、人情淡漠与暴躁易变脾气等问题。

调查数据显示，留守儿童因为父母外出打工后出现不同程度的心理和性格问题，其中父母外出打工独自在家会时常有孤独寂寞的感觉占 20.8%，心里偶尔会有被歧视被遗忘的想法占 25.0%，父母不在身边而感到更自由的占 8.3%，缺少父母在身边感到不安全占 25.0%，父母外出打工自己在家无特殊感觉占 16.7%，其他的感觉（遇到困难无人求助、伤心时无父母安慰、有高兴的事不能第一时间与父母分享等）占 4.2%。（如图 1）

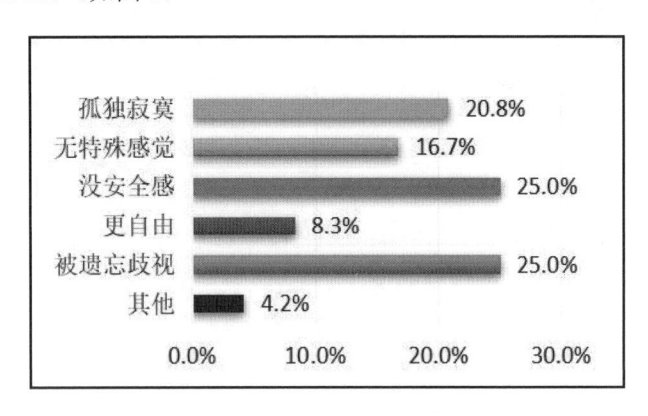

图 1 留守儿童独自在家感受情况

（二）留守儿童监护人问题

家庭是每个人成长的摇篮，家庭中父母的一言一行对孩子起着潜移默化的影响作用，从某种意义上说将决定其性格和观念的形成。而在留守儿童家庭环境中，监护人代替了其父母的重要角色，对留守儿童心理和行为带来了一定的负面影响。

监护人关心留守儿童各方面情况的调查显示，监护人对留守儿童学习成绩的关心占 41.7%；留守儿童日常生活的关心占 20.8%；留守儿童心理健康的关心占 20.8%；而对生命安全方面的关心程度仅占 12.5%；其他 4.2%。根据监护人对留守儿童关心情况的调查来看，当前监护人对学习成绩的关注程度相当高，而对留守儿童生命安全的关注程度远远不够。留守儿童的父母长期在外打工，监护人也就是平时接触最多的人，那么在其生活中扮演的角色也就十分重要，直接影响留守儿童的成长，监护人对留守儿童学习的过度关注，导致相对忽视在生命安全教育方面的投入，结果也就带来对生命安全认知的不足。（如图 2）

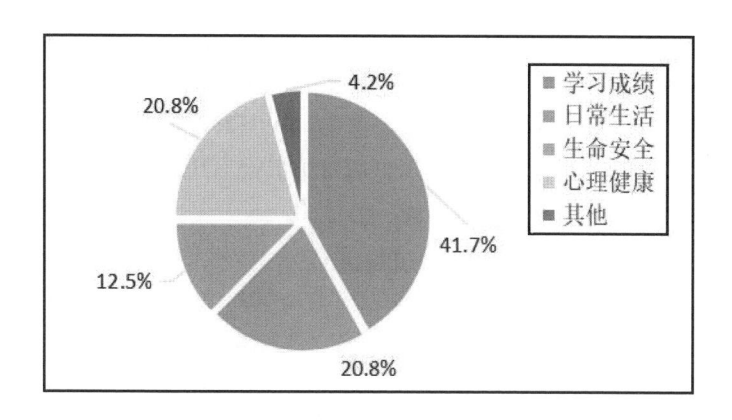

图 2 监护人对留守儿童的关心情况

（三）留守儿童学校教育问题

学校是育人的主要场所，除了对留守儿童进行知识教育，还应对其进行生命意识教育和生命体验活动。因此，学校对留守儿童树立正确的人生观、价值观具有不可替代的地位。

从对学校是否开设生命安全教育方面的课程进行调查，其中 57.2% 的没有开设安全教育课程，而仅 42.8% 的开设有该门课程。不仅留守儿童在接受生命安全教育课程方面远远不足，而且调查学校进行安全实践教育与否也得出，68.4% 的未接受过紧急逃生演练，仅 31.6% 的有参加过紧急逃生演练的经历。从以上数据可以直观地看出，学校在结合安全理论学习与实践模拟演练还很薄弱，学校在生命意识教育贯彻落实到每个个体还存在不足。（如图 3）

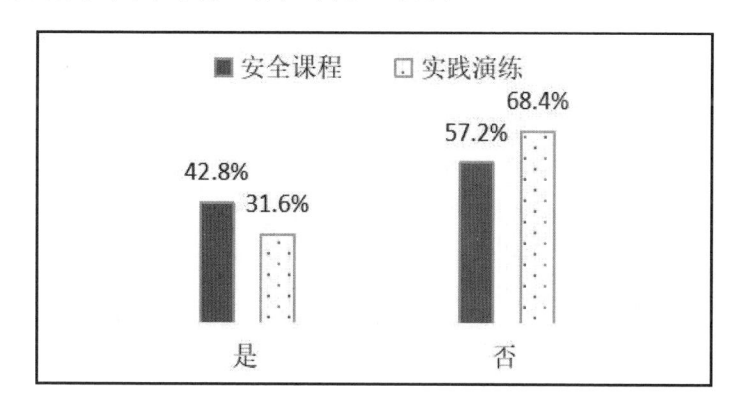

图 3 学校开展安全课程与实践演练情况

无论对学校软件设施的调查，还是从学校硬件设施的调查来看（见表1），留守儿童所在学校安全设施环境的情况，70.8%的留守儿童认为学校安全设施简陋，卫生状况不佳；33.3%的认为安全设施不够美观，与环境不协调；70.8%的认为安全设施华而不实，应用效果差；75.0%的认为安全设施数量少，摆设位置不合理；16.7%的认为学校相关监督管理不到位；其他47.8%。从调查数据显示出，学校大部分安全设施建设存在设施简陋、华而不实以及数量较少的问题。因此，从留守儿童角度看，他们更多时间都是在校园里度过，若没有提供一个足够安全的校园环境作为保障，那么留守儿童将时刻面临着安全的风险。

表1 学校安全设施条件状况

类型	占比（%）
安全设施简陋，卫生状况不佳	70.8
安全设施不美观，与环境不协调	33.3
安全设施华而不实，应用效果差	70.8
安全设施数量少，摆设不合理	75.0
学校相关监督管理不到位	16.7
其他	47.8

四、留守儿童生命意识教育缺失的原因分析

留守儿童生命意识教育存在问题的主要从自身条件限制、家庭教育薄弱以及学校环境疏忽三个层面进行有针对性的分析，以便更好地提升留守儿童的生命意识。

（一）留守儿童自身条件对生命意识教育的限制

由于该阶段的留守儿童身体和智力发育尚不完全，自我控能力较差，安全意识薄弱，又在好奇心的驱动下做出一些冒险的行为，尤其正处于青春期的留守儿童，叛逆又脆弱，加上与父母长期两地分离，失去了必要的交流与沟通，会在无形之中对生命的认识产生一定的欠缺。当遇到困难和挫折，没有人给予建议和帮助，往往也就带来紧张、多疑、焦虑、忧郁的心理，长此下去，留守儿童的性格也就变得比较内向、比较自卑、不爱微笑、不爱参加集体活动，与他人交谈的能力也会变弱，甚至还可能患上孤独症、抑郁症，最后演变为自残、自杀等现象。

再者留守儿童文体活动少,生活比较单调,根据对贵州省G小学留守儿童访谈整理得出,学校除开设体育课外,其他各种形式的兴趣小组、课外实践、专题讲座等活动均寥寥无几。因此,由于留守儿童自身各方面的限制,生命意识是相对缺乏的。

(二)家庭生命意识观念的薄弱与疏于传导

根据马斯洛需求层次论,儿童健康成长需要安全稳定的家庭环境,需要在父母关爱的环境中满足基本的物质需要和心理需要,进而获得安全感和归属感。由于种种原因,留守儿童父母将孩子交由父辈或亲戚照看,一方面由于监护人文化程度的限制,文化素养中有关安全行为、安全水平、安全意识相对薄弱,也就无法对留守儿童的生命产生潜移默化的作用。另一方面留守儿童监护大多是"隔代监护",监护人大多年事已高,精力有限,防护能力缺乏,对留守儿童成长中的生命意识教育和安全管控力不从心,也就无法提供相关知识的传授,使得留守儿童在对生命的认识上缺乏正确的引导和有效的管理,出现了留守儿童难以获得自我的良好认识,缺乏归属感与安全感。

留守儿童的家庭教育不完整,父母的角色由监护人替代是导致留守儿童对生命安全认识不到位的重要原因,对大多数儿童来说,亲子关系在孩子健康成长过程中起着不可或缺的作用,因此,留守儿童缺乏与父母良好的情感交流,无法获得情感沟通,长此以往,也就弱化了对生命价值观的认识,甚至是扭曲。

(三)学校教育环境缺乏有效的生命意识教育

当前社会经济的迅速发展,给教育环境带来了较大的变化,但处于欠发达地区的西部,尤其是诸多像地处偏远的贵州省G小学一样,受到师资力量、教育理念和办学条件的局限,学校并没有采取切实可行的措施来对留学儿童进行生命意识教育。从相关访谈得出,一方面由于教师资源不足,年龄结构不合理,不少乡镇学校的优秀教师,为改变工作环境和经济状况,寻找机会争取到城市工作来增加收入,以改变经济状况,也有一些不愿扎根到农村从事教育,老师的流动频繁,引起留守儿童的教育出现断层现象。同时,学校也没有在开设相关安全教育课程上过多地投入,更不用说有组织有计划地进行逃生演练、紧急模拟等实践训练。另一方面是学校资金不足,校园安全设施建设不到位,文体活动场所不够以及安全设施老化失灵未及时更新等,如若学校管理上再出现稍微的疏忽,那么将会给留守儿童带来不可挽回的损失。针对学校教育环境缺乏有效的生命意识教育,而导致了留守儿童在成长的过程中失去对自我生命个性的认知与发展,造成留守儿

童生命质量的弱化的调查。（见表2）

表2 开设安全课程与生命安全行为

		有"禁止标语"会下河游泳	有"斑马线"仍乱穿马路	如"突遇火灾"能镇静并报警
开设安全课程	是(%)	28.3	37.7	51.2
	否(%)	71.7*	62.3*	48.8

注：* 表示在 0.05 的水平上具有显著性

皮尔逊卡方检验值为 0.016（P≤0.05），说明学校开设安全课程教育与否对留守儿童做出的生命安全行为具有显著性影响。结合上表的数据，学校中接受过安全教育的留守儿童，遇到在写有"禁止标语"的河边，高达 71.7%的不会下河游泳，仅有 28.3%的会下河游泳；而对有安全教育经历的留守儿童 62.3%过马路时会有意识地走斑马线，只有 37.7%的会不顾安全乱穿马路，直观地看出学校开设安全课程教育对留守儿童在生活中的安全行为有较大的引导作用；当突遇火灾时，留守儿童有安全教育经历的，基本上也有一半的不会采取报警的行为，这由于留守儿童逃生技巧和实践模拟演练的欠缺，学校仅进行安全知识传授还不够，还应该对留守儿童定期开展紧急逃生模拟演练，学校在安全知识和实践演练相结合的力度上不足，对引导留守儿童树立正确的生命态度和生命认知存在较大的影响。

五、社会工作介入提升留守儿童生命意识教育

探索社会工作介入提升留守儿童生命意识教育，通过开展专业的小组活动，增强留守儿童对生命死亡、生命挫折和生命意识的认识，更好地树立正确的生命观，为提升留守儿童生命意识教育做铺垫。再有针对性地介入典型个案治疗，增进留守儿童对生命意识和生命实践的内化，帮助留守儿童完善人格。

（一）个案工作对留守儿童生命意识教育的分析

运用需求层次论，对生命意识薄弱的留守儿童进行分析，有针对性地开展个案工作，深入了解服务对象的生命意识，再结合专业的社会工作方法，对典型个案进行个别化治疗，更好地为生命意识薄弱的留守儿童开展教育，有效地增强留守儿童的生命意识，树立健康人格，提高生活质量。

留守儿童离开父母独自生活会感到孤独与寂寞，缺少父母的关爱和亲情，因

此，留守儿童在满足最基本的物质需要和心理需要后，更要获得的是安全需要和归属与爱的需要。而对于家庭的教育和监管都严重弱化的留守儿童，从进行家访开始，与个案建立信任关系，运用倾听、关注、同理心、自我表露、面质等技术，遵循接纳、案主自决、保密等原则，逐渐参与留守儿童的学习、兴趣和爱好方面，融入一起，挖掘留守儿童心底最真实的心声和需求，矫正留守儿童心底的疑惑，解决留守儿童需求方面的困难。正确把握留守儿童在生死方面的认知，渗透生死认知、价值培养和正确人生的理念，为留守儿童个人和家庭搭建社会资源，改善其生活环境。对生命意识薄弱的留守儿童从结案、预估、干预、评估到结案的一整套个案服务治疗过程，更好地增强留守儿童的生存能力，引导理解生命的价值和意义，合理规划人生，树立健康的人生态度。

（二）小组工作对留守儿童生命意识教育的应用

通过对生命意识薄弱的留守儿童介入小组工作，开展小组活动建立亲子沟通小组，调适家庭关系，培养留守儿童珍爱生命，在社会工作者的带领下，进行小组成员间充分的交流互动，调动各成员的积极性，改变原消极的生存态度，增强留守儿童的生命意识，促进个人与小组的相互支持，改善留守儿童在现实生活的抗挫折力。同时，在小组活动中开展"爱心家书""亲情电话"和"生死与共"等内容，来表达留守儿童对父母期待、拉近与父母的距离以及树立正确的生命价值观，改善留守儿童长期与父母不能生活在一起，而造成对生命认识不够和漠视生命的观念，也为留守儿童模拟营造一个良好的家庭氛围，给留守儿童亲情体验。

小组活动中开展"救护战友""生死与共"和"大胆背摔"等，来增强留守儿童的生存能力、抗挫折能力以及自我保护能力，只有增强留守儿童生存能力，才能在未来面临各种问题与挫折时做好心理准备，实现角色社会化，一是增强适应环境的能力，认识到适应环境的重要性，适应现在生活中的开放状态，更好地融入环境；二是提高抗挫折能力，通过进行"我是谁""我来做你的眼睛"和"生死与共"等挫折情境的真实模拟，对留守儿童现实挫折进行模拟干预，使留守儿童更好地认识与处理挫折，保持积极乐观的生活态度。

根据社会支持论，开展小组活动中，不断为生命意识薄弱的留守儿童搭建社会支持网络，引导积极的生活态度，一是建立非正式的社会支持（家庭、亲属、邻居、非正式组织等）网络，通过在学校成立"关爱留守儿童"专项小组，当留守儿童突发意外事件时，能及时有效地得到专项小组的救助，将造成损失降到最小；二是引起留守儿童生命意识教育的正式社会支持网络（学校、政府和社会组织等）的重视，把处于社会弱势的留守儿童群体上升到一定的社会高度，针对留守儿童所在学校，建议学校加大安全设施建设投入，改进教学设备，完善校园安全管理制度等，因此，社会工作介入为留守儿童搭建社会资源网，才能从宏观层面把握留守儿童生命意识教育问题。

六、总结

  合理的介入策略是达到意识提升的前提。在开展服务前需进行相关服务对象资料的收集，取得服务对象家庭成员和所在地方政府的参与和支持，与服务对象建立信任的关系，共同分析现状，一起寻找生命意识薄弱存在的原因，明确留守儿童个人现有的资源和潜在的资源，进而探讨下一步的服务接入模式。

  准确的需求层次评估是有效服务的关键。开展留守儿童生命意识教育小组活动前，运用问卷和访谈结合的方式，收集服务对象的生命意识教育现状；再根据现状分析总结出留守儿童各方面需求，正确把握服务的重点方面，确保方法与需求——匹配达到显著的服务效果。在服务中，时刻总结新出现的需求，有针对性地介入专业社会工作方法与之匹配，更好地搭建社会资源以解决服务对象的需求问题。

  及时地搭建社会资源是服务模式的动力。社会工作服务案主有一整套完整的专业模式，贯穿始终的是为服务对象整合搭建各方社会资源，使政府、学校及家庭形成"三位一体"的服务有机体，创造一个良好的外部环境，更好地做到资源合理利用，促进社会资源的高效利用与社会资源分配的协作运行，充分保障留守儿童的资源搭建。

参考文献

[1] 黄渊基.生命教育的缘起和演进[J].求索，2014(8).

[2] 阿尔贝特·施韦泽.敬畏生命[M].陈泽环，译.上海：上海社会科学院出版社，2017.

[3] 爱伦·凯.儿童的世纪[M].北京：商务印书馆，1913.

[4] 吕雪梅.澳大利亚生命教育研究[J].德育教育，2015(15).

[5] 褚惠萍，庄蕾.论大学生生命教育四元模式[J].黑龙江高教研究，2015(11).

[6] 青木，晓杨.国外的敬重生命教育[J].生命时报，2012(11).

[7] 毕义星.中小学生命教育论[M].天津：天津教育出版社，2006.

[8] 周汉平.农村留守儿童概念界定与相关对策思考[J].安庆师范学院学报（社会科学版），2011(9).
[9] 陈勇，王巍燕.社会工作介入农村留守儿童家庭教育问题研究[D].辽宁大学.
[10] 高淑玲，张伟伟.农村留守儿童的生命教育探究[J].教育评论，2014(7).
[11] 周全德.我国家庭发展面临的挑战及社会政策支持[J].中国人口报.
[12] 喻丙梅，冯奇荣.用体育的方式对儿童进行生命安全教育：基于频发的留守儿童溺水事件的思考[J].西南农业大学学报（社会科学版），2011(10).
[13] 孙玉静，张世爱.中小学生生命教育缺失的原因分析与路径探索[J].中国青年社会科学.
[14] 冯玉山.优势视角下社工介入农村留守儿童社会教育问题研究[D].辽宁大学.
[15] 蒋俊杰.农村留守儿童家庭教育的缺失及社会工作介入研究[D].华中农业大学.
[16] 王为伟.我国农村留守儿童教育问题研究[D].福建农林大学.
[17] 赵来东.农村留守儿童安全教育问题研究[D].广西师范大学.
[18] 刘梦，张和请.小组工作(第二版)[M].北京：高等教育出版社，2013.
[19] 熊磊，石庆新.农村留守儿童的心理问题与教育对策[J].教育探索，2008(6).
[20] 唐美静.社会支持网络理论下的农村留守儿童社会支持探究[J].社会工作，2014(1).
[21] 卢利亚.农村留守儿童社会支持网络模式研究[J].湖南师范大学学报，2012(6).
[22] 马多秀，朱小蔓.留守儿童心灵关怀研究:学校教育视角[J].中国教育学刊，2012(7).
[23] 周琢虹.家庭教育缺失对农村留守儿童的影响与对策[J].江西社会科学，2013(11).
[24] 李才红.个案社会工作介入留守儿童教育的探讨[J].淮海工学院学报，2012(21).
[25] 戴昀.中国城市化进程中农村留守儿童生命教育探析[J].黑龙江教育学院学报，2014(9).

后 记

本论文集是由中国社会学会主办，贵州民族大学、贵州省社会学学会联合承办的中国社会学会2018年学术年会"新时代民族地区社会治理现代化研究"论坛的成果之一。

本论坛共收到50多篇论文，编者对50多篇投稿论文进行筛选，共选出20篇论文集结成册并付诸出版社出版。这些论文包含了当下学界和现实社会的重要议题，如：城乡社区治理体系与能力现代化研究、乡村振兴与农村社会治理创新研究、民族地区社区治理理论与实践、新型城镇化发展与治理现代化、人口流动与治理现代化、生态文明建设与治理现代化、社会工作参与社会治理的理论与实践。可以说，这些议题的讨论发挥了学者助力民族地区社会发展的力量。

需要特别指出的是：由于稿件在年会召开之前就已经收取，因此，文集收录的稿件主要是反映2018年的具体情况。为了更好理解新时代民族地区社会治理现代化、巩固拓展民族地区脱贫攻坚成果与乡村振兴有效衔接，编者仍将这些文章收入文集中。此外，因为有贵州民族大学校领导、科研处、学科办、研究生院、财务处等部门领导的大力支持，本文集才能够最终出版；同时，本文集在编辑出版过程中，贵州民族大学硕士生赵镓藜、彭俊懿、杨盛叶、吴明英、吴昌玉、孙洌参与了修改、校对工作，付出了辛勤的劳动，在此一并感谢。虽然我们尽心尽力，但是由于水平有限，文集中难免有不足之处，欢迎读者批评指正。

编　者

2021年12月18日